Fred S

el deseo
de cada mujer

Una guía para que todos los hombres...
Ganen el corazón de una mujer

Publicado por
Editorial Unilit
Miami, Fl. 33172
Derechos reservados
© 2003 Editorial Unilit (Spanish translation)
Primera edición 2003

© 2001 por Stephen Arterburn, Fred Stoeker, y Mike Yorkey
Todos los derechos reservados.
Originalmente publicado en inglés con el título: *Every Woman's Desire*
por WaterBrook Press 2375 Telstar Drive,
Suite 160 Colorado Springs, Colorado 80920.

Publicado en español con permiso de WaterBrook Press,
una división de Random House, Inc.
WATERBROOK y el logotipo con el diseño del ciervo son marcas registradas de
WaterBrook Press, una división de Random House, Inc.

Proyecto conjunto con la agencia literaria de Alive Communications, Inc.,
7680 Goddard Street, Suite 200, Colorado Springs, CO 80920.

Traducido al español por: Cecilia Romanenghi de De Francesco
Fotografía de la cubierta por: Digitalvision

Ninguna parte de esta publicación podrá ser reproducida, procesada en algún sistema que la pueda reproducir, o transmitida en alguna forma o por algún medio electrónico, mecánico, fotocopia, cinta magnetofónica u otro, excepto para breves citas en reseñas, sin el permiso previo de los editores.

A menos que se indique lo contrario, las citas bíblicas se tomaron de
La Santa Biblia Nueva Versión Internacional (NVI).
© 1999 por la Sociedad Bíblica Internacional.
Las citas bíblicas señaladas con RV-60 se tomaron de la Santa Biblia,
Versión Reina Valera 1960. © 1960 por la Sociedad Bíblica en América Latina.
Las citas bíblicas señaladas con LBLA se tomaron de la Santa Biblia, *La Biblia de Las Américas.* © 1986 por The Lockman Foundation.
Usadas con permiso.

Los detalles en algunas historias y anécdotas han sido cambiados para proteger la identidad de los personajes.

Producto 497577
ISBN 0-7899-1129-9
Impreso en Colombia
Printed in Colombia

De Fred Stoeker:

A mi Padre celestial:
Todo lo que sé proviene de ti.

Y a Brenda:
Si hay algo que me asombra es pensar que me amas...

De Stephen Arterburn:

A Nancy Simonian:
La mejor suegra que un hombre pueda tener.
Me diste una esposa que es fuerte, talentosa, con buen sentido del humor y guapísima porque tú también eres así.

Contenido

Introducción: ¿Has encontrado la llave de su corazón?......... 7

PRIMER PARTE: Cuando el amor se enfría...

    1 En el principio: Una dolorosa revelación....... 16
    2 ¿Cómo murieron los sentimientos?........... 27
    3 Cuando atropellamos al ser que amamos....... 33

SEGUNDA PARTE: Comenzar a respirar de nuevo

    4 Del atropello a la sumisión................. 48
    5 Persigue el deseo de tu mujer: La unidad....... 61
    6 Enfrentemos las diez cosas principales
       que enfrían el amor...................... 77
    7 La dirección como un siervo................ 98

TERCERA PARTE: Manifiesta tu corazón de siervo

    8 El «amo» define tus derechos............... 114
    9 Tu tiempo no te pertenece................. 124
    10 Dejemos espacio para que ella
        exprese sus talentos..................... 135
    11 Dejemos espacio para su debilidad.......... 148
    12 Dejemos espacio para sus pensamientos...... 162
    13 La fuente de tu prestigio................... 177

CUARTA PARTE: Pon en marcha tu mente de siervo

    14 Estudia a tu «ama» para servirla mejor........ 192
    15 Aprende a estar al pie del cañón............ 211
    16 Disfruta del servicio con pasión............ 220
    17 El servicio como líder espiritual............ 230
    18 La preocupación por el crecimiento
        espiritual de tus hijos.................... 245
    19 Quítate de encima esos pecados............ 255

QUINTA PARTE: Disfruta de una relación resucitada

20 ¡Vive la diferencia! 268
21 No dejes la sexualidad
   librada a tus sentimientos 288
22 ¡Nada de atropellos en esta cama! 305
23 Una carta abierta a las esposas 318
24 Una última palabra 322

   Reconocimientos 325

Introducción

¿Has encontrado la llave de su corazón?

(Por Stephen Arterburn)

No sé si esto sucede donde vives, pero en el sur de California, donde vivo yo, los negocios de rosquillas y los que venden teléfonos celulares (y casi todos los salones de venta) contratan a un muchacho para que permanezca de pie en la acera y sostenga un cartel de propaganda del negocio. Casi todos estos carteles están pintados de un color rojo chillón y tienen forma de flecha para señalarte el lugar en el que puedes conseguir el mejor precio de una docena de rosquillas o el mejor plan de minutos por mes de un teléfono celular.

Cuando se trata de transitar por las aceras de la vida, la mayoría de los muchachos casados deberían turnarse para golpear el pavimento con un cartel por delante y por detrás que diga: «Aquí debes hacer progresos». Este ha sido mi caso y Fred Stoecker, que escribe este libro conmigo, también estaría de acuerdo sin dudarlo. No importa si te encuentras deshaciendo las maletas al acabar de llegar de la luna de miel o haciendo las maletas para jubilarte de la profesión de toda tu vida; para llegar a ser el esposo que tu mujer siempre ha deseado que seas debes hacer progresos sin cesar.

Esto ha sido así desde que me convertí en un adulto joven. Cuando me encontraba al final de la década de los veinte y era soltero, me embarqué en una nueva carrera en el ámbito de la consejería luego de años de rebelión, duda y errores. Me parecía que al fin hacía las cosas como Dios manda. Mis antecedentes espirituales se veían grandiosos en el papel: trabajaba de forma activa en la iglesia, participaba en el trabajo de las misiones y cantaba en el coro. Pensaba que estaba en condiciones de proporcionarle a alguien un bonito esposo.

Un domingo por la noche, luego de la reunión en la iglesia, me dirigí a un restaurante cercano para cenar. Estaba solo, pero no había problema. Aunque el restaurante estaba casi desierto, había una pareja joven sentada en la mesa que estaba junto a la mía. La joven, Sandy, me conocía de la iglesia y, desde su mesa, comentó cuánto le había gustado mi solo de canto aquella mañana.

Me henchí de orgullo ante el comentario. «Gracias», le dije con el mejor acento tejano que pude (nací en Ranger, Texas), tratando de parecer que no era gran cosa. Seguí sonriendo mientras conversaba un poco más con la pareja. Sin embargo, luego de unos minutos, hasta yo me di cuenta de que dos son compañía, tres son multitud, así que pedí la cuenta, me excusé y me fui.

Mientras caminaba hacia el auto, tuve que admitir que me sentía atraído hacia Sandy. Cuando después me enteré que su joven acompañante era «solo un amigo», la invité a salir el Día de las Madres. Sabía cómo impresionarla. «Pronto parto en el viaje misionero a las islas Marshall», mencioné al pasar en el momento en que la mesera nos entregaba el menú.

«¿En serio?», contestó Sandy. «¡Yo voy a participar del mismo viaje!»

¡Preciosa gracia! Después de una coincidencia como esta, ¿quién se iba a resistir a la idea de que el cielo nos había hecho el uno para el otro? Sin embargo, para asegurarme que esta unión perfecta no se deshiciera, no podía divulgar los compartimientos secretos de mi vida. Lo que aún sentía por mi antigua novia. Mis diversas experiencias sexuales. El aborto. Los miles de dólares de deuda agravados por las tarjetas de crédito que estaban al tope.

Aceleré la relación porque temía seguir por la vida sin casarme, sin recibir amor, como un marginado dentro de la comunidad cristiana. Solo saqué a relucir la existencia de mi primer matrimonio y el subsiguiente divorcio cuando pensé que Sandy estaba en condiciones de asimilar la noticia, pero jamás revelé lo relacionado al deseo desesperado que tenía de volver a casarme. Sandy era «un buen partido»: brillante, atractiva, talentosa y elegante, y no deseaba arruinar este noviazgo. Estaba decidido a esconder mi verdadera identidad.

La intimidad hecha pedazos

Nos casamos y enseguida tuvimos problemas. En aquel momento no lo sabíamos, pero la pared de ladrillos contra la que nos estrellamos se llamaba Intimidad. Mis compartimientos secretos y la resistencia que tenía a permitir que ella forjara su propia identidad mantenía esa pared en el medio de los dos. Además, la imposibilidad de concebir un hijo añadía más ladrillos y la hacía más alta.

La comunicación era unilateral; salía solo de mí en forma de comentarios impulsivos y negativos sobre asuntos que iban desde sus habilidades como cocinera hasta la ropa que escogía para ponerse. Insistía en que usara conjuntos conservadores a cuadros con lazos debajo del cuello, como las bellezas tejanas, aunque nadie en el sur de California se vistiera así. La continua insistencia y mi presencia dominante ahogaron a Sandy. A nuestro matrimonio le faltaba intimidad, y comenzábamos a vivir como entes independientes que estaban casados.

¿Era muy diferente a los demás hombres? Parece que a la mayoría de los hombres, en lugar de conectarse con las mujeres y comprenderlas, les gusta mandarlas. Muchos esposos usan 1 Pedro 3 como su estandarte oficial, ya que allí se les enseña a las mujeres casadas con incrédulos que permanezcan en silencio y ganen a sus esposos con palabras y acciones amorosas. Este pasaje de la Escritura les ha dado rienda suelta a muchos hombres en su comportamiento como líderes, haciendo añicos, muchas veces, la unidad y la intimidad matrimonial.

Hablo con conocimiento de causa porque me convertí en uno de los más culpables luego de casarme con mi primera esposa, una compañera de estudios de Baylor. Lo asombroso es que yo pensaba que todo andaba bien hasta el día en que me dijo que se iba.

En lugar de humillarme y preguntarle qué había hecho para herirla tanto, saqué la Biblia y le demostré que no era adecuado que se fuera. Solo sabía que este «garrotazo bíblico» la haría entrar en razón a golpes. Le prediqué Efesios 5 tantas veces que lo aprendí de memoria. En mi estrecha visión, este pasaje decía que debía someterse a mí y que Dios se iba a enojar mucho si no acataba lo que Él quería para su muchacho, Steve. No obstante, lo único que hizo mi arrogante reacción ante su anuncio fue demostrar que ella tenía razón: yo era insensible, egoísta, estaba obsesionado conmigo mismo y era un pedazo de idiota como esposo que no tenía idea de cómo ganar el corazón de una mujer.

Salió de mi casa y se dirigió al tribunal para pedir el divorcio. Jamás gritó, ni chilló ni me pidió que cambiara. (¡Es probable que haya pensado que un cambio era imposible!) Y, a pesar de que se fue, yo que quedé muy satisfecho pensando que había hecho lo debido a fin de probarle que era el chico bueno en todo este asunto.

Al mirar ahora atrás, me resulta irónico que eligiera el capítulo 5 de Efesios para demostrarle que debía quedarse. A pesar de que en verdad el pasaje *se* concentra en la necesidad de la mujer de responder al liderazgo de su esposo, contiene muchas más instrucciones en cuanto a la manera en que un hombre debe liderar. De modo muy conveniente, pasé por alto la parte que habla de morir a uno mismo y de sacrificar la propia vida y los propios derechos tal como Cristo lo hizo por la iglesia.

Sé de primera mano lo que es obviar la verdad y hacer estupideces en el nombre de Jesús. Sé lo bien que uno se siente al estar siempre corrigiendo desde el pináculo en lugar de bajar al suelo y tratar de conectarse. Me gustaba más señalar con el dedo que abrir los brazos. No era un esposo, era un juez. En el matrimonio todo debía reflejarme a mí y Dios había quedado de lado.

Así que, aquí estaba otra vez casado y haciéndole exactamente lo mismo a Sandy. Mi manera de actuar esta vez no era mucho mejor que la anterior. ¿Qué haría para lograr que nuestro barco, *Matrimonio*, fuera por el buen camino? O, para usar la otra analogía que seguimos en el resto de este libro: *¿Qué haría para resucitar una relación que se tornó fría y sin vida?*

Revivir un matrimonio

No logro identificar un momento ni un incidente en particular que haya comenzado el cambio en mi curso, pero la consulta a un consejero cristiano me permitió reconocer que necesitaba hacer algunos ajustes en mi actitud. Necesitaba edificar verbalmente a Sandy, concentrarme en la persona maravillosa que era y buscar oportunidades para animarla. Debía respetar su singularidad y sus puntos de vista. Debía permitir que su personalidad contagiosa saliera a borbotones a la superficie.

Mientras trabajaba en estos cambios de actitud a largo plazo, también había algunas cosas que podía hacer de inmediato para convertirme en el esposo que Sandy siempre había deseado. Limité mis viajes a dos días por semana. Llegaba a casa del trabajo a las seis de la tarde y dejaba el portafolio en la oficina para no poder trabajar en casa. Llamaba con regularidad a Sandy para pedirle que me acompañara a almorzar. Por sobre todas las cosas, me decidí a satisfacer sus necesidades no escatimándole regalos considerados ni paseos de fin de semana, sacando la basura sin esperar a que me lo pidiera, asegurándome de que mi ropa sucia llegara de verdad al canasto y aprendiendo luego a manejar la lavadora.

Estos cambios al parecer pequeños, pero drásticos, revivieron mi matrimonio moribundo. Nuestra relación mejoró cuando trajimos a casa del hospital a nuestra hija, Madeline, en 1990. De repente, forjar una carrera y una reputación nacional como escritor y orador ya no parecía algo tan importante.

Al seguir este cambio de rumbo, mientras hablaba con más esposos y esposas, les escuché decir que sus matrimonios habían mejorado cuando el marido había procurado hacer cosas para agradar a la esposa, cuando había comenzado a permitir que la personalidad y las convicciones de ella encontraran un lugar en el matrimonio junto a las de él. Esto es lo que quiere decir sumisión mutua, y este es el tema profundo y transformador que Fred y yo exploraremos contigo en este libro.

¿Estás listo para poner en práctica este increíble concepto en tu propio matrimonio? Esperamos que hayas elegido este libro porque deseas encontrar la llave al corazón de una mujer para proporcionarle lo que necesita y lo que desea en el matrimonio. Si estás dispuesto a confiar en Dios y a implementar lo que te decimos, tanto a ti como a la mujer de tu vida les sucederán algunas cosas asombrosas. Descubrirás un mundo que pocos hombres encuentran porque nunca consideran la posibilidad de transitar el sendero de sacrificio que Jesús nos marcó. Con todo, creemos que deseas hacer eso con exactitud, y te invitamos a que comiences este viaje con nosotros.

Sobre todo en los primeros seis capítulos, te darás cuenta de que este libro se centra en torno a muchas lecciones aprendidas sobre la base de los errores que Fred cometió con su esposa, Brenda, y de qué hizo para cambiar al fin las cosas. Apuntamos los reflectores hacia la vida de Fred a propósito. En primer lugar, él accedió a colgar su ropa sucia a fin de que el mundo vea si su historia ayuda a cambiar matrimonios, y yo lo respeto. En segundo lugar, las dificultades en mi matrimonio han sido el tema de otros libros que he escrito y numerosos artículos de revistas describen nuestra historia de esperanza, desesperación, lucha y de la renovada esperanza de ahora. Por lo tanto, en este libro le he dado un respiro a mi relación con Sandy y te permitiré que te sumerjas en la notable historia de Fred, lo cual es posible debido a su franqueza y vulnerabilidad fuera de serie. Esas son las cualidades que me han hecho desear escribir con Fred, y sé que llegarás a apreciarlos a él y a Brenda a medida que leas sobre cómo se transformó su relación. También confío en que tu propio matrimonio cambiará para mejor a medida que aprendas de las luchas de Fred.

Entonces... ¿estás listo para comenzar?

PRIMERA PARTE

Cuando el amor se enfría...

En el principio:
Una dolorosa revelación

Me encontraba sentado en la mesa de la cocina frente a mi esposa, Brenda, y estaba seguro de que esperaba a que le prestara total atención.

Luego, me miró con fijeza a los ojos y cambió mi mundo. «No encuentro una mejor manera de decirte esto, así que te lo diré directamente», comenzó. «Mis sentimientos hacia ti están muertos».

Sus palabras llegaron como si lanzaran una bola recta y rápida a la boca del estómago. *¿Muertos?* La cabeza me daba vueltas. ¿Cuál era el origen de esta afirmación? Nuestro matrimonio había comenzado de una manera muy prometedora. ¿Cómo era posible que hubiera echado a perder las cosas de tal manera que mi esposa, el amor de mi vida, ahora no sentía nada en lo absoluto hacia mí? Mi mente buscó respuestas con rapidez, pero me tomaría algún tiempo juntar todas las piezas.

EN BUSCA DE PISTAS

Las semillas de mi discordia matrimonial se plantaron cuatro años antes de que conociera a Brenda. Asistía a la Universidad de Stanford, en la zona de la bahía de San Francisco. Desesperado, intentaba encontrarle sentido a mi vida buscando la verdad en cualquier recoveco o brecha intelectual que pudiera encontrar (en esa época no era cristiano, aunque había asistido a la iglesia muchas veces a lo largo de los años).

* Como este libro se centra en la historia de Fred (véase el penúltimo párrafo de la introducción), el pronombre en primera persona se refiere a Fred, a menos que se indique lo contrario.

En primer lugar, me entretuve con los escritos de Marx y Engels. Luego incursioné en la religión oriental, una moda pasajera que invadió la Universidad de Stanford al final de la década de los años de 1970. Hasta acepté una flor y una invitación de parte de los de la Secta Moon, que me «bombardearon con amor», pero no pudieron convencerme para que me uniera a sus filas. Mientras tanto, deambulaba de una punta a la otra de la costa oeste, participando en seminarios de fin de semana que contaban con la presencia de gurúes iluminados que se «fundían» con el universo.

Me desesperaba por encontrar el Significado de la Vida, pero como no tenía mucha suerte, busqué el solaz y el consuelo en los brazos de las compañías femeninas. Aquello era algo que podía entender. Un año después de graduarme de Stanford, tenía cuatro novias y dormía con tres de ellas. No cabe duda de que era un hombre muy ocupado, demasiado ocupado como para darme cuenta de que Dios apuntaba hacia mi alma hambrienta.

Casi al final de una tarde, antes de irme de la oficina de mi primer trabajo en serio, acomodé los pies sobre un anaquel para disfrutar el hermoso atardecer californiano que entraba a raudales por mi ventana. En este momento de descuido, de alguna manera, Dios interrumpió la escena dándome una visión espantosa que me mostraba en qué me había convertido. La visión me pareció detestable y sentía una oleada de pesar dentro de mí.

«Señor», oré, «si tú estás listo para trabajar conmigo, yo estoy listo para trabajar contigo».

Tuve la impresión de que todo el cielo se movilizaba a mi favor. En pocas semanas acepté un puesto nuevo que me hizo regresar a Iowa, donde había crecido. Dejé atrás el estilo de vida de la costa occidental en la que todo es válido. Lo mejor de todo era que había terminado mi búsqueda del Significado de la Vida, de la verdad. Había aceptado a Cristo como Señor de mi vida. Al fin tenía paz.

Me instalé en Des Moines, Iowa, y encontré una iglesia familiar. Además, decidí asistir a una clase para matrimonios en la Escuela Dominical, lo que a más de uno le hizo fruncir el ceño, ya que era un solterón. Verás, había dejado de salir con mujeres porque sospechaba que sabía muy poco sobre ellas y era consciente de que no podía tratarlas con honor. Había oído que el pastor que enseñaba en la clase revelaría las maravillosas complejidades de las mujeres. Lo hizo, lo cual confirmó la ignorancia que tenía en cuanto al sexo femenino, a pesar de todo el tiempo de «intimidad» que pasé con sus representantes.

Con el transcurso de los meses, dentro de mí creció el deseo de comprender mejor las lecciones. Una noche, oré sencillamente: «Señor, me has enseñado muchas cosas sobre las mujeres, ¿podrías mostrarme a alguien que tenga todas estas características?». No pedía una novia, ni siquiera una muchacha para salir. Solo quería ver a una cristiana así en la vida real.

Una semana más tarde, mi padre, que ahora está casado con mi madrastra, me llamó desde Moline, Illinois, y me dijo: «Freddie, ¡te preparé algo especial! Conozco a una familia en nuestra iglesia que tiene a una hermosa hija cristiana y he hecho los arreglos para salir las dos parejas. Yo invito». Pensé que era un poco raro que papá quisiera tener una cita doble conmigo, y entonces recordé la última vez que había tratado de jugar al casamentero. Me mandó a pasar un día de esquí con una muchacha que usaba pantalones elásticos ajustados, tenía un peinado estrambótico y usaba tanto maquillaje que se lo debió haber aplicado con una brocha.

A pesar de esta mala experiencia, decidí seguirle el juego una vez más y conduje mi auto durante tres horas hasta Moline. Papá tenía buenas intenciones y una reunión en la iglesia seguida de un almuerzo gratis parecía una oferta bastante buena. Con un poco de suerte, estaría de regreso en casa a tiempo para ver el segundo partido de la NBA por televisión.

El día comenzó cuando me senté al lado de papá pocos minutos antes de que empezara la reunión de la iglesia. Se inclinó y susurró: «Freddie, allí viene».

Brenda Hulett se acercó a nuestro banco y yo me puse de pie para darle la mano. Cuando nuestros ojos se encontraron, pareció que mi Padre celestial se inclinó y me susurró al oído: *Esta es la muchacha con la cual te vas a casar.* En realidad, ¡sentí que me iba a convertir en su esposo! Este pensamiento o premonición, como te guste llamarlo, me pareció divertido y, a lo largo de la reunión, me provocaba una risita tonta cada vez que le dirigía una mirada.

Como es natural, a Brenda le molestó mi comportamiento y se preguntó quién sería este raro espécimen que estaba sentado a su lado. Más tarde aquel día, fui lo bastante inocente como para decirle por qué me había reído durante toda la reunión. ¡Ahora sí que quería salir corriendo! De milagro, resistió este deseo desesperado. Siete meses después me reivindicaron en el día de nuestra boda.

En busca de la bendición materna

¿Así que Dios hizo los arreglos de tu matrimonio, eh? Después de eso, todo debe haber salido a las mil maravillas. A duras penas. Aunque parezca mentira, nuestro noviazgo siguió adelante aquella primavera y verano. Para empezar, le hice una petición a mi madre luego de nuestro compromiso. «¿Cuándo puedo ir a Cedar Rapids para verte?», le pregunté. «Quiero que conozcas a mi prometida».

A continuación, siguió un helado silencio. Mi madre y yo éramos muy unidos, y la idea de que su único hijo varón se casara con alguna muchacha que nunca había conocido, no fue bien recibida. Tal vez pensaba en su propio matrimonio que terminó en un fracaso cuando yo tenía once años. Cuando mis padres finalizaron el divorcio, la vida se convirtió en un horror emocional y financiero para mi madre, mis dos hermanas y para mí. Las presiones de tener que criarnos sola casi la superaron, pero mamá peleó con tenacidad a lo largo de toda la prueba. Tenía dos empleos, así que llegaba a casa de su trabajo de recepcionista, engullía un bocado a toda prisa para comer con nosotros y luego se iba a vender parcelas de un cementerio.

Mamá debe ser la persona más valiente que conozco. Al verla batallar, mi tierno corazón sentía dolor por ella, y prometí que jamás haría algo que la hiciera llorar. Cargué con la responsabilidad de ser el hombre de la casa lo mejor que pude, y nos volvimos muy unidos al pasar las pruebas juntos. Fue por eso que su silencio luego de la noticia de mi compromiso me tomó por sorpresa. No me di cuenta de que mi madre deseaba conocer a la joven *antes* de que su hijo decidiera casarse.

Con este telón de fondo, Brenda se sintió desde luego presionada a darles una buena primera impresión a mi madre y mis hermanas. Se puso su mejor vestido de verano y se arregló el cabello formando una maravillosa nube de rizos; no podía verse más hermosa. Fue lamentable, pero a primera vista mi madre y mis hermanas asociaron a Brenda con un estrato social que nunca encajaría en nuestra familia. Aquel día no íbamos a recibir ninguna bendición, sobre todo después que Brenda pisara por accidente unas fresas frescas que mi madre había recogido con amor para mí.

Tenía la esperanza de que nuestra boda otoñal pusiera fin a la tumultuosa relación, pero la primera impresión se convirtió en algo perdurable. El ajuste matrimonial resultó difícil para Brenda. Su padre había muerto dos meses antes de la boda, y a pesar de que su muerte era inevitable, aun así trajo un inmenso dolor. Al dolor de Brenda se sumó la culpa porque vivíamos a tres horas de su hogar natal en Moline, Illinois, lo cual dejaba a su madre sola con su dolor.

Nos establecimos en Des Moines, pero Brenda no podía echar raíces allí. Nació y se crió en Moline, siempre asistió a la misma iglesia en la que se bautizó cuando era pequeña, y cultivó amistades profundas allí. Al terminar la universidad, regresó a

Moline para trabajar como enfermera diplomada, profesión que le hizo ganar el respeto entre sus pares. Ahora, en Des Moines, Brenda no tenía amigos que la apoyaran.

Para empeorar las cosas, su nuevo trabajo en un hospital local tenía un ambiente desagradable y vulgar. Lo más malo de todo era que vivía conmigo, un auténtico desconocido que había perdido los estribos durante la noche de bodas y que, desde entonces, explotaba con demasiada frecuencia. Se sentía abrumada. Por esta razón, casi siempre pasábamos más tiempo con la familia de Brenda que con la mía cuando regresábamos a Moline de visita. A pesar de que esto era lógico, dadas las circunstancias, la relación con mi familia se deterioró cada vez más. Las tormentas se desataban desde todas las direcciones.

La tarea de tratar de ser el mediador entre ambas partes no era nada divertida. En mi familia, cuanto más fuerte hablas, más tienes la razón. Así que, muy a menudo, recibía por la noche una nueva llamada telefónica de mi familia para recriminarme por esta «mujer insensible» con la que me había casado. Una y otra vez me preguntaban:

«¿Cómo puede ser tan egoísta con tu tiempo?»
«¿Por qué le permites ser tan egocéntrica?»
«¿Ya no nos amas?»

Vivíamos en un apartamento pequeño y Brenda podía oír todo esto. Además, luego de soportar algunos fines de semana tempestuosos con mi familia, se asustaba cada vez más ante sus estallidos imprevisibles. Tres días antes de cualquier visita a sus hogares, se sentía con náuseas todo el tiempo.

Tenía motivos para sentirse así. Los días feriados no significaban otra cosa que no fuera problemas. Mi familia, que ya nos veía menos de lo que deseaban, exigió que les hiciéramos una visita en la que permaneciéramos todo el día con ellos. Atemorizada por sus ánimos explosivos, Brenda prefirió el programa de una tarde que tuviera una duración de la una a las cuatro. Con algunas negociaciones de por medio, llegué a conseguir un programa desde el mediodía hasta las seis de la tarde. Descompuesta por su estado nervioso, Brenda se entretenía hasta el último minuto y, por lo general, llegábamos tarde. A mi familia esto le producía una molestia infinita. Por supuesto, a la tarde los papeles cambiaban ya que eran ellos los que daban vueltas y vueltas para que nos quedáramos hasta el último minuto, en tanto que Brenda se desesperaba por regresar cuanto antes a la seguridad de nuestro auto. Todos miraban sin cesar el reloj. A mí me volvía loco.

Mi familia me producía frustración, de eso no cabe duda. Estaban equivocados con respecto a Brenda y me exigían cosas imposibles. Sin embargo, me sentía más frustrado con Brenda. Éramos un equipo y yo esperaba que tiráramos para el mismo lado. Me parecía que debía ser más flexible con las negociaciones a fin de ayudarme a unirnos. Comencé a ponerle sobrenombres como «bebé grande» y «mocosa mal criada».

Ni soñar con que Brenda estuviera de acuerdo. Le parecía que yo amaba más a mi familia y a mis parientes que a ella. «Después de todo», decía, «no escucho que te refieras a ellos con nombres desagradables». Le parecía que yo debía defenderla y tenía que detener las diatribas ofensivas de ellos. Mi mal genio se puso de manifiesto de una manera asquerosa. Muchas veces me ponía muy cerca de Brenda y le gritaba hasta que se encogía. Dos veces hice agujeros con mis puñetazos en las paredes de placas de yeso. Durante una de mis muchas rabietas, arrojé un recipiente con sopa por el suelo; pero sentía que tenía justificación.

Desde mi punto de vista, ella era obstinada y eso no ayudaba.

Desde su punto de vista, *no podía* ayudar.

ESPECTADORES DE UN AMOR QUE SE ENFRÍA

El veneno de los problemas con la familia política se infiltró en cada aspecto de nuestra relación. Al comienzo de nuestro matrimonio, contenía la respiración cada vez que veía a Brenda entrar en la habitación. Ya no. Casi siempre, nuestras noches terminaban de la misma manera: Luego de apagar de un manotazo la lámpara que estaba sobre la mesa de noche, acomodaba la cabeza en la almohada y entonces escuchaba, en la oscuridad, estas palabras que me daban náuseas: «Fred, hay algo de lo que tenemos que hablar».

El día de San Valentín fui a comprar una tarjeta. Las revisé una por una, pero al leer los textos, las devolví todas porque eran «demasiado sentimentaloides», «demasiado afectadas» o «demasiado románticas». Poco a poco el pánico me fue invadiendo al enfrentarme a la realidad: si tenía una pizca de sinceridad, no podía darle ninguna de esas tarjetas a Brenda.

Nuestros problemas con la familia política se parecían a las consecuencias que dejaban los ataques de las fuerzas aéreas aliadas en las ciudades enemigas durante la Segunda Guerra Mundial. Nuestros pilotos arrojaban sus bombas y luego regresaban a la base adonde la vida era bastante normal: comían, dormían, jugaban a las cartas y se preparaban para la próxima misión de combate. Con todo, para la gente que quedaba en medio de los escombros ardientes de las ciudades bombardeadas, la vida normal era imposible.

Lo mismo nos sucedía a nosotros. Mi familia arrojaba sus bombas por teléfono y luego, cuando colgaban el auricular, volvían a la «base» y a su vida normal con los amigos y la familia; pero a Brenda y a mí, el matrimonio se nos desmoronaba y estábamos rodeados de escombros ardientes. No había un refugio seguro; lo único que nos quedaba era la desesperación. Lo triste es que Brenda sentía que vivía con el enemigo porque yo continuaba defendiendo a mi familia durante nuestras discusiones. Además, era tan inestable como ellos. Estoy seguro de que mi ceño fruncido le recordaba el de ellos.

Todo esto fue lo que puso el fundamento a la triste declaración de Brenda: «No encuentro una mejor manera de decirte esto, así que te lo diré directamente, mis sentimientos hacia ti están muertos».

¡Ahora era mi turno de sentir náuseas! Largo tiempo atrás, cuando el divorcio de mis padres se cernió sobre mi vida, una despiadada pregunta daba vueltas y vueltas dentro de mi atemorizado corazón. *¿Qué vamos a hacer?*, me preguntaba. *¿Qué vamos a hacer?*

Las palabras de Brenda trajeron una vez más esta pregunta del pasado, con un giro todavía más personal: «¿Qué *voy* a hacer?».

Su declaración me tomó por sorpresa. Esta es la muchacha que Dios mismo escogió para mí. Esta es mi esposa... y todas mis esperanzas y sueños están ligados a ella. Haría cualquier cosa por ella. Entonces, ¿cómo es posible que nos esté sucediendo esto? ¡Todavía la amo! Por supuesto, el romance ha desaparecido, pero ella es mi mejor amiga. Todavía podemos conversar. Me encantan nuestras caminatas.

Le hice algunas preguntas a Brenda.

—Cariño, ¿qué me dices de lo nuestro? ¿Todavía me amas?

—Sí —me dijo—. Todavía te amo.

—Si todavía sientes amor, ¿cómo es posible que tus sentimientos hacia mí estén muertos?

Brenda no lo pudo explicar con palabras lo que me dejó retorciéndome en la más absoluta confusión. Durante días, las oleadas de pánico me arrasaban en los momentos que no estaba en guardia. Esto no está bien. *¿Qué voy a hacer?*

NO AL TRIBUNAL DE DIVORCIO

Un día, al entrar a la cocina para buscar un vaso de leche, las lágrimas me inundaron los ojos una vez más. Reprimí un dolor abrasador en el corazón. Abrí el refrigerador y con desgano tomé la caja de leche y apunté a un vaso que tenía en la mano. Volví a poner la caja en su lugar, cerré la puerta y me quedé un largo rato mirando con fijeza el refrigerador con los ojos llenos de lágrimas. Luego señalé al cielo y declaré: «No me importa cuánta arena tenga que masticar, pero no me voy a divorciar».

Ese era el grado de desesperación en el cual me encontraba. Estaba dispuesto a comer piedrecitas si eso iba a salvar mi matrimonio. Sabía que había llegado el momento de pagar un precio de verdad, un precio mucho más profundo. Dios dijo en Efesios 5 que debo entregar mi vida por mi matrimonio, así como Él dio su vida por su esposa, la iglesia. Ni siquiera me había acercado a ese amor sacrificado.

Elevé a Dios aquella declaración desesperada hace casi veinte años. Hace poco, un diácono me dijo: «Fred, solo conozco a dos parejas que disfrutan de un nivel de intimidad tal que les permite hablar sobre cualquier cosa, incluso de sus pecados, sin temor y con total amor. Tú y Brenda son una de ellas».

Sonreí y le di las gracias. ¿Cómo llegamos de allí hasta acá? Lo que estás a punto de leer es nuestra historia.

Preguntas para la reflexión y la discusión

1. De la manera más sincera y completa que puedas, describe tu propio viaje al enfrentarte a las experiencias y los descubrimientos de Fred como se presentan en este capítulo. ¿Hasta qué punto te puedes identificar con él?

2. ¿Con qué parte de la historia de Fred te puedes identificar mejor?

3. ¿Alguna vez has llegado al punto de tener que tomar una decisión significativa y memorable para salvar o fortalecer tu matrimonio? Si es así, ¿qué fue lo que te llevó a esto?

4. ¿De qué manera expresarías tus metas personales y tus expectativas para tu matrimonio a partir de la lectura de *El deseo de cada mujer*?

2

¿Cómo murieron los sentimientos?

Cuando mi matrimonio se fue a pique, no tenía la menor idea de cómo arreglarlo. Por cierto, el estado de mi unión no había resultado en lo más mínimo lo que esperaba. Todo lo que sabía era que mi matrimonio se había derrumbado delante de mis propios ojos. Si algo había aprendido en aquella clase de Escuela Dominical para matrimonios era que los hombres tienen la principal responsabilidad de llevar a cabo el llamado de Dios a la unidad matrimonial (sacado en especial de Efesios 5:23, adonde se nos dice: «Porque el esposo es cabeza de su esposa, así como Cristo es cabeza y salvador de la iglesia, la cual es su cuerpo»). A pesar de que la mujer tiene claras responsabilidades en el matrimonio, seamos sinceros: ¿A quién hace más responsable Dios?

No me gustaba este llamado a la «unidad matrimonial». Para empezar, no comprendía en su totalidad de qué se trataba y no me parecía en absoluto justo. En especial, detestaba cargar con la responsabilidad principal ya que pensaba que Brenda era inmadura y malcriada. ¿Por qué *yo* tenía que ser responsable si *ella* era tan obstinada? Ella era la que no se sometía a mi liderazgo.

Sabía que tendría que dar cuentas de mi matrimonio, por más que tratara de encontrarle otra vuelta. Dios me había dado una esposa y, según mi comprensión de las Escrituras, me pedía que fuera un buen conductor como cabeza de la familia. Sabía que el matrimonio y mi amor por Brenda eran mi llamado supremo. Era hora de redoblar los esfuerzos para hacer un compromiso más profundo, pero no sabía por dónde empezar y el tiempo se me acababa. Para resucitar mi matrimonio, estaba dispuesto a ejercer una acción drástica a cualquier costo, incluso si esto implicaba la intervención de un tercero.

El hallazgo de algo esencial

Esto fue lo que hice. Le pregunté a Brenda con toda sinceridad si podíamos hablar durante un momento. «Mira», comencé diciendo. «He pensado en todo este asunto de la familia política y sencillamente no sé qué decir. Pienso que estás equivocada por completo y tú piensas que yo estoy del todo equivocado, así que vayamos a ver al pastor Ron. Él no sabe nada acerca de nuestra situación y no tengo idea de cuál será su consejo. Con todo, sea lo que sea que me diga que haga, lo haré. No me importa lo que diga. Te amo y deseo arreglar este problema que tenemos».

Brenda se quedó boquiabierta. «¿Sea lo que sea que te diga? ¿Cualquier cosa?»

Ella dudaba de mi palabra, a pesar de que no tenía nada que perder. Después de todo, yo le había dado un cheque en blanco. Sin embargo, también sabía algo que yo todavía no sabía: que mi manera de tratarla no había sido buena. Brenda tenía la completa seguridad de que Ron vería las cosas del mismo modo que ella.

El pastor Ron escuchó con paciencia mientras cada uno de nosotros exponía su punto de vista del conflicto. Como siempre, abordó la situación con gran sabiduría y abarcó todos los aspectos. Su conclusión fue la siguiente: «Fred, has estado sentado en la cerca divisoria entre tu esposa y tu familia, tratando de unirlas. Brenda siente que no la has puesto en primer lugar. Debes bajarte de la cerca y ponerte por completo del lado de Brenda y debes permanecer firme a su favor». Luego detalló lo que consideraba un plan de acción razonable, en el cual señaló varios versículos de la Biblia pertinentes a nuestra situación, incluyendo uno que hablaba de mi «sometimiento» a Brenda.

No entendía cómo daría resultado el consejo del pastor Ron y se lo dije. Su razonamiento simplista requería que me «sometiera» a Brenda, lo cual no me sonaba muy bien. No obstante, estaba desesperado y *había* dado mi palabra de que seguiría el consejo de Ron. Además, si cedía, eso me daría algo de tiempo para poner las cosas en orden.

Tiempo después, Brenda diría: «Sentí un alivio absoluto e inmediato cuando salí de aquella sesión». En cuanto a mí, seguí el consejo de Ron al pie de la letra; llamé a mi familia y les dije que me pondría por completo del lado de Brenda. Ella escuchó mis llamadas telefónicas y se quedó muy sorprendida. Así es como recuerda su reacción:

> Cuando actuaste de acuerdo con el consejo de Ron, de inmediato tuve la sensación de que éramos uno y no ya «yo contra ti» todo el tiempo. Antes de eso, como me apoyabas solo de manera parcial, me parecía que eras un antagonista más como todos ellos. Como dijo Jesús: «El que no es conmigo, contra mí es». Siempre era duro para mí ver que te preocupabas tanto por personas que me hacían semejante daño, aunque fueran tus familiares.

A través de este proceso, hice el hallazgo de la verdad bíblica más esencial en cuanto al liderazgo matrimonial que he encontrado. Para mi asombro, mi matrimonio logró mucho más que estabilizarse. Floreció. ¡Ahora sí que estaba confundido! Fue *mi* sumisión la que revivió nuestro matrimonio, no la de Brenda. Se supone que los hombres no se deben someter, ¿no es así?

Y si pensamos más allá, ¿por qué la solución de un simple conflicto de voluntades tiene semejante impacto? Reflexiona sobre las palabras de Brenda: «Cuando actuaste de acuerdo con el consejo de Ron, de inmediato tuve la sensación de que éramos uno y no ya «yo contra ti» todo el tiempo». Es evidente que yo había destrozado nuestra unidad, pero había mucho más que eso. ¿Cómo lo supe? Porque ella también dijo: «Sentí un alivio absoluto e inmediato cuando salí de aquella sesión». ¿Alivio? Esa es una palabra que se usa cuando uno sale de una casa embrujada o de un río embravecido, no cuando encuentras el camino. ¿Qué la asustaba?

YO: ¡EQUIVOCADO EN LO ESENCIAL!
Pronto hice el hallazgo de una segunda verdad esencial que se refería por completo a mí. Verás, durante meses, Brenda me había dicho una y otra vez que mi familia la trataba peor de lo que yo sabía. Decía que yo estaba ciego. Con sarcasmo, le respondía: «¡No me digas que estoy ciego! Viví con ellos durante veinte años, en tanto que tú apenas los conoces. ¿No te parece que los puedo conocer un poquito mejor que tú? ¿Eh?».

Aun así, ella nunca vaciló: «Cuando no estás en la habitación, parecen hielo, pero cuando apareces, llega el momento de la dulzura».

«Brenda, eso no puede ser verdad. Tu imaginación trabaja horas extra. ¡Jamás harían eso!»

Cada vez que volvía a suceder, ella representaba la escena con todos los detalles esforzándose por convencerme. «Vamos», decía, mientras conducíamos de vuelta a Des Moines. «¡Sabes que no puedo inventar todo esto!»

Yo hacía todo lo que podía para rechazar de plano lo que me decía: «¡Si quieres, puedes imaginártelo un millón de veces! Eso no hará que se convierta en verdad».

Entonces, un día, viajamos a Chicago para asistir a la boda de un amigo de la familia. Yo era el padrino, así que con Brenda llegamos antes para el ensayo del viernes por la tarde. Mi familia llegaría más tarde para el ensayo de la cena.

Una vez dentro de la iglesia, Brenda se sentó en la parte de atrás junto a las puertas y se entretuvo con una novela, mientras yo estaba de pie lejos, en el frente del santuario memorizando lo que tenía que hacer. Cuando llegó mi familia, no se dieron cuenta de que yo estaba adelante. Brenda se levantó para saludarlos con una alegre sonrisa. Cuando la obviaron por completo, pude sentir el frío a la distancia. Ella trató de entablar una conversación, pero abiertamente la dejaron de lado y pronto se alejaron con frialdad.

De repente, lo *supe*. Brenda siempre había tenido razón y yo había estado equivocado. Después de todo, no era una niña malcriada. Tenía dones para discernir las relaciones que yo sencillamente no tenía, y al rechazar con arrogancia sus puntos de vista, el resultado fue que los dos salimos dañados. Por sobre todas las cosas, supe que si los papeles se hubieran invertido, mis sentimientos hacia Brenda también habrían muerto.

En aquel momento, sentí desesperación por acercarme a ella para decirle que la entendía, pero el ensayo duró largo rato. Como llegábamos tarde a la cena, subimos de prisa a un auto atestado de gente, así que pasaron horas antes de que pudiera decirle, por fin, que había visto la luz.

Aquel día, cambiaron nuestros patrones de comunicación. Había estado ciego, pero ahora veía. Durante los días y las semanas siguientes escuchaba con mucha atención cada vez que le preguntaba: «¿Qué es con exactitud lo que he hecho? ¿De qué manera maté tus sentimientos?».

Descubrí que no habíamos estado atrapados en un sencillo conflicto de voluntades. La había atropellado hasta las profundidades de su alma. Para rectificar este asunto, tuve que descubrir el papel de la «sumisión masculina» en el matrimonio. Aunque antes, por supuesto, debía terminar el atropello.

Preguntas para la reflexión y la discusión

1. ¿Cómo entiendes tu responsabilidad bíblica de liderazgo en el matrimonio? ¿Cómo la expresarías con tus propias palabras?

2. ¿Cómo entiendes tu responsabilidad bíblica de sumisión en el matrimonio? ¿Cómo la expresarías con tus propias palabras?

3. A medida que leías este capítulo, ¿qué preguntas te vinieron a la mente en cuanto a tu propia responsabilidad tanto en el liderazgo como en la sumisión en el matrimonio? ¿En qué aspectos te resulta fácil estar de acuerdo con las conclusiones a las que llegó Fred? ¿En qué aspectos, si los hay, te resulta difícil estar de acuerdo con él?

4. ¿En qué aspectos, si los hay, has descubierto que tu esposa siempre tuvo la razón sobre algo que pensabas que entendías por completo, pero que no era así?

Cuando atropellamos al ser que amamos

Había atropellado a Brenda y de ese modo aplasté la oportunidad de unidad en nuestro matrimonio. Había alejado con brusquedad sus preocupaciones, pisoteado sus sentimientos. Esta clase de atropellos son un pecado en contra de tu esposa.

Sí, dije *pecado*. Si te parece que exagero y estás a punto de dejar de lado este libro, no te apures tanto. La mayoría de los hombres cristianos pecamos con regularidad contra nuestras esposas, pero somos demasiado ciegos como para ver. Es probable que tú también seas un poquito ciego. Entonces, si es pecado, ¿por qué digo *atropellar* en lugar de pecar?

En nuestra cultura, la palabra pecado ha perdido en parte su valor comunicativo debido a que se considera que imparte un juicio muy duro. A nadie le gusta que lo llamen pecador. *Eso es para personas que son malas de verdad.*

Lo que es más importante aun es que *pecado* ya no tiene un significado consecuente entre los hombres cristianos. A pesar de que todos podemos estar de acuerdo en que el pecado es malo, tenemos problemas para ponernos de acuerdo en cuanto a qué cosas entran en la categoría de pecado. La mayoría de nosotros creemos con aire de suficiencia que jamás pecamos contra nuestra esposa. Nuestra Lista de Éxitos viene de los Diez Mandamientos, y como no hemos robado, no le hemos mentido (¡ay!) a nuestras esposas ni las hemos engañado, estamos limpios, ¿no es así?

No, nada de eso. Nuestra definición de pecado es demasiado estrecha. Muchos de nosotros andamos por la vida sin comprender cabalmente la altura, la anchura y la profundidad de la definición de Dios de pecado. En lugar de preguntarnos: «¿Cuán santo puedo ser?», preferimos preguntar: «¿Hasta dónde puedo llegar sin dejar de llamarme cristiano?». Y el límite lo establecen nuestros pares en lugar de Dios. Ante este panorama, erramos y no permanecemos en el centro de la tierra santa de Dios, y preferimos en cambio vagar por los límites donde con mucha frecuencia nos pasamos de la raya. Y si allí afuera nos encontramos con algunos hermanos cristianos, solo corremos los límites un poquito más lejos.

Así describe alguien a una pareja cristiana que conoce:

En el repertorio de trucos de Tim hay algo que a Sally la hace pedazos. Cuando están juntos, un gran problema es cómo se devora él a las otras mujeres con la mirada. En el trabajo, parece que Tim siempre tiene una inclinación para formar relaciones laborales más estrechas de lo necesario con compañeras jóvenes y bonitas. Esto representa un gran problema entre ellos. ¡Un problema enorme!

Tim está pecando contra su esposa. No lo llama pecado, y si lo presionan al respecto, abre las palmas de las manos y dice: «¿Mirar a las mujeres? Es una debilidad que tienen todos los hombres. Y mi sensibilidad masculina en la oficina es solo la manera en que me relaciono con ellas. ¿Qué hay de malo en eso?».

A Tim no le parece que sus ojos inquietos y su ayuda demasiado solícita se acercan siquiera a lo que es pecado. «El hecho de que no pueda ordenar, no significa que no pueda mirar el menú», dice entre risitas mientras echa una mirada a un par de pechos que pasan danzando. Sin embargo, escucha lo que Dios dice en la Escritura con respecto a nuestros ojos y nuestro corazón:

Por sobre todas las cosas *cuida tu corazón*, porque de él mana la vida. Aleja de tu boca la perversidad; aparta de tus labios las palabras corruptas. *Pon la mirada en lo que tienes delante; fija la vista en lo que está frente a ti.*

Endereza las sendas por donde andas; allana todos tus caminos. (Proverbios 4:23-26)

Fija la vista en lo que está frente a ti. Esto es algo para considerar, junto con esta oración de un gran modelo del Antiguo Testamento: «Yo había convenido con mis ojos no mirar con lujuria a ninguna mujer» (Job 31:1).

Estas son las normas de Dios y el Señor no ocultó el placer que le proporcionaba el acatamiento de Job a sus normas. Hasta hizo alarde de él delante de Satanás: «¿No has considerado a mi siervo Job, que no hay otro como él en la tierra, varón perfecto y recto, temeroso de Dios y apartado del mal?» (Job 1:8).

Dios desea que cada uno de nosotros vivamos delante de nuestras esposas con tanta limpieza como Job. Tim está de acuerdo en teoría, pero su estrecha definición del pecado hace que siga pecando contra su esposa. A pesar de que su ignorancia reduce la culpa, no reduce los efectos de sus pecados. La unidad matrimonial con Sally sigue echa pedazos.

SE NECESITA UNA DEFINICIÓN MÁS AMPLIA

Sin duda, debemos ampliar nuestra definición del pecado a fin de que se ajuste a la de Dios. Con todo, también hay otra cosa que debemos hacer: Debemos permitir que nuestras esposas definan nuestro pecado.

Un momento. Yo soy el esposo y el líder espiritual. ¿No debería ser el que defina lo que es pecado en nuestro hogar? Hasta cierto punto, sí, tienes la responsabilidad de definir y sacar a la luz el pecado en tu familia como parte de tu liderazgo, pero la relación con tu esposa es al menos tan importante como tu posición para definir el pecado. Y, tal vez, hasta sea más importante.

Encontramos mucho material para pensar acerca de esto en la clara enseñanza que el apóstol Pablo da acerca del «débil» y del «fuerte». En el libro de Romanos, al discutir qué comidas eran aceptables (o «limpias») en la ingesta de un cristiano, reconoce que puede haber distintas «opiniones» dentro de la comunidad cristiana sin que eso sea anormal. Al leer estas palabras, piensa en cuán ciertas son también aplicadas al matrimonio cristiano:

> Reciban al que es débil en la fe, pero no para entrar en discusiones. A algunos su fe les permite comer de todo, pero hay quienes son débiles en la fe, y sólo comen verduras. El que come de todo no debe menospreciar al que no come ciertas cosas, y el que no come de todo no debe condenar al que lo hace, pues Dios lo ha aceptado. (Romanos 14:1-3)

El término *fe* aquí no se refiere a la fe en Cristo que nos salva, sino al sentido de confianza en la libertad que tenemos en Cristo. En este caso, los cristianos «fuertes» como Pablo entendían que la dieta no tenía importancia espiritual. Los «débiles» todavía no tenían claridad en cuanto al valor que tenían las disposiciones del Antiguo Testamento en el nuevo pacto de Cristo. Las motivaciones detrás de los débiles y de los fuertes eran las mismas. En los dos casos se deseaba evitar el pecado y servir a Dios por completo. Pablo dice que lo importante es que la unidad entre los cristianos no se debe basar en que todos estén de acuerdo en cuanto a «opiniones» discutibles. Los cristianos no se pondrán de acuerdo en todos los aspectos concernientes a la vida cristiana porque Dios no se refiere a cada asunto en la Escritura. Tampoco tienen necesidad de estar de acuerdo, siempre y cuando logren resolver sus diferencias con amor.

Cuando se trata de cuestiones de conducta discutibles, es fundamental reconocer la importancia de la convicción personal. Pablo siguió diciendo:

> Yo, de mi parte, estoy plenamente convencido en el Señor Jesús de que no hay nada impuro en sí mismo. Si algo es impuro, lo es solamente para quien así lo considera. (Romanos 14:14)

A partir de esto, no generalicemos pensando que el pecado es solo cuestión de opiniones subjetivas ni de una conciencia individual. Pablo no discute la conducta que sin duda es pecaminosa a la luz de la Escritura, sino las conductas sobre las cuales los cristianos pueden diferir de manera legítima.

Hoy en día nos encontramos con situaciones similares. Pablo tenía la carne y nosotros tenemos a Halloween, por ejemplo. Esta es una fiesta muy importante para los satanistas, y la oscura historia de los druidas y, al menos, las lámparas hechas con una calabaza ahuecada nos hacen pensar. Por lo tanto, muchos cristianos creen que celebrar Halloween está mal y que las calabazas son pararrayos que atraen la actividad demoníaca. Si abres la puerta el día de Halloween, le abres la puerta al reino de las tinieblas.

A otros les parece que Halloween no es más que otra fiesta en la que los niños se disfrazan, un tiempo para caminar por el vecindario mientras la niña que sueña con ser bailarina o el niño que se imagina que es G.I. Joe llaman a la puerta y gritan: «¡Truco o trato!». Las calabazas no son más que frutos anaranjados para calar junto a los niños y no son la manifestación de alguna actividad oculta.

No quiere decir que la verdad cambia; sencillamente deberíamos dejar que a estos asuntos los guíe la conciencia. Y cuando la conciencia guía, las convicciones personales pueden crear (y lo harán) un callejón sin salida para los creyentes, y esto incluye a los matrimonios. Algunas veces será la fe del esposo la que es «débil», y otras será la de la esposa; pero estas diferencias no tienen por qué quebrar su unidad matrimonial. Entonces, ¿cómo resolvemos estos dilemas de manera amorosa?

El modelo natural es que el «líder» llame a votación, por así decir, y que saque ventaja a su favor. ¿No es esto lo que hacen los muchachos todo el tiempo cuando los dilemas se relacionan con quién va a jugar en un torneo de fútbol el fin de semana y quién va a mirar una película violenta? ¿No hacen una votación para el desempate? Eso es lo que Pablo, como apóstol, hubiera podido hacer; pero prefirió no hacerlo, y nos enseña que hagamos lo mismo:

Más bien, propónganse no poner tropiezos ni obstáculos al hermano. Yo, de mi parte, estoy plenamente convencido en el Señor Jesús de que no hay nada impuro en sí mismo. Si algo es impuro, lo es solamente para quien así lo considera. Ahora bien, si tu hermano se angustia por causa de lo que comes, ya no te comportas con amor. No destruyas, por causa de la comida, al hermano por quien Cristo murió [...]
Por lo tanto, esforcémonos por promover todo lo que conduzca a la paz y a la mutua edificación. *No destruyas la obra de Dios* por causa de la comida. Todo alimento es puro; *lo malo* es hacer tropezar a otros por lo que uno come. *Más vale no comer carne* ni beber vino, ni hacer nada que haga caer a tu hermano. (Romanos 14:13-15, 19-21).

Si alguien fue un líder en relaciones, ese fue Pablo. Era un apóstol brillante que una vez lo transportaron al cielo y allí Dios le enseñó directamente dándole un conocimiento del bien y del mal que era irrefutable. Estaba seguro de que toda la comida es limpia delante de Dios. Con la autoridad que tenía para presionar a los demás en cuanto a la comida, Pablo hubiera podido exigir que todos creyeran lo mismo, pero no lo hizo. En cambio, se sometió a sus hermanos en Cristo. En otras palabras, renunció a su derecho de ejercer autoridad para dejar lugar a las creencias de su hermano más débil. ¿Por qué lo hizo? En primer lugar, Pablo sabía que todos tenemos el llamado a hacer «todo lo que conduzca a la paz y a la mutua edificación». Cristo valoró de tal manera a nuestro hermano más débil que murió por él. Desde luego, el líder cristiano fuerte debe estar dispuesto a ajustar su comportamiento por el bien de esos hermanos. Pablo no iba a pecar contra su hermano al comer carne.

¿Pecar contra Dios? Con todo, ¡Pablo sabía que Dios aprobaba esta carne como limpia! Comer carne no era un pecado en sí desde el punto de vista de Dios, pero se convertía en un pecado dentro del contexto de la relación de Pablo con su hermano.

Atropellar esa convicción provocaría la falta de unidad y dañaría el espíritu de su hermano. Para Pablo no era importante que su hermano fuera como él. Lo que era importante es que se pareciera a Cristo. Preocuparse por cuestiones tan triviales como la libertad personal en cuanto a las reglas de la alimentación a expensas de la fe frágil y tierna de otro es perder la esencia de la vida cristiana.

UN EJEMPLO QUE VIENE AL CASO

Volvamos a Tim y Sally. Supongamos que Dios no desaprobara el comerse con los ojos a otras mujeres y que no dijera nada al respecto en la Escritura. Imaginemos también que Tim está «convencido en el Señor Jesús» que comerse con la mirada a otras mujeres es una conducta «limpia». De todas maneras, para él sigue siendo pecado a causa de Sally. Ella odia su conducta, lo cual la convierte en un enorme problema entre ambos. Sus ojos inquietos rompen la unidad con ella y esta unidad es el diseño primario de Dios para el matrimonio.

La posición de Tim como líder espiritual de su familia, tal como lo entiende de la Escritura, no anula los propósitos de Dios para su matrimonio así como la posición de Pablo como apóstol no anulaba los propósitos de Dios en cuanto a la relación de Pablo con los hermanos cristianos más débiles. El apóstol estaba dispuesto a dejar de comer alimentos «impuros» antes que herir a su hermano en Cristo. ¿Está Tim dispuesto a renunciar a sus miradas antes que herir a Sally?

Parafraseando las palabras de Pablo en Romanos, podríamos decir: «Mira, Tim, la libertad que tienes en Cristo no debe ser lo único a lo que le prestes atención, aunque seas el líder del hogar. Ningún cristiano vive para sí mismo, sino para los propósitos de Cristo. Dios te llamó para que guíes tu matrimonio hacia la unidad. ¿Por qué le pones una piedra de tropiezo a Sally en el camino?».

Además, hay otra cuestión: «Tú, Tim, crees que mirar a otras mujeres está bien. ¿Y qué? Cuando lo haces, hieres a Sally, así que ya no caminas de acuerdo al amor. ¡No digas que no le haces daño a nadie! Más bien decide quitar esta piedra de tropiezo de su camino. Es un pasatiempo pecaminoso porque ofende a Sally. ¿No estás dispuesto a renunciar a mirar a otras mujeres en lugar de herir a tu esposa y poner un impedimento a la obra de Dios en tu matrimonio?».

La sumisión de los esposos a sus esposas por el bien de la unidad es un principio bíblico fundamental. Y aquí es donde comenzamos a comprender el papel de la sumisión masculina en el matrimonio. Para nosotros los esposos, como para Pablo, hay cosas más importantes que ejercer cualquier autoridad en nuestro matrimonio, cosas como la unidad y el crecimiento de una relación tierna y frágil. A esto le llamo «sumisión a la unidad».

Aprendí una lección rápida pero difícil sobre la necesidad de sumisión poco tiempo después que Brenda y yo nos casamos. Antes de conocer a Brenda, antes de ser cristiano, me encantaba un pequeño pasatiempo llamado «jugar en el auto». Ya sabes, conducir hasta el valle de los enamorados o hasta alguna franja alejada de una playa para «divertirme» un poco. ¿Me sigues la corriente? Cuando era novio de Brenda, esta práctica era demasiado arriesgada para nuestra pureza antes del matrimonio. No obstante, después de la boda, no esperé mucho para intentarlo otra vez. Una clara noche de otoño, mientras íbamos en el auto, me di vuelta y le guiñé el ojo a Brenda cortejándola:

—Preciosa, ¿qué te parece si buscamos algún lugar tranquilo para divertirnos un poco?

Brenda me miró como si fuera un extraterrestre recién caído de la luna.

—¿De qué estás hablando?

Entonces, se lo deletreé: jugar en el auto.

Brenda se sintió incómoda.

—No lo sé. Eso me parece algo raro. ¿Qué gracia tiene? ¿No podemos ir a casa donde estamos en privado?

—¿Qué gracia tiene? —tartamudeé—. ¡Es una práctica que le da chispa a la vida!

Ella insistió en que la sola idea la hacía sentir incómoda.
—¿Y si alguien se acerca al auto? Sería muy embarazoso.
—Vamos, nadie se acercará al auto. ¿Qué probabilidades hay? No vamos a estar allí toda la noche. Además, será un lugar apartado.
—La verdad es que no quiero hacerlo. No me parece que esté bien. Vayamos a casa —me rogó—, adonde podamos estar solos.
—Estaremos solos —insistí—. Hazlo solo una vez conmigo. Te encantará.

Mi deseo prevaleció y pronto nos encontrábamos bien adelantados en la acción. De repente, sin aviso previo, una luz atravesó la ventanilla del lado del conductor. De prisa, volvimos a nuestros asientos, justo en el momento en que un oficial nos golpeaba el vidrio. «Muévanse, niños», dijo. Encendí el motor, puse la primera y nos escapamos avergonzados por el camino.

Antes de los dos minutos, cuando ya no había moros en la costa, Brenda lanzó su ataque contra mí. ¡Háblenme de misiles ofensivos! Me chamuscó los oídos y no voy a reconstruir en forma completa sus apasionadas expresiones. Digamos nada más que era imperativo que escuchara con atención a riesgo de sufrir consecuencias devastadoras.

El texto del sermón de Brenda aquella noche fue 1 Timoteo 2:9, que habla de la necesidad de que la mujer cristiana sea recatada, decente y tenga decoro. Puedo resumir sus cuatro puntos de esta manera: «Es imposible estacionar en zonas solitarias sin violar este mandamiento. Cualquiera, en cualquier momento puede acercarse al auto y encontrarnos en una actitud indecente. Por lo tanto, para mí, estacionar así es pecado. Me niego a pecar contra Dios de esta manera».

Felizmente, llegó el momento en que concluyó el servicio. Recuerdo que pensé que la aplicación que le dio a este versículo con respecto al juego en el auto era un poco forzada, pero aquel no era momento para decirlo. Esto no era pecado para mí, pero nunca más le pedí a Brenda que lo hiciéramos, ni siquiera se lo dije en broma. Para ella es pecado y tiene un versículo que respalda su posición. Para ella, hacer el amor en el auto es un atropello a sus convicciones personales como cristiana. Le estaría pidiendo que pecara de la misma manera que si le sugiriera que robara un banco conmigo. En el contexto de nuestra relación, hacer el amor en el auto también es pecado para mí ahora, lo cual es un ejemplo de la manera en que me someto a la unidad.

Una pregunta clave: ¿Tener la razón o ser justo?

¿Hasta dónde debemos llevar la sumisión a la unidad? ¿Nos detenemos frente a las convicciones personales? ¿Necesita nuestra esposa un texto de la Escritura que la respalde como en el caso de Brenda?

En realidad, no. Más allá de que la Escritura diga algo o no, cualquier piedra de tropiezo que ponemos en el camino de la unidad con nuestras esposas es pecado. Debilita el propósito de Dios para el matrimonio y hace ostentación de nuestro liderazgo a expensas de la obra de Dios.

Una vez hablé con un hombre llamado Richard que me dijo: «Fred, a mi esposa no le gusta el beso francés. Dice que le produce náuseas y que le arruina por completo la experiencia sexual. ¡Está loca! El beso francés a mí me excita mucho y me siento traicionado y del todo furioso cuando no lo quiere hacer. Al fin y al cabo, la Biblia dice que no debemos negarle nuestro cuerpo al otro. Para mí, eso quiere decir que tengo que obtener lo que quiero, ¡pero no lo obtengo! Ella no me lo da. De tanto en tanto, estamos en la cama y las cosas van tan bien que vuelvo a intentarlo; pero ella enseguida se pone rígida y pierde todo el interés. Actúa como si se tratara de un gran pecado, sin embargo, no hay un solo versículo que hable en contra de esto. Si Dios no tiene problema, ¿por qué lo tiene ella?».

Richard tiene razón. No hay ningún versículo que hable en contra del beso francés. Su esposa ni siquiera lo llama pecado, pero para Richard, el beso francés es un pecado porque atropella la sexualidad de su esposa, una esencia preciosa de su alma. No hay nada que rompa la unidad como el atropello a la esencia del alma de tu esposa: esa combinación misteriosa de sus cualidades más íntimas creadas por Dios.

Basándose en una interpretación indebida de 1 Corintios 7:4 («La mujer ya no tiene derecho sobre su propio cuerpo, sino su esposo. Tampoco el hombre tiene derecho sobre su propio cuerpo, sino su esposa»), Richard se sentía justificado al exigir que su esposa sometiera su cuerpo al suyo y de acuerdo a sus gustos. Lo hacía a expensas del llamado de Dios a la unidad. Su esposa me dijo: «Richard es muy egoísta en este aspecto. Es muy degradante cuando empuja su lengua dentro de mi boca porque sabe que yo lo detesto. ¿Eso es todo lo que valgo para él?».

¿Es el beso francés una piedra de tropiezo para la unidad entre ellos? ¡Por completo! Pablo enseñó que debemos someter nuestros derechos como líderes en tales circunstancias. Parafraseando Romanos 14:15-21: «Si tu esposa se angustia por causa del beso francés, ya no te comportas con amor cuando la obligas a hacerlo. No destruyas la obra de Dios [la unidad en tu matrimonio] por causa del beso francés. Todo beso es "puro", pero es pecado para ti si haces tropezar a tu esposa en la unidad contigo. Más vale no volver a darle un beso francés que romper la unidad en tu matrimonio».

Pablo sigue diciendo:

> No den lugar a que se hable mal del bien que ustedes practican, porque el reino de Dios no es cuestión de comidas o bebidas [o juego en el auto, o beso francés] *sino de justicia, paz y alegría* en el Espíritu Santo. El que de esta manera sirve a Cristo, agrada a Dios y es aprobado por sus semejantes. (Romanos 14:16-18)

Pablo enseña aquí la sumisión por el bien de la unidad. Esto fomenta la paz, el gozo y la justicia.

Otra manera de romper un lazo en una situación así es que el «débil» simplemente se someta al «fuerte», en especial si la persona más fuerte se encuentra en una posición de liderazgo. Pablo les hubiera podido ordenar a todos los cristianos gentiles del planeta que se sometieran a sus convicciones personales como apóstol. Después de todo, Dios mismo lo nombró para que les enseñara. Cuando el «débil» se somete al «fuerte», también parece que esto fomenta la paz (al menos en la apariencia externa); pero no el gozo ni la justicia. Veamos por qué.

¿Qué sucede, por ejemplo, si Pablo usa su autoridad para insistir que su hermano cristiano coma carne como él? Él puede comer con libertad, pero su hermano, que considera que comer carne es pecado, viola su conciencia al dar cada mordisco. Aunque la atadura se rompe y al parecer se resuelve el dilema, no hay gozo en el corazón del hermano más débil, ni hay justicia de parte de Pablo en cuanto a la conciencia de su hermano.

Sin embargo, ¿qué sucedería si Pablo se somete? Solo dejaría de disfrutar un filete asado con su hermano, en tanto que este último mantendría una conciencia limpia en su corazón delante de Dios. ¡Un trato valioso!

Si la esposa de Richard se somete a sus demandas autoritarias de besos franceses, puede pensar que está ganando placer, pero su esposa sentirá náuseas y arderá de ira en su alma. En el futuro, es más probable que evite la relación sexual en toda ocasión posible y se irá a la cama más temprano para evitar lo que se ha convertido en un acto degradante y carente de gozo para ella. ¿Y si Richard se somete? Solo pierde un aspecto de su vida sexual. Su esposa, en cambio, respetará tanto su liderazgo que duplicará su compromiso de entregarse por completo en cuerpo, mente y espíritu en las otras esferas del lecho matrimonial.

Los esposos listos siempre se preguntan: *¿Es preferible tener la razón o ser justo?* No destruyas la obra de Dios en pro de hacer el amor en el auto, de un beso francés o de cualquier cosa semejante. Más de una vez debemos ceder por amor a Dios y por amor a la unidad. Eso se llama liderazgo de siervo.

Preguntas para la reflexión y la discusión

1. ¿Hasta qué punto estás de acuerdo con Fred cuando dice que el «atropello» de un hombre contra su esposa es pecado?

2. Este capítulo dice que nuestra definición de pecado tiende a ser demasiado estrecha. ¿De qué manera dirías que esto es cierto en tu caso?

3. Lee con detenimiento Romanos 14. ¿Cómo resumirías los puntos más importantes que señala Pablo en este capítulo?

4. ¿Qué principios o mandamientos en Romanos 14 te parece que te ayudan más a ir tras un matrimonio conforme al deseo de Dios?

5. ¿Cuál es tu parecer con respecto a la frase *sumisión a la unidad*, de acuerdo con lo que se discute en este capítulo?

6. Este capítulo pregunta hasta dónde debe llegar un esposo en la sumisión a la unidad. ¿Cómo responderías esta pregunta?

7. Este capítulo también pregunta si como esposos debemos preferir tener razón a ser justos. ¿Cómo responderías esta pregunta con sinceridad?

8. En tu propio matrimonio, ¿qué te parece que Dios quiere que hagas, si es que hay algo que puedes hacer, en respuesta a lo que leíste en este capítulo?

SEGUNDA PARTE

Comenzar a respirar de nuevo

Del atropello a la sumisión

Cuando Brenda me anunció que sus sentimientos hacia mí estaban muertos, yo no tenía idea de la posibilidad que existiera un lugar para la sumisión masculina en el matrimonio. Al pensar en aquellos oscuros días, recuerdo que Dios me ayudó a toparme con ciertos pasajes del Antiguo Testamento cuando más lo necesitaba.

La historia de David y Betsabé me resultó particularmente convincente. Dios envió a Natán, un profeta, a confrontar a David con su pecado de adulterio. Este hombre llegó al corazón endurecido de David a través de una sencilla historia.

El SEÑOR envió a Natán para que hablara con David. Cuando este profeta se presentó ante David, le dijo:
—Dos hombres vivían en un pueblo. El uno era rico, y el otro pobre. El rico tenía muchísimas ovejas y vacas; en cambio, el pobre no tenía más que una sola ovejita que él mismo había comprado y criado. La ovejita creció con él y con sus hijos: comía de su plato, bebía de su vaso y dormía en su regazo. Era para ese hombre como su propia hija. Pero sucedió que un viajero llegó de visita a casa del hombre rico, y como éste no quería matar ninguna de sus propias ovejas o vacas para darle de comer al huésped, le quitó al hombre pobre su única ovejita. (2 Samuel 12:1-4)

Cuando David preguntó quién era este hombre rico, escuchó la voz de Natán que le contestó: «¡Tú eres ese hombre!». En ese momento se le hizo la luz. Había visto a Betsabé como una mujer a la que deseaba devorar para satisfacer sus deseos sexuales, pero Urías, «el pobre», que veía a su «ovejita» como el gozo de su vida, sufrió el robo de su amada esposa. David llegó al punto de asesinar a Urías para garantizar su silencio.

Por lo general, a la gente esta historia le recuerda que el pecado alcanza al pecador, pero lo que a mí me llamó la atención fue el amor de Urías hacia Betsabé. La Biblia dice que tenía a la oveja «como su propia hija». Usa los términos «hija» y «ovejita» para transmitir un mensaje celestial. Así como Betsabé era preciosa para Urías, tu esposa es preciosa para ti. Vive contigo y duerme en tus brazos. Debe tratarse de acuerdo con el valor que Dios le da como hija creada a su imagen. Se te ha confiado la impagable esencia de otra alma humana, tan preciosa para Dios que pagó un alto precio por ella con la muerte de su propio Hijo.

Me sorprendí al darme cuenta de que el propio Señor creó a Brenda y ama su misma esencia. Describí este pensamiento en *La batalla de cada hombre*:

> Me aparté a una preciosa corderita, una que es pura, sin manchas ni arruga, con ojos brillantes y un tierno corazón. La formó en el vientre de su madre y con agrado la contempló cuando gateaba y luego cuando caminaba y hablaba. La escuchó cantar himnos y cánticos favoritos como miembro de la agrupación musical Los Primos Cantores. Envió a su único Hijo para proveerle un futuro, protegerla y llevarla a su hogar celestial [...]. Él la crió y la mimó con profundo amor, y yo debo hacer lo mismo.

Al comienzo de nuestro matrimonio, no había visto a Brenda bajo esta luz. A decir verdad, había momentos en los que la veía como una vieja cabra obstinada, o peor, como una mula. Nunca la había visto como una preciosa ovejita. Después de leer estos versículos y de observar cómo mi familia la tuvo a menos en la boda de Chicago, sospeché que había estado atropellando la esencia de Brenda por largo tiempo. Había permitido que mi familia bombardeara su preciada y preciosa alma. Me había unido a la lucha dando gritos hasta que ella agachó la cabeza. Sin embargo, la Biblia dice: «Esposos, amen a sus esposas y no sean duros con ellas» (Colosenses 3:19). Para Dios, este mandamiento no es menos importante que «No matarás». Sin embargo, parecía que había pasado por alto esta oración de la Escritura, como también la siguiente: «De igual manera, ustedes esposos, sean comprensivos en su vida conyugal, tratando cada uno a su esposa con respeto, ya que como mujer es más delicada, y ambos son herederos del grato don de la vida. Así nada estorbará las oraciones de ustedes» (1 Pedro 3:7).

Eran mandamientos, y yo los había obviado de la misma manera en que mi familia lo hizo con mi esposa. Luego aprendí que el término griego que se usa para «más delicada» también se puede traducir como «porcelana fina», que me parece una mejor traducción dentro de esta discusión sobre el matrimonio. ¿Cómo se trata a la porcelana fina? Con respeto, al apreciar y también al mostrar con delicadeza sus puntos más finos. La porcelana fina no se golpea ni se somete al lavado mecánico de una lavadora de platos.

Mi Brenda es una pieza de la porcelana fina de Dios, encantadora a sus ojos; pero yo la traté como a un viejo plato de lata, atropellé la hermosura de su alma porque no era como yo. Atropellé su feminidad y su carácter virtuoso que se había pulido por años de obediencia y por generaciones de herencia cristiana. ¿Cómo sobreviviría la unidad, y muchos menos prosperaría, a la sombra de semejante oscuridad?

Ningún sentimiento de unidad

Antes del matrimonio, Brenda ministraba a Dios con libertad, sin interferencia, y usaba sus dones para agradarlo a Él. Tenía libertad para esquivar el pecado y vivir en pureza. Yo le robé esta libertad. Pequé al no dejar espacio en nuestro matrimonio para que ella ejerciera sus dones cristianos. Y lo que es peor aún, la obligué a pecar.

Verás, Brenda tiene el don de discernimiento. Cuando se trata de relaciones familiares, reconoce el bien del mal (el cristianismo se extiende en cada rama de su árbol familiar al menos hasta cuatro generaciones), y lo que vio en las relaciones de su familia política la hizo sentir incómoda. Por ejemplo, después de cada visita que le hacíamos a mi padre, inevitablemente me iba de su casa enojado o deprimido porque no cesaba de menospreciarme en presencia de Brenda. Algunas veces pasaban dos semanas hasta que mis emociones se estabilizaban.

Mi padre se estaba cobrando una revancha por los años jóvenes de mi familia. No pasó mucho tiempo antes de que Brenda también comenzara a compartir conmigo aquella montaña rusa emocional luego de nuestras visitas. Se sintió asustada. «Si me puede arrastrar a mí», dijo, «¡sin duda arrastrará a los niños!» El don de discernimiento de Brenda tenía como objetivo bendecir y proteger nuestro matrimonio y nuestra familia. Debía luchar contra el abuso emocional que provenía de mi padre. Sin embargo, yo había convivido con esta situación durante tanto tiempo que estaba ciego al peligro. Con frialdad, rechazaba su don. «Una familia no tiene que ser perfecta como la tuya para ser aceptable», le decía. «Si hubieras crecido en un hogar normal, no serías tan débil para hacerle frente a todo esto».

A decir verdad, no era débil en absoluto. Defendía las convicciones de su corazón. Para Brenda, someter a su joven familia a la crítica sin límites de mi padre era un pecado, por lo tanto, tendría que haber sido un pecado para mí. En vez de hacer lugar para sus convicciones personales, como un ciego ridiculicé su don de discernimiento y a gritos le exigí que hiciera lo que yo quería. En pocas palabras, le ordenaba que pecara. No era para menos que muriera nuestra unidad.

Sin embargo, había momentos en los que Brenda en verdad *era* débil (como nos sucede a todos algunas veces). Mi esposa se deprimía cuando la vida estaba llena de conflictos y de confrontaciones personales. En lugar de ser indulgente y utilizar mis puntos fuertes en estas esferas para complementarla y protegerla, la reprendía y le decía cosas tales como: «Los adultos tienen conflictos y deben ser capaces de hacerles frente. Necesitas crecer».

La Escritura me ordena que ame a Brenda como Cristo amó a la iglesia. ¿Cómo la amó? Con perfecta amabilidad: «No acabará de romper la caña quebrada ni apagará la mecha que apenas arde» (Mateo 12:20). Cristo no nos atropella en nuestras debilidades, pero yo atropellé a Brenda.

También se me ordena que ame a Brenda como a mí mismo, pero luego de reflexionar, tuve que reconocer que trataba mis propias debilidades con mucha más comprensión y gracia que las de ella. No tenía misericordia con ella. «¿Y dices que eres cristiana? Jesús sabía cómo enfrentar a los hombres. ¿Qué es lo que sucede contigo?» Degradada y menospreciada, Brenda no sentía ninguna unidad conmigo.

TRATAR DE «DESEMPATAR» NO AYUDA

Cuando los esposos insistimos en ser el Rey del Desempate en nuestra tribu y nos negamos a asumir nuestro papel en mutua sumisión, la relación se desequilibra tanto que nuestras esposas apenas si logran cumplir su papel de sumisión. Hace poco leí un artículo de Donna Collins, la primera niña occidental nacida en la Secta Moon décadas atrás. Ahora que es una mujer mayor, ha dejado a los de la secta y habla en contra del horrible control mental que ejercen. Dice que fue difícil dejar la secta porque era el único estilo de vida que conocía y todas las personas que amaba pertenecían a ella. Se sentía dividida en dos direcciones. Este comentario en especial me llamó la atención con respecto al hogar:

> Cada vez entendía con más claridad [a los dieciocho años] que iba en dirección a dejar la secta. A pesar de eso, si me iba, sabía que todos los que amaba me tratarían como a una leprosa. Había avergonzado a mis

padres, y mis amigos me dijeron que no solo pedía el exilio, sino también la maldición eterna. No lograba imaginar lo que sería irme y, sin embargo, no podía quedarme. Me sentía desecha, quebrantada y cada vez más deprimida.

Como Reyes del Desempate, dejamos que nuestras personalidades dominen de tal manera que hacemos trizas y confundimos a nuestras esposas de este mismo modo. Una vez, Brenda expresó estas mismas emociones con respecto a nuestra convivencia. Por un lado, sabía que el divorcio era malo. Si se divorciaba, se sentiría como una leprosa en medio de su fuerte familia cristiana. Amaba a Dios desde lo más profundo y deseaba someterse a mí por amor a Cristo. Por otra parte, someterse a mí y pasar por alto los peligros parecía malo. Someterse sería tirar por la borda todo aquello en lo que creía. Así fue que, con emociones muy parecidas a las de Donna, me dijo una vez entre sollozos convulsivos: «Sabía que debía quedarme, pero sabía que no podía hacerlo. Fue horrible». Hace poco, me escribió estas memorias:

Sentía que existía un gran peligro al estar estrechamente asociada a tu familia. Veía generaciones de pecado generalizado, enraizado hasta lo más hondo, y ese pecado había destruido muchas relaciones familiares. Sabía que había pensamientos suicidas, colapsos emocionales y una ceguera general frente a la verdad en toda tu familia inmediata. Sentí el impacto que esto tuvo sobre mí, como en los casos en los que tu padre podía ser muy agradable y luego, de pronto, tornarse incisivo y malvado. Tu familia se sentía en libertad de dar rienda suelta a una ira sin límites en cualquier momento, contra cualquier persona.

No tenía ningún deseo de permitir que mis hijos crecieran en esa atmósfera. Tu familia vivía en un frecuente estado de ira los unos contra los otros. ¿Recuerdas la pelea que tuvieron tu mamá y tu hermana en nuestra habitación del frente cuando nació Jasen? Estaba segura de que se iban a golpear entre sí. Recuerdo que entré en la habitación del bebé, lo tomé en brazos en la oscuridad y le susurré: «No permitiré que formes parte de esto. Jamás permitiré que ellos te afecten». De ninguna manera podía someterme a algo que pudiera entrañar un peligro espiritual para mis hijos. Eso hubiera sido pecado.

Someterse trae alivio

Durante las semanas que siguieron a la boda de mi amigo en Chicago, Brenda y yo conversamos con regularidad acerca de mi liderazgo matrimonial. El cuadro que me pintó fue horrendo. A pesar de que trataba con sinceridad de guiar de la mejor manera posible que conocía, había embarrado todo el lugar. Decidí volver a leer el pasaje esencial sobre el matrimonio en la Escritura:

> Esposas, sométanse a sus propios esposos como al Señor. Porque el esposo es cabeza de su esposa, así como Cristo es cabeza y salvador de la iglesia, la cual es su cuerpo. Así como la iglesia se somete a Cristo, también las esposas deben someterse a sus esposos en todo.
>
> Esposos, amen a sus esposas, así como Cristo amó a la iglesia y se entregó por ella para hacerla santa. Él la purificó, lavándola con agua mediante la palabra, para presentársela a sí mismo como una iglesia radiante, sin mancha ni arruga ni ninguna otra imperfección, sino santa e intachable. Así mismo el esposo debe amar a su esposa como a su propio cuerpo. El que ama a su esposa se ama a sí mismo. (Efesios 5:22-28)

Mi matrimonio se parecía mucho a la primera porción de este pasaje. Yo era la cabeza, sin lugar a dudas. Aunque en absoluto se parecía a la última parte, en especial aquella por la que era el único responsable.

Por fin hice lo debido cuando seguí el consejo del pastor Ron y me puse del lado de Brenda. Por primera vez, mi matrimonio reflejaba todo este pasaje. Ella se sentía una conmigo, y los dos nos sentíamos de manera maravillosa. Nuestro matrimonio remontó vuelo. Me había sometido a sus pensamientos y convicciones. Lo normal hubiera sido que lo detestara, como alguna vez rechacé someterme a mi hermana mayor o a los del último año en el equipo de fútbol de la escuela.

Sin embargo, no fue así. Me sentía de maravilla, pero me preocupaba que la palabra *someterse* no aparecía en las instrucciones al esposo que se encuentran en la última mitad de este pasaje; con todo, mi matrimonio florecía como si esta hubiera sido la indicación. ¿Cómo sería lo adecuado? ¿La sumisión no era tarea de la esposa?

Medité largo y tendido en este asunto. A medida que mi entendimiento se iba aclarando, me daba cuenta de que nadie me *obligaba* a someterme. Yo lo había decidido. No me sometí a su autoridad ni a su voluntad; me sometí a la *unidad*. Renuncié a mis derechos de líder por el bien de la relación y por el bien de la obra de Dios y de sus propósitos, tal como lo hizo Pablo. *Decidí* sacrificar algo por ella.

Tropecé con estas verdades que Pablo enseña en Romanos 14. Mi sumisión revertió el atropello. Opté por renunciar a mis derechos a fin de que ella *viviera a plenitud* en esta relación conmigo. Mi decisión generó un profundo alivio en mí y un resplandor en el alma de Brenda. Recordé estas palabras de la Escritura:

Cristo amó a la iglesia y se entregó por ella [...] para presentársela a sí mismo como una iglesia radiante. (Efesios 5:25,27)

Al someterme a la unidad, mi matrimonio, de un momento a otro, se pareció a la relación de Cristo con la iglesia. Miré con mucha atención los pasajes que describen esa relación. ¿Sería posible encontrar algo parecido a la «sumisión a la unidad» en la relación de Cristo con su iglesia? ¿Jesús se sometió a su prometida? Sí, lo hizo.

¿LISTO PARA SEGUIR A ESTE REY?

¿Jesús se sometió? ¡Pero Él es el Rey de reyes! Es verdad. Él es supremo y no se somete a la autoridad de nadie; pero sometió sus derechos y su gloria como Rey por reverencia a su Padre. Como la cabeza, Jesús hubiera podido exigir que nos sometiéramos a su autoridad de manera incondicional; pero, como Pablo, no lo hizo. Jesús estaba ocupado en cosas más importantes que el simple ejercicio de su justa autoridad en la relación: «Les digo que Cristo se hizo servidor de los judíos para demostrar la fidelidad de Dios, a fin de confirmar las promesas hechas a los patriarcas, y para que los gentiles glorifiquen a Dios por su compasión» (Romanos 15:8-9).

Además: «La actitud de ustedes debe ser como la de Cristo Jesús, quien, siendo por naturaleza Dios, no consideró el ser igual a Dios como algo a qué aferrarse. Por el contrario, se rebajó voluntariamente, tomando la naturaleza de siervo» (Filipenses 2:5-7).

Jesús se sometió, a través del sufrimiento y de la muerte, a la unidad con nosotros. Vino a hacer la voluntad de su Padre, no su propia voluntad, y la voluntad del Padre era que nos hiciera volver a Dios.

Jesús nos enseñó la sumisión a la unidad a través del ejemplo. Entregó su vida en completa sumisión por el bien de nuestra relación con Él, a pesar de que éramos pecadores. Recién entonces nos pidió a cambio que nos sometiéramos por completo a su autoridad. Su sumisión a la unidad y nuestra sumisión a su autoridad hicieron que la unidad fuera posible. Esta sumisión mutua nos hace coherederos con Él para gobernar y reinar como su esposa. La unidad siempre requiere la sumisión mutua. Esta es la voluntad de Dios para las relaciones entre cristianos: «Sométanse unos a otros, por reverencia a Cristo» (Efesios 5:21).

¿Incluso en el matrimonio? Fíjate otra vez en aquel pasaje esencial acerca del matrimonio, Efesios 5:22-28, y piensa en lo siguiente: Mis amigos Bill y Nancy argumentan que como la palabra «someter» no aparece aquí en las instrucciones que se le dan al esposo, Dios pretendía suspender el mandamiento de la sumisión mutua dentro del matrimonio. Bill dice: «Las parejas cristianas ya no son hermanos en Cristo, sino marido y mujer. El marido conduce y la mujer se somete. La sumisión mutua no se ajusta a las relaciones matrimoniales».

Como respuesta, señalaría que en otro pasaje de la Escritura (1 Pedro 3:7), el apóstol Pedro les ordena a las parejas que se traten como herederos del grato don de la vida eterna en Cristo. En la mente de Pedro, los esposos nunca dejan de ser hermanos en Cristo. Por lo tanto, no pienso que los versículos 22-28 de Efesios 5 expresen la intención de Pablo de suspender el mandamiento de mutua sumisión que se da en el versículo 21, sino más bien profundizar el alcance de este mandamiento en el matrimonio haciéndolo más fuerte que lo que se espera en otras relaciones cristianas. Nuestra sumisión mutua en el matrimonio debe profundizarse hasta que se asemeje a la sumisión mutua que encontramos entre Cristo y su prometida. La esposa debe someterse por completo a la *autoridad* de su esposo, así como la iglesia se somete a la autoridad de Cristo, como un acto de reverencia a Dios. El esposo debe someterse por completo a la *unidad*, así como Cristo se sometió con sacrificio a la unidad con su prometida. De modo que tanto el esposo como la esposa se someten, pero de manera diferente.

A pesar de que la palabra *someterse* en sí no aparezca en las instrucciones que da este pasaje a los esposos, es evidente que Pablo enseña en el versículo 25 que de ninguna manera se trata de una sumisión unilateral. La frase «se entregó por ella» no es solo una expresión de amor, sino también un ejemplo de cómo el esposo debería entregarse a sí mismo por el bien de su esposa. Entregarse hasta la muerte por el ser amado es una expresión de amor y de sumisión más extrema que lo que Dios le pide a la esposa, tal como la sumisión de Cristo hasta la muerte fue una expresión de amor más extrema que la que se nos pide a nosotros, su prometida (con excepción de quienes tienen el llamado a ser mártires en su servicio). Un esposo debe «morir» por el bien de la unidad con su esposa, tal como lo hizo Cristo.

Por supuesto, es probable que no te guste el término «sumisión masculina». Bill y Nancy se niegan a utilizar la palabra «sumisión» con relación al papel de Bill en el matrimonio, pero esto no es más que una cuestión semántica. No existe la unidad en el matrimonio sin la sumisión masculina, la llamemos como la llamemos.

Al comienzo de su matrimonio, Bill atropellaba a Nancy con regularidad. Por ejemplo, de mala gana la dejaba pasar una velada con una amiga de vez en cuando, pero la indiferencia en el trato y el beso a la ligera que le daba en la mejilla cuando se iba le daban a entender que la idea no le gustaba para nada. Luego, la reprendía cuando llegaba a casa un poco más tarde de lo prometido.

Era evidente que sufría su unidad matrimonial. «Me parecía que era egoísta», explica Nancy, «y eso destruía algo de nuestra unidad. Entonces me sentía menos inclinada a responderle de manera positiva porque no había amor recíproco en movimiento. Es difícil pedalear una bicicleta cuesta arriba con un solo pie». ¡Qué grandiosa comparación! Además de atropellar su libertad, Bill también atropellaba las debilidades de Nancy, ya que muchas veces criticaba las cosas que había dicho y la hacía sentir muy insignificante. Cuando se dio cuenta de lo sensible que era y de la manera en que sus reproches la herían, suavizó sus palabras. Se sometió al tener cuidado de lo que decía.

Aunque Bill detesta la frase, comenzó a poner en práctica su papel de sumisión masculina de la misma manera que todos los que conozco. Dejó de atropellar a Nancy porque se sometió a la unidad y al bienestar de la esencia misma de ella. Hace poco, Nancy relató: «Dios nos ha bendecido con gran unidad en nuestro matrimonio. Nos ha dado la gracia de cambiar nuestro comportamiento cuando alguno de los dos se da cuenta de la necesidad del otro». Por supuesto, Bill sigue siendo la cabeza. Todavía espera que Nancy se someta a su autoridad y ella lo hace, pero al igual que Cristo, Bill lidera primero con el ejemplo. Gracias a esto, a Nancy la sumisión le resulta fácil. «Si Bill cumple su papel de amarme como Cristo amó a la iglesia, buscará desinteresadamente lo mejor para mí. Sus expectativas serán razonables y tomará las decisiones teniendo en mente el bien supremo de nuestra familia. Para mí, someterme a Bill es casi un acto reflejo porque confío en él».

La sumisión en el matrimonio no es solo para las mujeres. Como hombres, debemos aprender a someternos a nuestro Padre en relación con nuestras esposas. No tendremos unidad en nuestro matrimonio sin la sumisión mutua, así como Cristo no puede tener unidad con su esposa sin este elemento.

¿Qué es lo que toda mujer desea en el matrimonio?

La unidad.

En otras palabras, un hombre que viva con ella en mutua sumisión. Esto es lo que Dios tiene pensado para ella. Entonces, ¿por qué es necesaria la sumisión masculina en el matrimonio para que exista unidad? ¿Qué es con exactitud la unidad? En el siguiente capítulo exploraremos algunas respuestas.

PREGUNTAS PARA LA REFLEXIÓN Y LA DISCUSIÓN

1. Fíjate con atención en los mandamientos bíblicos para los esposos en Efesios 5:22-28, Colosenses 3:19 y 1 Pedro 3:7. ¿De qué manera se relacionan estos pasajes con cualquier lucha que tal vez tengas en tu matrimonio? ¿Cómo ha cambiado, si es que lo ha hecho, tu manera de ver estos pasajes?

2. ¿Cómo respondes a las pautas y observaciones que se presentan en este capítulo? ¿Te parece que estás de acuerdo o no con la mayoría de ellas?

3. ¿Cuáles son tus convicciones con respecto a la aplicación de «sumisión mutua» (como se enseña en Efesios 5:21) en la relación matrimonial?

4. Desde tu perspectiva y comprensión, ¿estás de acuerdo en que el deseo de toda mujer en el matrimonio es en esencia la unidad? Sí o no, ¿por qué?

5. De acuerdo con tu entender, ¿cómo definirías la unidad en relación con el matrimonio?

6. ¿Cuál fue para ti el concepto o la enseñanza más significativa que se presentó en este capítulo?

Persigue el deseo de tu mujer: La unidad

> *Y el hombre dijo: Esta es ahora hueso de mis huesos, y carne de mi carne; ella será llamada mujer, porque del hombre fue tomada. Por tanto el hombre dejará a su padre y a su madre y se unirá a su mujer, y serán una sola carne.*
>
> Génesis 2:23-24, LBLA

Cuando volví a Cristo a los veintitrés años de edad, las expresiones tales como «una sola carne» me sonaban bastante extrañas. *¿Qué rayos es eso?*, me preguntaba. Sin embargo, la frase se repetía tantas veces desde el púlpito y en las clases de Escuela Dominical para matrimonios a las que asistía que supuse que todos sabían su significado. Cuando pregunté, no obstante, me encontré con muchas respuestas vagas. Además, me di cuenta de que muchas parejas casadas no parecían estar en estrecho contacto emocional, así que, sin duda, no eran «una sola carne». Quedaba claro que la unidad no venía de forma automática, ni siquiera semiautomática, luego de pronunciar los votos matrimoniales.

Recuerdo una vez que hablé con Al, un solterón que tenía la esperanza de casarse algún día. «Quiero tener la garantía de que el matrimonio y la relación sexual tendrán éxito y que nunca fracasarán», musitó Al. «Vengo de una familia saludable y solo quiero lo mejor».

¿Ah, sí?

Al contestarle, le recordé que, como cabeza del hogar, era el que debía garantizar el éxito del matrimonio. «Si quieres tener éxito, depende de ti. Solo debes someterte a la unidad, en reverencia a Cristo. Aunque no es una tarea sencilla, al menos, tú eliges».

No sé si alguna vez llegó al altar, pero lo que sí sé es esto: Demasiadas pocas parejas alcanzan la unidad debido a los muchos obstáculos que encuentran. Alcanzar una relación de intimidad no depende tanto de las emociones; depende por completo de las acciones. La unidad tiene sus condiciones. Si cumples con ellas, la consecuencia es la intimidad emocional. Si no las cumples, morirán las emociones. Debemos actuar como es debido o, para ser más precisos, con justicia. Si lo hacemos, los sentimientos vienen como consecuencia. Los «sentimientos» de Brenda hacia mí habían muerto. No se refería a los de unidad, sino a los de intimidad que fluyen de la unidad. Cuando llegó el momento de revivir esos sentimientos, tuve que hacer algo más que comprar flores o llevarla a cenar bajo la luz de las velas, aunque esas cosas tuvieron su lugar. Tuve que actuar como si fuéramos uno. Cuando lo hice, volvieron los sentimientos de intimidad. Estoy hablando de algo formidable: la poderosa experiencia de unidad con tu cónyuge. Con todo, para alcanzarla deberás reconocer al menos dos cosas sobre la unidad: (1) es una palabra de acción y (2) requiere sacrificio.

Unidad en acción

Te citaré una de mis cartas de amor a Brenda del 4 de marzo de 1981:

> Te traigo promesas. Prometo darte un amor tal como el que has esperado. Le pediste a Dios un cristiano que te amara y Él te proporcionó uno que se muere por inundarte de amor, por exaltarte sobre todo pedestal, por acariciarte y abrazarte, por susurrar con suavidad tu nombre por siempre, aunque llueva o truene, en pobreza y en riqueza. Un hombre que estalla con torrentes de amor para la joven que posee la llave de sus compuertas: tú, la cosa más tierna, más amorosa, más confiable y fuera de lo común que haya encontrado.

Muy bien, ¡ya sé que no soy Shakespeare! Sin embargo, quisiera señalarte que el amor y la unidad no son la misma cosa. En realidad, su relación es muy débil. El amor logra sobrevivir a pesar del atropello. Brenda y yo seguíamos amándonos durante los días más oscuros de nuestro matrimonio, a pesar de que nuestra unidad había muerto por completo.

Comparemos el amor y la unidad en nuestra relación con Dios. El amor de Dios hacia ti es incondicional; nunca cambia. Antes de que te formaras en el vientre, Él te amaba. Te ha mirado con amor desde el mismísimo comienzo, anhelando que tu corazón invoque su nombre. Cuando hojeaba revistas pornográficas, Él me amaba igual. Cuando me encontraba en los brazos de muchas mujeres, me amaba igual. Me persiguió con desesperación, con ansias de alcanzarme antes de que fuera demasiado tarde. Me arrinconó en mi oficina de California y atrapó mi corazón en un momento. Aunque sabía que estaba mal, seguí despilfarrando lo que me había dado en pecados sexuales durante algún tiempo más. Sin embargo, su amor nunca disminuyó.

Tú también eres la niña de sus ojos. El amor de Dios hacia ti no tiene límites. Tu servicio no puede hacer que Dios te ame más, y tus pecados no pueden hacer que te ame menos.

No es así con la unidad. La unidad tiene condiciones, no es incondicional, y requiere acción. Aunque Dios ama a todos por igual y no desea que nadie perezca, tiene mayor intimidad con algunos que con otros. Habló cara a cara con Moisés. Caminó con Enoc. Cuando los ángeles vinieron a ver a Daniel, se dirigieron a él como alguien «muy apreciado» para el Señor. Dios dijo que David era un hombre conforme a su corazón. Piensa en tus hijos. A todos los amas por igual, por supuesto, pero con algunos de ellos tienes mayor intimidad. ¿Con cuál de tus hijos te sientes «uno»? Es probable que con el que camina y conversa contigo. Con el que obedece.

Una vez, el hombre tuvo una unidad perfecta con Dios en el Edén. Dios caminaba con Adán y Eva en el fresco de cada día. ¿Qué sucedió? Pecaron. No satisfecha con ser una con Dios, Eva deseó ser igual a Dios. Desobedeció y luego hizo que Adán comiera del fruto también. Murió la unidad con Dios.

La unidad tiene condiciones. ¿Es posible recuperar la unidad con Dios? Sí, pero sobre la base de sus condiciones, a través de la salvación. La salvación tiene lugar en dos niveles. En el sentido estricto de la palabra, la unidad con Dios se produce en el momento de la salvación, en un solo momento en el tiempo. Cuando te entregas a Cristo, te vuelves uno con Dios.

Sin embargo, en otro sentido, no se produce en un solo momento. La unidad con Cristo se desarrolla a lo largo del tiempo, a medida que «nos ocupamos de nuestra salvación» a través de la santificación (véase Filipenses 2:12). Nos *volvemos* parecidos a Él. En este sentido, la salvación solo nos da la oportunidad de ser uno con Cristo. Sabemos por experiencia que la unidad con Cristo no es más automática que la unidad con nuestras esposas. Nuestra salvación se expresa en un proceso continuo de crecimiento espiritual en el cual nos encontramos fuertemente involucrados.

Tomemos, por ejemplo, la pureza sexual. De un momento al otro, la salvación nos liberó para que seamos puros en la sexualidad; pero en otro sentido, la salvación solo nos dio la *oportunidad* de ser puros en lo sexual. Todavía debemos elegir la unidad con Cristo.

«La voluntad de Dios es que sean santificados; que se aparten de la inmoralidad sexual» (1 Tesalonicenses 4:3). Por lo tanto, la unidad es un acto. A pesar de que los sentimientos de intimidad fluyen de la unidad, esta en sí no es un sentimiento, es una forma de ser. El hecho de sentir culpa por mis pecados sexuales no me hace uno con Cristo. Predicar en contra de los pecados sexuales no me hace uno con Cristo. Caminar en pureza sí me hace uno con Él. Si soy puro en el aspecto sexual, Jesús y yo somos uno en este sentido. Si no lo soy, no lo somos.

Muchos hombres blanquean sus vidas con el lenguaje y las costumbres de la cultura cristiana. Satisfechos con la salvación, evitan el enérgico trabajo de la sumisión, necesario para la unidad con Cristo. Entonces, cantan en el coro durante el día y atacan a sus esposas por la noche. Asienten con la cabeza cuando se habla de la santidad del matrimonio durante el día y se revuelcan en la relación sexual cibernética por la noche. Devastan sus hogares con el abuso verbal durante el día y sirven en las reuniones de los diáconos por la noche. Por fuera parecen bastante cristianos, pero se niegan a cumplir con las condiciones de la unidad.

¿Quién establece los términos? Cristo. Más precisamente, la esencia de Cristo. ¿Cuál es la esencia de Cristo? La santidad. La palabra original del hebreo para santidad expresa mucho más que falta de pecado. El término comprende toda la esencia de Cristo, la incomparable belleza y maravilla de Dios, una belleza tan increíble que los cuatro seres vivientes en el cielo exclaman continuamente, día y noche: «¡Santo, santo, santo es el Señor Dios Todopoderoso!».

La santidad es hacer nuestra la esencia de Cristo en la práctica. Someternos a la santidad es someternos a la unidad. Cuando encendemos la computadora y nos masturbamos frente a amantes desnudas, sin nombre, que yacen al otro lado de la pantalla, atropellamos la esencia de Cristo, pecamos contra Él y la distancia crece. Cuando escogemos la pureza sexual y caminamos en la luz, somos uno con esa parte de su esencia. La acción es todo para nuestro Señor:

> ¿Quién es el que me ama? El que hace suyos mis mandamientos y los obedece. Y al que me ama, mi Padre lo amará, y yo también lo amaré y me manifestaré a él. (Juan 14:21)

Cuando nos llamamos cristianos pero no actuamos como tales, Jesús objeta con indignación: «¿Por qué me llaman ustedes "Señor, Señor", y no hacen lo que les digo?» (Lucas 6:46). Con una profunda determinación, debemos apartarnos para Él, renunciando al derecho de elegir nuestro propio camino. Después de todo, Dios anhela que seamos uno con Él. Todo el plan de salvación se creó para que pudiera relacionarse con nosotros. ¿Cumples con las condiciones?

La unidad en el matrimonio se asemeja mucho a esto. Al igual que la salvación, tiene lugar en un preciso momento. Durante la boda, Dios te declara uno con tu esposa. Sin embargo, en mi caso, esa unidad no se puso en absoluto en evidencia en la habitación de nuestro hotel la noche de boda. Mi temperamento propenso a estallar y un cepillo volador (más tarde te contaré la historia) revelaron que nuestra unidad era una parodia. La boda solo nos dio la oportunidad de ser uno.

Conozco a cinco parejas que alguna vez condujeron importantes ministerios para matrimonios. Ahora están divorciados. Los cinco esposos, que podían articular el lenguaje y las costumbres de un matrimonio cristiano, parecían tener matrimonios celestiales. Uno de ellos proclamó de manera abierta: «Dios detesta el divorcio». Aun así, más tarde, sus acciones dijeron: «Dios me dijo que me casara con mi amante a fin de tener una vida feliz».

Uno envió un boletín proclamando la santidad del matrimonio, pero más tarde sus acciones declararon de modo inexplicable: «Dios me dijo que no es malo que me divorcie de mi esposa, ya que nunca quiso que me casara con ella». Otro proclamó: «El lecho matrimonial debe mantenerse en pureza», pero luego se fue a la cama con su amante con la protesta: «Mi esposa detesta la relación sexual oral. Si no lo consigo en casa, ¡lo obtendré en alguna otra parte!».

¿Quién establece las condiciones de la unidad en el matrimonio? Tu esposa. Más precisamente, la esencia de tu esposa. Y eso quiere decir que habrá algo de sacrificio de tu parte.

EL ENFOQUE DEL SACRIFICIO

Un simple ejemplo con caramelos en forma de bastón, junto con el siguiente pasaje de la Escritura, pueden ayudar a iluminar el cuadro:

Así mismo [como Cristo amó a la iglesia] el esposo debe amar a su esposa como a su propio cuerpo. El que ama a su esposa se ama a sí mismo, pues nadie ha odiado jamás a su propio cuerpo; al contrario, lo alimenta y lo cuida, así como Cristo hace con la iglesia, porque somos miembros de su cuerpo. «Por eso dejará el hombre a su padre y a su madre, y se unirá a su esposa, y los dos llegarán a ser un solo cuerpo». (Efesios 5:28-31)

La unidad no yace en el *sentimiento* de amar a nuestra esposa como a nosotros mismos, sino en el acto de amarla como a nosotros mismos. Debemos tratar las convicciones y los dones de su esencia de la misma manera que tratamos a los nuestros.

Usaré el simple caramelo en forma de bastón para que nos ayude a visualizar la unidad. Dios dice que el esposo y la esposa serán «una sola carne». Imagina al novio como un sólido caramelo rojo y a la novia como a un sólido caramelo blanco. A través del matrimonio, estos dos bastones se entrelazan convirtiéndose en un solo bastón de caramelo. Los colores de los dos, del esposo y la esposa, a pesar de ser diferentes, ahora se entremezclan y se expresan juntos. En este caramelo a rayas visualizamos con claridad el papel de la sumisión masculina y la consiguiente unidad en el matrimonio.

El esposo es «cabeza de su esposa», como lo expresa Efesios 5:23. Su rojo es el color dominante, pero debe dejar lugar para que la esencia blanca de ella represente su parte en la belleza del matrimonio. El papel de la sumisión masculina es rendir los derechos del varón como color dominante a fin de que los dones y la esencia de la mujer se expresen en su propia belleza especial. El papel de la sumisión femenina es permitirle al esposo que tenga el criterio para colocar las franjas rojas y blancas en el bastón, pero él debe permitir que el blanco ocupe su lugar lado a lado, con igual honor. Aquí es donde entra la parte de amarla a ella como se ama a sí mismo. Debe amar el blanco y debe dejarle espacio tanto como ama el rojo y le deja espacio.

¿Adivina qué implica? Sacrificio, sobre todo en el sentido en el que Pablo habla de renunciar a nuestros derechos para honrar sus convicciones personales y la esencia de su alma. Por supuesto, el sacrificio siempre parece más fácil en el papel. Me resultó muy difícil hacer espacio para la esencia de Brenda en el bastón. Por ejemplo, era necesario admitir que el don de discernimiento de Brenda en cuanto a las relaciones era más firme que el mío. Otra cosa muy diferente era permitir que este don tuviera verdadera influencia en las decisiones diarias. Tuve que hacer lugar para esta franja blanca en nuestro bastón, pero implicó un verdadero sacrificio y tuvo un costo muy profundo en mis relaciones con la familia en la cual había crecido.

No obstante, hay cosas más importantes que ejercer nuestra autoridad en la relación matrimonial. Una, por ejemplo, es alentar la obra de unidad de Dios en nuestro matrimonio. Preocuparse por cuestiones relativamente triviales, incluso las que son dolorosas, es perder la esencia de un buen matrimonio.

Ya ves, amar a nuestras esposas como a nosotros mismos no tiene nada que ver con las emociones. Te sacrificas tanto por su esencia como por la tuya o no. Colocas su esencia en el bastón o no. Si tienes un bastón a rayas, los dos son uno. Si el bastón es rojo por completo, no has hecho nada.

Utilicemos un ejercicio que uso en las clases prematrimoniales en las que enseño, en el cual se fijan metas. En la clase, le pedimos a cada estudiante que trabaje por separado y haga una lista de sus diez metas principales para el matrimonio. Luego, les pedimos a los estudiantes que escojan las tres metas principales y las comparen con las que escribió su novio o novia. Las respuestas de Rick y Kelley son típicas:

Rick:
1. Poner a Dios en el centro de nuestro hogar.
2. Establecer una profesión firme.
3. Ahorrar dinero para el pago inicial de la casa.

Kelley:
1. Permitir que Dios gobierne nuestro matrimonio.
2. Hacer de la familia nuestra prioridad.
3. Construir juntos la comunicación.

¿Qué significa que Rick ame a Kelley como a sí mismo? Significa que la segunda meta de Kelley tiene que ser tan importante para él como su propia segunda meta. Y Rick debe asegurar que la tercera meta de Kelley reciba tanto tiempo y atención como su tercera meta. Así es como se ve en la práctica la unidad.

Algunos años más tarde, verifiqué cómo andaba Rick. Para entonces, la joven pareja tenía una hija de dos años llamada Clare y el segundo hijo estaba en camino. La segunda meta de Rick fue establecer una profesión firme y se encontraba bien encaminado en ese sentido. Tuvo tanto éxito que un cazatalentos lo contrató para que se trasladara a una gran compañía en otro estado. En el trabajo anterior, Rick regresaba a casa entre las cinco y media y seis de la tarde. Ahora había tenido que extender ese horario a las seis y media o las siete de la noche. Para Rick, esto no tenía nada de malo porque estaba de acuerdo con su segunda meta más importante en el matrimonio. Kelley, en cambio, comenzó a protestar porque no le daba prioridad a la familia.

Desde su punto de vista, Rick ofrecía una explicación razonable: «Desde que comencé a trabajar en esta nueva compañía», dijo, «me di cuenta de que había una expectativa tácita de que todos se quedaran hasta esa hora. Sin embargo, es extraño. Casi nadie hace nada durante la última hora y parece una pérdida de tiempo. Aun así, Kelley, tú y yo estamos juntos en esto. Lo hago por ti y por los niños, mi amor. Es tan solo una hora extra diaria. Te vas a tener que adaptar».

Kelley no piensa lo mismo. «Estoy de acuerdo en que estamos juntos en esto, Rick, pero si estás tan preocupado en hacer algo por los niños y por mí, comenzarías por llegar más temprano. Acostamos a Clare a las ocho. Solías llegar a casa alrededor de las seis de la tarde y tenías dos horas para jugar con ella por la noche. Aunque una hora extra te parece poca cosa, a Clare le corta el tiempo que está contigo a la mitad. Desde su perspectiva, eso es muy importante. Si en verdad hicieras algún trabajo durante esa hora, consideraría que vale la pena, pero nuestra familia es tan importante como tu carrera, ¿no es así? Rick, ¡no deberías sacrificar el tiempo con tu familia por una hora que no sirve para nada!»

¿Qué pedía Kelley? Que Rick le diera el mismo valor a su segunda meta que a la suya. Pasaron algunos años más y le pregunté a Kelley qué había sucedido: «Luché arduamente durante unos dieciocho meses», dijo con brusquedad. «Al final, me di por vencida». El oscuro destello de ira en sus ojos dijo mucho más que las palabras. Se vio obligada a una dolorosa renuncia. Él nunca iba a responder y el resentimiento de ella ardía.

Kelley no era una mujer débil y podía manejar la vida hogareña sin Rick. Había tenido éxito en el mundo empresarial antes de renunciar para quedarse en casa con Clare. Aunque le encantaba trabajar fuera de su casa, hizo los dolorosos sacrificios necesarios para darle la prioridad adecuada a su segunda meta en el matrimonio. Como demostración de su amor hacia Rick, también hizo un sacrificio semejante en pro de la meta de Rick al mudarse lejos por el bien de su carrera, aunque eso significara dejar atrás a sus amigos y a su familia.

¿Rick hizo un sacrificio igual por ella? No. Hasta se negó a hacer el sacrificio mucho menor de regresar a casa una hora antes. Incluso tuvo el descaro de sugerir que Kelley no comprendía que los dos estaban juntos en este matrimonio. ¡Vamos! El sacrificio de ella mostraba a las claras que lo había entendido muy bien. Era Rick el que no había entendido. Esta situación fue como una puñalada profunda para Kelley. La habían atropellado.

El mandamiento de amar a nuestras esposas como a nosotros mismos no tiene nada de místico ni emocional. Si Rick hubiera vuelto a casa una hora antes, habría amado a su esposa como a sí mismo y hubiera dejado lugar para su esencia en el bastón de caramelo.

Todo es cuestión de acción; todo es cuestión de un sacrificio de amor.

¿NO TIENES NI LA MENOR IDEA?

Hablemos un poquito más acerca de las metas de las esposas, de las cuales muchos esposos no tienen ni la menor idea. Berenice me dijo: «Mi esposo no capta el concepto de que la casa de una mujer es el reflejo de sí misma, aunque he tratado de explicárselo un millón de veces. En realidad, creo que no le importaría vivir en un granero, ni se daría cuenta».

Cuando Berenice y Stan compraron su nueva casa, ella quiso remodelar los dos baños que le resultaban demasiado desagradables. Eligió nuevos pisos y empapelados y le pidió a Stan que dedicara algún tiempo para arreglar las habitaciones.

Eso fue hace seis años.

«Esperé y esperé», dice Berenice. «En seis años, no pudo encontrar un solo fin de semana para hacerme feliz. Yo no era una prioridad para él. Cada vez que entraba a esos baños, su apariencia me recordaba que él no se preocupaba por mí. Me sentía herida y luego me enojé. Me molestaban todas las cosas que sí se aseguraba de hacer por sí mismo y en especial las que esperaba que yo hiciera por él».

La belleza de su hogar era una parte profunda de la esencia del alma de Berenice. No era necesario que a su esposo le *encantara* poner el papel en las paredes, solo tenía que *hacerlo*. Y si no podía hacerlo, debía contratar a alguien que lo hiciera. No hacía falta que desarrollara el mismo apego emocional a su hogar que experimentaba Berenice, pero sí debía hacer un esfuerzo de la misma manera que lo hacía para sus propios proyectos.

Esto es sumisión masculina a la unidad. Esto es honrar la esencia de ella de la misma manera que la propia. Como una galleta con relleno doble, en el matrimonio hay una esencia doble y debes amar todo el «relleno» con el mismo amor. Tu esposa anhela ser una contigo. Todo el plan del matrimonio se estableció a fin de que seas uno con ella. Y como las mujeres se crearon para la relación, su prioridad más alta es que honres su esencia como honras la tuya, viviendo en mutua sumisión con ella. Esto es lo que toda mujer desea.

La primera noche de las clases prematrimoniales, siempre pregunto: «¿Qué esperas conseguir en tu matrimonio que no conseguirías si te quedaras soltero o soltera?». Aquí tenemos algunas de las respuestas de las mujeres:

Anna: «Deseo compañerismo y espero compartir momentos de intimidad juntos. Quiero que tengamos juntos una relación con el Señor. Lo que anhelo es que nos vinculemos».

Vickie: «No lo puedo explicar muy bien, pero quiero una asociación emocional y física. No tengo una mejor amiga y no he tenido una en mucho tiempo. Quiero que Craig sea mi mejor amigo».

Kathryn: «Me gustaría tener un lazo que nada ni nadie logre tocar, en los tiempos buenos y malos».

Jennifer: «Deseo compañerismo y alguien que esté disponible cuando lo necesite. Deseo ser feliz».

Stacy: Deseo compañerismo, amor y mi propio fanático que me dé aliento. Quiero alguien que esté dispuesto a aceptarme como un todo, buena o mala, alguien con el cual pueda contar».

Al comienzo de mi matrimonio, me hubiera dolido leer esta lista. ¿Acaso fui el fanático alentador de Brenda? No, más bien me asemejaba a esos fanáticos deportivos embriagados, bulliciosos y le había estado arrojando proyectiles a la cabeza. ¿Acaso la acepté por completo y amé tanto sus debilidades como sus puntos fuertes? De ninguna manera.

La mayoría de los esposos no pensamos en lo que nuestras esposas desean en verdad. Ellas quieren una rica comunicación y un lazo que nadie logre tocar. Anhelan florecer en el matrimonio. Quieren que nuestros ojos se encuentren en un diálogo significativo.

Ve a cualquier restaurante y observa a las parejas mayores. La mayoría elige una mesa pequeña en una esquina, piden lo que desean comer y casi no se dicen una palabra durante toda la comida. Sus miradas casi no se encuentran. Mientras pasan a tu lado arrastrando los pies hacia la puerta, mírale los ojos a la mujer. Es en verdad desgarrador. Se ve exhausta. ¿Este era el sueño que Dios tenía para su matrimonio? ¿Es el que tiene para nosotros? En las clases prematrimoniales, los ojos de todas las mujeres brillan de esperanza y expectativa. El atropello del matrimonio trae muerte a esos ojos.

Tu esposa no esperaba que la atropellaras. Antes del matrimonio parecías amable y devoto. Jamás soñó con que la trataras así. En las clases prematrimoniales, les preguntamos a las mujeres: «¿Qué es lo que más te impresiona de tu novio?». Sus respuestas son hermosas:

Denise: «Lo que más me impresiona es su amabilidad y sinceridad».

Karen: «Es muy atento y respetuoso».

Penny: «Estoy muy impresionada por su paciencia».

Marsha: «Es un muchacho muy compasivo».

Amy: «Es muy afectuoso y sensible hacia mí».

Jodie: «Es una persona que me alienta sin cesar».

Rut: «Jamás conocí a un hombre tan amable».

Deb: «Muestra mucha paciencia cuando tenemos una diferencia».

Diane: «Desea hacer todo lo que sea necesario para ser un mejor esposo».

Estas mismas mujeres, dentro de diez años, ¿dirán que sus esposos las engatusaron?

¿Qué fue lo que más le impresionó a tu esposa de ti cuando se casaron? ¿Todavía le sigues causando la misma impresión? ¿Sigues siendo alguien que la alienta? ¿Sigues teniendo paciencia cuando tienen un desacuerdo? ¿Eres atento y lo bastante respetuoso como para someterte a la unidad?

La amabilidad, la paciencia, el respeto, la sinceridad y la compasión son elementos necesarios para la sumisión masculina. Tal vez, en algún momento tu esposa vio estas cosas en ti. ¿Eran un espejismo? Alguna vez tu alma parecía una piscina fresca en su tierra seca y sedienta, y se lanzó de cabeza al matrimonio con absoluta confianza. ¿Se encontró con un compañero o en lugar del agua mordió un bocado de arena? Piensa en esta carta que recibí de una lectora de *La batalla de cada hombre*:

> Las cosas no están muy bien aquí en mi matrimonio. Estoy muy enojada con mi esposo por tantas cosas, que no sé qué hacer con todas ellas. Parece que todo ha subido a la superficie y las compuertas del dique están abiertas. Siento como si me hubieran succionado la vida y no sé qué hacer. Puedo mirarlo y no siento nada. O siento semejante irritación que quiero gritar. No le hace frente a nada que sea difícil ni tampoco trabaja en nada que lo sea. Evita el trabajo duro, sea cual sea, hasta que llega el punto en que lo que tenía que hacer resulta imposible, es una tortura arreglarlo o ya no sirve más para nada. Parece que los desacuerdos jamás tienen solución. Cada uno se va a su rincón y salimos de allí obviándonos el uno al otro. Es imposible razonar con él y no sostiene un tema en una discusión, sino que va de un lado al otro y hecha humo por las orejas. Siempre le encuentra la vuelta para que yo termine siendo la culpable. En su mente, él nunca tiene la responsabilidad por nada.
>
> Ahora que los niños son mayores, los vuelve locos también. Nunca pensé que llegaría a este punto, pero estoy tan cansada que no me preocupa mantenerlos juntos. Y no lo puedo defender más delante de los niños porque son demasiado inteligentes y conocen la realidad. Además, ¿cómo se puede defender su actitud? Detesto todo

esto. Amo a mis hijos, pero pronto se irán. ¿Y entonces qué? Es probable que necesite ver a un consejero para hacer algo con respecto a mis sentimientos, pero para que venga conmigo vamos a tener que estar a las puertas del divorcio como para que se sienta lo suficiente amenazado. Mi matrimonio apesta y estoy demasiado cansada como para que me importe.

Es triste, pero la mayoría de los hombres son un espejismo. De acuerdo con un reciente estudio, lo que podemos informar es vergonzoso:

- Ochenta y cuatro por ciento de las mujeres siente que no tienen intimidad (unidad) en su matrimonio.

- Ochenta y tres por ciento de las mujeres tiene la sensación de que sus esposos ni siquiera saben cuáles son las necesidades básicas que una mujer tiene de intimidad (unidad) ni cómo proporcionárselas.

- Una gran mayoría de mujeres divorciadas dicen que los años de casada fueron los más solitarios de sus vidas.

¿Cómo puede ser? Nuestras esposas tenían sueños muy grandes de unidad y de intimidad. Dios nos llamó a amar a nuestras esposas como a nosotros mismos y a entregar nuestras vidas para ser uno con ellas.

Amigo mío, debes someterte a la unidad. Se lo debes a tu mujer, en honor a la confianza que ella depositó en ti. Además, el Señor te compró por precio y hasta te dio una de sus preciosas hijas para que sea tu compañera. ¿Qué ha sucedido? ¿Cómo es posible que ochenta y cuatro por ciento de las mujeres que hoy están casadas sientan que no tienen intimidad con sus esposos? ¿Qué obstáculos nos han impedido responder al llamado de Dios a ser uno con nuestras esposas?

En nuestro próximo capítulo exploraremos algunas respuestas.

Preguntas para la reflexión y la discusión

1. ¿Cómo definirías la *unidad* de acuerdo con el concepto que se enseña en este capítulo? ¿Y cómo definirías la *esencia* tal como se usa en este contexto?

2. Este capítulo afirma que la esencia de tu esposa es lo que establece las normas para la unidad en tu matrimonio. ¿Cómo responderías a esa afirmación?

3. ¿Qué te parece que se necesita para que un esposo esté del todo convencido de que la esencia de su esposa establece las normas para su matrimonio? ¿Y hasta qué punto es importante tener esta convicción?

4. En la práctica, en términos de todos los días, ¿qué significa para ti dejar que la esencia de tu esposa establezca las normas de la unidad en tu matrimonio?

5. ¿Cuáles son tus diez metas principales para el matrimonio? Y de esa lista de diez, ¿cuáles son las tres más importantes? ¿Cómo te parece que se comparan con las diez metas principales de tu esposa para el matrimonio?

6. ¿De qué formas significativas has reconocido la importancia de hacer sacrificios de amor en tu matrimonio?

7. ¿Qué fue lo que más le impresionó a tu esposa de ti antes de que se casaran? ¿Le sigues causando la misma impresión?

Enfrentemos las diez cosas principales que enfrían el amor

Mi amigo solterón estaba confundido. «La mayoría de las parejas cristianas, antes de casarse, derraman su corazón en gratitud y sienten que Dios los ha puesto juntos», me dijo. «Luego se casan y encuentran más diferencias que puntos en común. Suponen que, después de todo, Dios no los unió. ¿Qué pasa aquí?»

Nada. El matrimonio es tan solo un concepto absurdo, eso es todo. En primer lugar, tomamos a un ser masculino y a uno femenino y les decimos que se conviertan en uno. Esto solo es absurdo, teniendo en cuenta las vastas diferencias que existen entre los hombres que vienen de Marte y las mujeres que vienen de Venus. Luego, le añadimos toda una gama de otras diferencias, como los temperamentos, los entornos familiares y el trasfondo religioso. Después de todo esto, los ponemos en el crisol de una cultura inundada por imágenes sexuales y deformadas por el divorcio sin culpa y sin estigma social. Les damos a la pareja un beso de buena suerte, los declaramos marido y mujer y los mandamos de un puntapié hacia lo desconocido en medio de una lluvia de arroz y una montaña de regalos. Mientras desaparecen al dar vuelta a la esquina en bendita ignorancia, resopla con un guiño y lanza una risita: «¡La diversión recién comienza! ¡Ni siquiera la ven venir!».

Yo fui uno de los que no vio el tren que se me venía encima. Brenda y yo nunca peleamos antes de la boda, y hasta nos gustaba la misma pizza con tocino canadiense y ananás. No cabía duda de que nuestro matrimonio era una combinación pensada en el cielo. Sin embargo, una encantadora noche de septiembre el tañido de las campanas de boda desapareció con rapidez detrás del estruendo de una terrible pelea entre nosotros.

Luego de la boda, nos detuvimos en la casa de su madre para recoger algunas cosas. De repente, Brenda sintió con toda la fuerza que iba a dejar este hogar... para siempre. No podía despegarse del lugar. En lo que a mí respecta, me había mantenido célibe durante un año y estaba ansioso por, bueno, ya sabes, ponernos en marcha hacia la suite nupcial reservaba para nosotros en un hotel cercano. Puedes estar seguro de que no tenía deseos de andar dando vueltas por la casa de mi suegra compartiendo sopa y galletas.

Dos horas después, cuando al fin logré hacerle cruzar el umbral a Brenda, yo echaba humo. Ella me anunció que se había olvidado un bolso. «Debemos regresar a casa a buscarlo», dijo.

Yo perdí los estribos. «¡Entonces irás sin mí!» Con violencia, arrojé un cepillo para el cabello por la habitación.

Luego de este comienzo poco auspicioso, nos levantamos a la mañana siguiente y condujimos hacia el oeste, en dirección a Des Moines para comenzar nuestra luna de miel. Destino: Las Montañas Rocosas. Sin embargo, insistí en que nos detuviéramos un día en Des Moines, a fin de ponerme al tanto de un trabajo antes de partir hacia Colorado.

Brenda estaba consternada.

—¡Nuestra luna de miel debería estar primero que el trabajo! —protestó.

—¿Qué tiene de bueno una primera semana juntos si no puedo mantenernos cuando volvamos? —dije con sorna.

Al tercer día, entramos a un hotel que, según Brenda, era una «bolsa de pulgas».

—¡Da gracias por lo que tienes! —le reproché—. De todas maneras, lo único que vamos a hacer aquí es dormir.

Comenzó a llorar.

—Esto es tan poco romántico —gimoteó—. Ni siquiera puedo poner los pies en el suelo sin calcetines y zapatos. Fíjate lo que es la alfombra. ¡Es ordinaria!

Al llegar la cuarta noche, no cabía duda de que necesitábamos intervención. Brenda preguntó con inocencia:

—¿No deberíamos tener un devocional esta noche? No hemos orado juntos desde el día de nuestra boda.

No recuerdo por qué, pero exploté. Tal vez me sentía inseguro. En realidad, no sabía cómo llevar a cabo un devocional con una esposa. O, tal vez, estaba cansado. No obstante, si tuviera que dar una razón, apostaría por algo mucho menos noble. Tenía la ligera sospecha de que el devocional nos privaría de la relación sexual aquella noche, que si orábamos juntos, se le quitarían las ganas a Brenda. Sea cual sea el caso, salí como una tromba de la habitación gritando con sorna:

—¡Tu santidad supera mucho la de este servidor!

Durante la primera semana de regreso a nuestro hogar, descubrí que Brenda no sabía cocinar. Algunos días más tarde, volvió temerosa del lavadero que estaba al final del pasillo.

—Pienso que es mejor que vengas y veas —dijo. Dentro de un canasto de ropa se encontraban todas mis camisas blancas que se habían vuelto de color rosa pálido.

—¿No sabías que no se puede lavar ropa blanca con ropa de colores? —le pregunté con dureza.

Mansamente, meneó la cabeza. Yo exploté y rompí todas las camisas haciéndolas jirones.

¿CÓMO COMENZÓ EL PROBLEMA?

Es probable que tengas algunas historias propias que contar de tus primeros años de matrimonio. En caso de que te estés preguntando cómo comenzó toda esta cuestión de los muchachos y las muchachas, aquí tienes la explicación:

Parece que Adán caminaba por el jardín del Edén un día y se sentía muy solo. El Señor se dio cuenta y sintió lástima de él.

—¿Te pasa algo? —le preguntó Dios—. ¿Hay algo que pueda hacer por ti?

—Bueno, me gustaría tener alguien con quien hablar —dijo Adán—. Parece que estás terriblemente ocupado estos días.

—Muy bien, te diré lo que haré. Te crearé una compañera. Será una mujer. Juntará la comida, te cocinará y cuando descubras la ropa, te la lavará. Estará de acuerdo con cada decisión que tomes. Dará a luz a tus hijos y nunca te pedirá que te levantes en el medio de la noche para atenderlos. No te fastidiará y siempre será la primera en admitir que estuvo equivocada cuando tengan un desacuerdo. Te dará amor y pasión cada vez que lo desees y nunca se irá a la cama con dolor de cabeza.

—¡Vaya, eso suena grandioso! —dijo Adán mientras su interés aumentaba—. ¿Cuánto me va a costar una mujer así?

—Un brazo y una pierna.

Esto le pareció mucho a Adán. Luego se le ocurrió una idea repentina.

—¿Qué puedo tener a cambio de una costilla? —preguntó.

El resto es historia...

Nos reímos, pero parece que nuestras expectativas en el matrimonio nunca reciben su justa retribución. Como sucede después de la boda. ¿Alguna vez te preguntaste si te habías casado con la persona adecuada? ¿Alguna vez pensaste que tal vez habías confundido la voluntad de Dios con respecto a la persona con la que debías casarte? Si lo hiciste, bienvenido al club.

¡Somos tan diferentes! ¿Y qué? ¿No somos todos diferentes? Una vez que esta realidad se instala, el ascenso hacia la unidad matrimonial parece imposible. Sentimos pánico y nos parece que nos han defraudado; hasta podemos buscar la manera de salir de este trato. Sin embargo, Pablo dijo en Romanos 14 que la compatibilidad no es necesaria en absoluto para la unidad. Las disputas y la incompatibilidad siempre existirán en el matrimonio.

Es por eso que debes ser un líder con el corazón tierno, un hombre que someta sus derechos por el bien de la unidad. Sin embargo, la testarudez sigue bloqueando el camino. Considera este pasaje de la Escritura:

Algunos fariseos se le acercaron y, para ponerlo a prueba, le preguntaron:

—¿Está permitido que un hombre se divorcie de su esposa por cualquier motivo?

—¿No han leído —replicó Jesús— que en el principio el Creador "los hizo hombre y mujer", y dijo: "Por eso dejará el hombre a su padre y a su madre, y se unirá a su esposa, y los dos llegarán a ser un solo cuerpo"? Así que ya no son dos, sino uno solo. Por tanto, lo que Dios ha unido, que no lo separe el hombre.

Le replicaron:

—¿Por qué, entonces, mandó Moisés que un hombre le diera a su esposa un certificado de divorcio y la despidiera?

—Moisés les permitió divorciarse de su esposa por lo obstinados que son —respondió Jesús—. Pero no fue así desde el principio. (Mateo 19:3-8)

Fíjate que no son las diferencias irreconciliables las que no nos permiten amar a nuestras esposas como a nosotros mismos. Es nuestra falta de disposición.

¿QUÉ SUCEDE CON LOS HOMBRES?

¿Por qué no estamos dispuestos a amar a nuestras esposas? ¿Por qué tenemos corazones tan duros?

Para empezar, somos seres masculinos. Los hombres sencillamente somos diferentes de las mujeres y tenemos algunas cualidades que marcan la manera en que nos relacionamos con las mujeres y con el matrimonio que de manera imperiosa debemos comprender y enfrentar. A estas características del matrimonio las podríamos llamar «enfriadores potenciales del amor» porque tienden a inducir un efecto de enfriamiento en el fluido de calidez y afecto en la relación.

Por naturaleza, no somos peores que las mujeres, pero a medida que leas la siguiente lista de los diez rasgos que los hombres traen al matrimonio como cualidades innatas, verás cómo pueden descalificarnos por completo a fin de amar como Cristo:

1. Los hombres son rebeldes por naturaleza

Ya lo sé, Eva fue la primera engañada en el jardín del Edén, pero Adán, por otra parte, sabía que no se podía comer de ese fruto y, sin embargo, igual lo hizo. Desde entonces, a lo largo de los milenios, los hijos de Adán (esos somos nosotros) hemos sido así de rebeldes, hemos escogido nuestro propio camino con una intensidad muy superior a la que demuestran la mayoría de las mujeres (como lo pone en evidencia, entre otras cosas, las tasas de crímenes mucho mayores entre los hombres que entre las mujeres).

Nos aburrimos enseguida de la vida recta. Por naturaleza, nos cansamos con rapidez de someternos a las necesidades y a las esencias de nuestras compañeras. Preferimos hacer las cosas a nuestro interesante modo.

2. El ego masculino es mayor pero más frágil que el femenino

La fragilidad de nuestro ego impide con mucha facilidad la unidad y la intimidad. Tracy dijo: «La mayor parte de las cosas en nuestro matrimonio responden a los planes y los deseos de Gil. Nunca me deja ver sus sentimientos profundos, y no puedo decir que alguna vez me haya sentido una con él. Una vez me dijo: "Si te dejo entrar y te muestro mis sentimientos, me volveré vulnerable a que me hieran"».

Y a pesar de que como esposos debemos dejar lugar para que los dones de nuestra esposa florezcan, nuestros enormes pero frágiles egos pueden ver con facilidad la expresión de los dones superiores de ellas como una amenaza. Mónica me dijo:

> Después de algún tiempo, me pareció que podía hacerme cargo de la crianza de nuestros hijos si mi esposo no andaba dando vueltas por allí para frustrarnos. Cuando mi marido llegaba a casa y quería estar al frente de la situación, siempre creaba confusión. La mayor parte del tiempo, sus opciones en cuanto a qué hacer como familia para divertirnos no coincidían con lo que los niños

querían. Si yo trataba de hacer otra sugerencia, se sentía aniquilado. Esto me llevó a tomar aun más el control al tratar de tener las cosas ya planeadas. Solo trataba de ayudarlo a que fuera un mejor padre. Además, me parecía algo natural elegir las actividades de la familia, ya que conocía los programas de todos. Con todo, él no lo veía de esa manera y me decía que yo estaba obsesionada con tener el control de las cosas. Me hacía enojar mucho y era difícil sentir que éramos un verdadero equipo.

3. Los hombres son relativamente menos sensibles a las necesidades de los demás

En un mundo perfecto, la cabeza del hogar sería la persona más sensible de la casa. ¡No vivimos en un mundo perfecto! Mary dijo:

> Bien al comienzo de nuestro matrimonio, mi esposo deseaba intimidad en los momentos más inconvenientes. Parecía que si estábamos a punto de recibir compañía, él necesitaba tener relaciones. Sin embargo, mi mente daba vueltas a toda velocidad tratando de mantener todo en marcha. Estaba exhausta por haber cocinado, lavado la ropa y por tratar de mantener un espacio limpio en la casa mientras me preparaba para las visitas. De repente, me lo encontraba en el dormitorio, acostado como una araña esperando que yo llegara y satisficiera sus necesidades.
>
> Nunca se daba cuenta de que necesitaba su ayuda ni de que sería mejor esperar hasta que las visitas se marcharan a su casa esa noche. Era muy difícil sentirme una con él en aquel entonces. No le importaba cómo estaba yo, pero sí le importaba que se satisficieran sus necesidades sexuales.
>
> A partir de entonces, hemos conversado de verdad acerca de mis necesidades y expectativas, en especial cuando tenemos compañía. No solo ha dejado de pedirme que

tengamos relaciones sexuales antes de que vengan los amigos, sino que ahora me ayuda con los preparativos para las visitas. Es muy comprensivo. Esto ha traído una unidad y una cercanía que no experimentamos en los primeros años. Y nuestra relación sexual ahora es mejor que nunca.

A la mayoría de los hombres, la sensibilidad les cuesta trabajo al principio. No nacemos con la sensibilidad necesaria para la sumisión mutua.

4. Los hombres tienen menos capacidad para expresar las emociones y los sentimientos de manera verbal que las mujeres

En un estudio, la investigadora Diane McGinness de la Universidad de Stanford les dio doce tareas a niños pequeños y grabó todas las expresiones orales. ¿El resultado? Los niños producían la misma cantidad de expresiones orales que las niñas, pero había una enorme diferencia. Las niñas hablaban unas con otras, y el ciento por ciento de la expresión oral se manifestaba a través del lenguaje y de oraciones. Los niños no estaban inclinados al lenguaje en absoluto. Solo sesenta por ciento de su expresión oral se manifestaba a través del lenguaje y el otro cuarenta por ciento a través de expresiones no verbales, exclamaciones de una sílaba como «¡Caramba!», o «¡Bárbaro!», o sonidos de motores. (¿Alguna vez te fijaste en que los hombres tendemos más a maldecir e insultar que las mujeres?). Por razones obvias, nuestra deficiencia verbal natural no favorece la causa de la unidad.

5. El cerebro masculino está más orientado a los hechos y a la lógica que a las emociones y las intuiciones

Debido a la diferenciación del cerebro durante el desarrollo fetal, el cerebro femenino tiene más puntos de transmisión lateral entre los dos hemisferios del mismo. Consulta con mayor facilidad todas sus experiencias pasadas y, por lo general, es más rápido para hacer juicios precisos de carácter que manifiestan la «intuición».

Las mujeres también logran recordar los detalles de cualquier pelea que hayan tenido durante los últimos veinte años, hasta el color de los zapatos que usabas cuando saliste furioso por la puerta. Los hombres siempre queremos prevalecer por completo en los conflictos y, por lo general, tratamos de hacer todo lo posible por evitarlos. Esta tendencia a evitar conflictos tampoco ayuda mucho en la comunicación.

Además, un reciente estudio de la Escuela de Medicina de la Universidad de Indiana reveló que las mujeres usan ambos hemisferios del cerebro cuando escuchan en tanto que los hombres usan uno solo. ¡Nosotros nos comunicamos con la mitad del cerebro que tenemos amarrado a la espalda!

Como líderes, deberíamos permitir que el don superior de discernimiento de nuestras esposas bendiga nuestro matrimonio y promueva la unidad. Ella se siente más que feliz de ayudar con su intuición. Aun así, muchas veces, en cambio, olfateamos con desconfianza ante cualquier cosa que huela a pensamiento intuitivo, como lo revela Gina:

> Si no estoy de acuerdo con la opinión de Clay, él tiene que hacerme ver las cosas a su manera. Si expreso una opinión contraria, parece que siente amenazado su liderazgo, en especial si tiene que ver con otra gente. Si descubro una falla de carácter en alguien o si me parece que una persona es falsa, me dice que soy muy crítica.
>
> Hubiera podido ayudarlo a relacionarse mejor con otras personas si él hubiera valorado mi opinión. Sospecho que siempre supo que tenía razón con respecto a los demás, pero como líder, le parecía que necesitaba ser el que captara los defectos. Mi juicio no podía ser el único factor decisivo. Solo podía ser el suyo.
>
> Al final, si no estaba de acuerdo con él, actuaba como una mascota mojada, así que casi siempre me quedaba en silencio. Este silencio le traía algo de paz, pero muchas

veces, al tratar con la gente, cometía errores que hubiera podido evitar. Esto a mí me molestaba y nos distanciaba.

Nuestra masculinidad puede cegarnos para no ver los aspectos más delicados de la esencia de nuestras esposas y así las atropellamos con regularidad.

6. Los hombres se estimulan sexualmente por la vista

Somos más propensos a extraviarnos en lo sexual que las mujeres porque nuestros ojos se van detrás de cualquier falda corta que pase por allí. Si combinamos esta propensión con nuestra naturaleza rebelde, se convierte en un gran obstáculo para la unidad. En un esfuerzo por describir la sexualidad masculina, Débora dice lisa y llanamente: «Los hombres son cerdos». Es una acusación acertada. En lugar de purificar nuestros ojos y someter nuestro comportamiento a Dios, muchas veces preferimos seguir nuestra tendencia. Considera esta carta que recibimos de una lectora de *La batalla de cada hombre*:

> Mi esposo se ha tragado la mentira de que «todos los hombres miran» porque su sentido de la vista es muy fuerte. Leyó el libro de ustedes *La batalla de cada hombre*, pero todavía sigue diciendo que para cualquier hombre de carne y hueso es imposible dejar de mirar a una ricura con un minibikini. Esto me molesta, pero me ha amenazado con divorciarse si no me dejo de «fastidiarlo» con eso. Dice que si estoy buscando a un hombre que no mire a otras mujeres, puedo esperar tranquila durante largo tiempo.
>
> Me da náuseas pensar que el resto de mi vida me veré privada de la plenitud en el matrimonio. Como me molesta tanto y mi marido está tan harto de que se lo recuerde, ¡ahora lo hace todavía con mayor frecuencia! ¿Se imaginan? A cualquier parte que vaya con mi esposo sé que no puedo mantener su atención. ¡EN NINGUNA PARTE!

Presta atención al dolor de esta mujer al contemplar las tenebrosas décadas solitarias que se abren delante de ella. Tal vez seamos cerdos. La lujuria de nuestros ojos endurece de forma natural nuestros corazones hacia la esencia sexual de nuestras esposas. Pensamos que deben satisfacer nuestras condiciones o de lo contrario nos desviaremos a los harenes siempre listos del ciberespacio.

7. Antes del matrimonio, los hombres asumen la responsabilidad de alimentar la relación amorosa

Después del matrimonio, ve a la esposa como alguien que debe cuidarlo a él. Una vez que hemos conquistado esta frontera llamada amor, le damos las riendas de la relación a nuestra esposa y volvemos a la carreta para dormir una siesta.

La justificación más probable es la pereza, pero a algunos tipos les gusta tomar 1 Corintios 11:9: «Ni tampoco fue creado el hombre a causa de la mujer, sino la mujer a causa del hombre», y lo sacan totalmente fuera de contexto.

Hace poco, Brenda se puso a releer todas las cartas que le envié durante nuestro noviazgo.

—Es decepcionante no tener ninguna carta tuya que hable de la muerte de mi padre —comentó.

Como sabía que su padre había muerto un par de meses antes de la boda, supuse que sin duda las había colocado en otro lugar.

—Tiene que haber alguna —le dije.

—No —respondió—. Para ese entonces habías dejado de escribir. Tu ardor ya se había enfriado.

Me parece que entregué las riendas un poquito antes de tiempo, pero esa es nuestra naturaleza, hombres. El sacrificio de la sumisión masculina no surge con facilidad de semejantes corazones.

8. Los hombres necesitan menos romance que las mujeres

Tenemos la tendencia a olvidarnos de echarle leña al fuego de la relación. Nos decimos: «Muy bien, ahora tengo una esposa. ¿Qué es lo que sigue en la agenda?». Aun así, el romance se encuentra en el corazón de la esencia femenina. Toda esposa es una romántica incurable, ya que el amor romántico es el combustible que hace funcionar la máquina femenina.

Cuando traje flores para nuestro aniversario, hace unos días, Brenda no sabía si jadear, saltar, sacudirse o chillar. Así que hizo todo al mismo tiempo. Le encanta comer en nuestros viejos sitios favoritos, pasar frente a nuestras viejas casas y apartamentos, y caminar juntos tomados de la mano al atardecer. Se siente encantada cuando le regalo tiempo y le gustan de manera especial mis regalos disparatados. Las sorpresas alegres son divertidas.

Por naturaleza, el romance nos ocupa menos la atención luego de la boda. Para empeorar las cosas, nuestras máquinas masculinas trucadas, cargadas sexualmente, nos hacen mezclar todas las cosas. Jean dijo lo siguiente:

> Me encanta la intimidad romántica de un abrazo y de una atención extra, pero cada pequeño beso o abrazo que le doy a John parece sugerir que quiero hacer el amor. ¡Qué exasperante! Solo quiero que sepa que lo amo, y lo único que espero es la misma respuesta sin tener la sensación de que debo saltar a la cama. Sencillamente quiero que me abrace y que hablemos; lo único que quiero es estar cerca de él.

Por lo general, con los niveles de combustible romántico bajos, nuestras esposas siguen funcionando sobre la base de los vapores de los recuerdos de días idos cuando nutríamos la relación amorosa. Es muy raro que honremos esta esfera crucial de la esencia femenina cuando quedamos librados a nuestros recursos masculinos naturales.

9. El escudo del hombre en contra de la inferioridad es su trabajo

El escudo de la mujer en contra de la inferioridad es, por lo general, su esposo, así que, como es natural le adjudica a su relación matrimonial un valor más alto que el que le da su marido. La unidad no se encuentra en la pantalla del radar de él.

Un día, me encontraba de visita en la oficina de Jeffy, en un momento, la conversación comenzó a adormecerse. De repente, su rostro se iluminó al preguntarme: «¿Te gustaría echar un vistazo a mis metas de trabajo?». Arrastró con orgullo una gran carpeta de tres anillos. Al abrirla, encontré el resumen de su plan de trabajo de siete años. Había detallado sus cuotas y responsabilidades de ventas, los «juguetes» que esperaba adquirir y sus planes de construir un edificio de oficinas. Página tras página enumeraba los pasos anuales, mensuales y semanales que se requerían para lograr todas aquellas valiosas metas.

Al salir de su oficina, me pregunté por qué no tenía una carpeta así para sus metas matrimoniales. ¿Y por qué no tenía una yo? Su esposa, Janet, mientras tanto, se moría de hambre en el aspecto emocional. Su «plan de siete años» no incluía mejorar su matrimonio.

—Me siento más como su socia de negocios que como su esposa —dijo Janet y añadió que hacía poco había enviado una solicitud a un empleo para "recuperar mi sentido de persona".

—¿Qué es lo que sientes por Jeff en este momento —le pregunté.

—Mis sentimientos están muertos.

Sentí un escalofrío. Ya había escuchado esto antes.

10. Los hombres esperan paz de su matrimonio, en tanto que las mujeres esperan unidad

Nosotros quedamos satisfechos con facilidad en una relación de «socios de negocios» en el matrimonio siempre y cuando haya paz y suficiente relación sexual. El bastón de caramelo de esa clase de matrimonio es todo rojo. Aquí tenemos lo que dijo Jane Fonda (en la revista *Good Housekeeping*, noviembre de 2000) cuando le preguntaron: «¿Qué has aprendido acerca de ti misma y de los hombres?».

Mi generación, para «sobrevivir», se creyó esta idea de que debemos ahogar nuestras propias necesidades para permanecer en la relación con un hombre. Y yo soy la persona adecuada para hablar sobre esto; me casé tres veces. Y no es que los hombres sean malos ni perversos. Es que esa es la manera en que me criaron. Puedes tener mucha fuerza en lo político, o puedes tener voz y voto en el aspecto profesional, como en mi caso, pero donde perdemos la voz y el voto es detrás de las puertas cerradas del hogar: en la relación principal. Nadie me dijo que actuara con los hombres como lo hice. En nuestros corazones y en nuestras mentes estaba arraigada la idea de que éramos egoístas si decíamos: «Esto no me hace sentir bien», o «No quiero hacer aquello», o «De verdad necesito estar a solas ahora».

A pesar de que todos sus esposos se sentían bien consigo mismos, Jane estaba sola y se sentía solitaria. Ella culpa a su generación, pero las mujeres de todas las generaciones dicen lo mismo, para vergüenza de nosotros, los hombres.

En lugar de elevarnos por encima de nuestra preferencia masculina de paz en cambio de unidad, con egoísmo nos acomodamos en la postura que se ajusta mejor a nosotros. Repito, no es que no podamos amar a nuestras esposas, es que *no queremos* hacerlo.

¿ABLANDARÁS TU CORAZÓN?

Estos diez rasgos masculinos no forman la lista más alentadora, ¿verdad? Por naturaleza, los hombres son insensibles, tienen poca concentración y no se interesan mucho en la sumisión masculina. No es para menos que la unidad en el matrimonio sea algo tan fuera de lo común. Frente a las incontables incompatibilidades del matrimonio, necesitamos corazones blandos si es que vamos a someter nuestros derechos en pro de la unidad. No nos han dotado de forma natural para este llamado.

Puedo sentirme identificado con cada uno de estos diez rasgos porque, al comienzo de nuestro matrimonio, me dominaron todos. Recuerdo la vez que asistí con Brenda a un seminario de fin de semana sobre el matrimonio. Al salir del centro de retiros aquel domingo, me sentía bien conmigo mismo y con mi matrimonio. Entonces, un mal presentimiento me retorció el estómago. Mientras nos alejábamos, le dije a Brenda: «Me siento como si me dirigiera hacia la Tierra Prometida, pero logro ver la punta de la cabeza de un dragón en el horizonte que espera para hacerme polvo».

¿Qué era este dragón? Aquel enorme monstruo de rasgos masculinos al que sabía que pronto tendría que asesinar. ¡Tenía que cambiar tantas cosas!

¿Te sientes identificado con la lista de los enfriadores del amor? ¿Cuántos de esos rasgos masculinos has sometido a tu esposa en reverencia a Cristo? Muchos de nosotros nos encogemos de hombros y nos imaginamos que así es como debe ser. Mi padre siempre dijo: «Me gusta mi forma de ser. Si a ti no te gusta, tendrás que encontrar la manera de solucionarlo».

También, algunos de nosotros pensamos que tenemos todo resuelto, incluso nuestro matrimonio. Considera la historia de Pam:

> Hace treinta y dos años que mi esposo y yo estamos casados. ¿Sabe qué sucedió el martes por la noche? Peter me dijo: «Pam, te amo más que nunca. Me parece que jamás hemos estado más cerca el uno del otro durante toda nuestra vida juntos».
>
> Para colmo, ¡lo creía de verdad! ¿Sabe lo que pensé cuando me dijo esto? «¡Estás loco! ¡Ni siquiera me *conoces*!»

Peter tiene la paz que deseaba del matrimonio, pero no la unidad. ¿Cómo es posible, entonces, que se sienta más cerca de ella que lo que nunca antes estuvo? Tal vez porque están libres de deudas, con la casa pagada casi del todo. Tal vez porque tiene un trabajo satisfactorio que lo llevará hacia la jubilación. Tal vez porque ya pasó el estrés de criar y mantener a los hijos. Sus nietos saltan en sus rodillas y tiene tiempo para explorar pasatiempos por primera vez en años. Peter tiene paz en cada rincón de su vida. No es para menos que le parezca que su matrimonio es perfecto. Aun así, Pam no piensa lo mismo. Ella dice:

> Parece que Peter se siente amenazado o inferior cuando puedo manejar las cosas, cuando puedo entender a la gente o cuando puedo ser organizada. Esto ha sido muy malo para nuestra relación. He tenido que retirarme de la enseñanza o de cualquier papel de liderazgo hasta que él pueda entender cuál es el suyo. Hay mucho de mí que ha quedado oculto en lo secreto. Hubiera podido ser de gran ayuda para él a lo largo de los años, y hubiéramos podido estar mucho más cerca el uno del otro.

Es triste, pero Peter está ciego y no puede ver que desea paz antes que unidad. Y nuestra ceguera crea corazones duros. No quiere decir que seamos malos a propósito; es que no logramos ver con claridad debido a estos rasgos naturales enumerados. Todas las huellas que dejaron nuestros antepasados favorecen esta ceguera. Hemos tenido pocos modelos de hombres que se levanten para vivir en mutua sumisión con sus esposas. Ochenta y cuatro por ciento de nosotros ni siquiera tiene la menor idea sobre la manera de desarrollar la unidad y la intimidad en el matrimonio, ¿cómo vamos a esperar que existan muchos modelos?

Dejando de lado los modelos, ¿qué me dices de ti? ¿Tienes puntos débiles como resultado de estos diez rasgos? ¿Cómo lo sabes? Alguien tiene que decírtelo. Hace unos pocos años, Dios se movió con fuerza en mi vida y produjo un crecimiento cristiano profundo. Comenzó cuando sentí que pronto tendría un liderazgo más visible en la iglesia. Deseaba saber si tenía puntos débiles en mi carácter que socavaran mi liderazgo de cualquier manera. Entonces, les hice esta pregunta a cuatro hombres: «¿Qué rasgos o características ven que pudieran impedir que me convierta en un líder eficiente en esta iglesia?». Decidí preguntarle a un pastor y a un diácono que me conocían muy bien, además de a un pastor y a un diácono que me conocían solo de pasada. Supuse que esto me pintaría un cuadro amplio de mis puntos fuertes y mis puntos débiles.

Los resultados me animaron y me dejaron devastado a la vez. ¡Los cuatro mencionaron con exactitud el mismo defecto! Me encontraban distante e inaccesible. La noticia me dejó devastado porque sabía que si los cuatro lo veían, era probable que noventa y ocho por ciento del resto del género humano viera lo mismo. Hasta ahora, este defecto de carácter era evidente para todos menos para mí. ¡Qué humillante!

Aun así, fue muy alentador conocer la verdad porque ahora podía tratar esta deficiencia, por la gracia de Dios. Brenda exclamó: «¡Eso fue muy arriesgado y valiente! Yo no podría hacerlo». Sin embargo, a mí no me parecía tan valiente. Si deseaba liderar, tenía que saber la verdad. Después de todo, eran puntos débiles. ¿De qué otra manera iba a ver la verdad si no preguntaba?

Conocer la verdad es tener media batalla ganada. En lugar de entrar al liderazgo matrimonial con aire petulante, pensando que somos el regalo de Dios para nuestras esposas, debemos ajustar nuestra manera de pensar para alinearnos más cerca de la verdad de que nuestro matrimonio, quizá, requerirá mucho cambio en nosotros.

¿Cómo verificas tus puntos débiles? ¿Te encuentras dentro de ese ochenta y cuatro por ciento que no le proporciona unidad a sus esposas? Por supuesto, preguntar a otros no es la única manera de descubrir los puntos débiles.

Te lo puedes preguntar a ti mismo. Cuando escuchas una de esas viejas y apasionadas canciones de amor y piensas en la letra, ¿siempre te imaginas a tu esposa o piensas en alguna antigua novia o en alguna muchacha atractiva del trabajo? Cuando cantas al andar por la calle, ¿le cantas a tu esposa y solo a ella?

Es probable que tu mejor camino hacia la verdad sea sencillamente preguntarle a tu esposa, como yo les pregunté a estos hombres. Hemos desarrollado un conjunto de preguntas que puedes copiar y entregarle a tu esposa. Con todo, amárrate el casco. Cuando las mujeres leen esta lista, algunas veces se enojan. Otras veces lloran al pensar en lo que se han perdido en la relación con sus esposos. Créenos, lo sabemos.

¿Tienes el valor suficiente como para hacer estas preguntas? ¿Eres valiente? Nosotros pensamos que lo eres.

EVALUACIÓN DEL LIDERAZGO DEL ESPOSO
Tu evaluación de nuestra unidad

1. En tu opinión, ¿qué crea más dilemas entre nosotros? ¿Cómo resuelvo esas situaciones? En esos momentos, ¿trato casi siempre de lograr el desempate a mi favor? ¿Mis métodos afectan nuestra unidad?

2. De las cosas que hago, ¿qué te atropella, lo que atropella la esencia de tu alma? En mis decisiones, ¿respeto y honro la esencia de tu alma como respeto y honro la mía? ¿Me parezco más a un padre que trata de hacer que estés de acuerdo con mis puntos de vista o a un coheredero que anhela comprenderte?

3. ¿Qué es lo que hago que te impide «sentirte una conmigo»? ¿De qué manera afecta tu relación conmigo?

4. ¿Te parece que tenemos completa unidad? ¿En qué punto se viene abajo? ¿Comprendo mi papel en el fracaso y trabajo de manera activa para remediarlo?

Tu evaluación de mi liderazgo espiritual

5. ¿Quién tiene más conocimiento de la Palabra de Dios, tú o yo? ¿Cómo te sientes al respecto? ¿De qué manera afecta tu unidad conmigo?

6. Cuando surgen las fallas de carácter, ¿cuál de nosotros se somete con mayor rapidez a la Escritura y al cambio? ¿Existen fallas de carácter en mí que he demorado mucho en enfrentar? ¿Hay alguna que me haya negado a enfrentar? ¿Qué te revela esto acerca de mi amor por ti?

7. ¿Quién es más rápido para perdonar, tú o yo? ¿Quién pide perdón con mayor rapidez? ¿De qué manera esto afecta tus sentimientos de unidad conmigo?

8. ¿Cuál de los dos es más constante en la oración y los devocionales? ¿Cuál de los dos se siente más cómodo en los devocionales en pareja? ¿Y en la familia? ¿Afecta esto nuestra unidad?

9. ¿La temperatura espiritual de nuestra relación ha subido o bajado a lo largo de los años? ¿Mi liderazgo te ha llevado a un nivel más alto que el de antes? ¿Te resisto cuando tratas de elevar nuestras normas de comportamiento?

Tu evaluación de la suavidad de mi corazón

10. ¿Quién es el que cede con mayor frecuencia en los dilemas, tú o yo?

11. ¿Quién disfruta más del sacrificio y del servicio, tú o yo? ¿Tengo una buena actitud al servir?

12. ¿Quién se toma más molestias en nuestra relación, tú o yo?

13. ¿Quién es el «sirviente principal» en nuestra familia, el mejor ejemplo de servicio?

14. Supongamos que el pastor te dice: «Quiero proponer a su esposo como diácono (o anciano). ¿Cuáles serían tus reservas con respecto a mi carácter?» ¿Qué le dirías?

15. Dios te llama a someterte a mi autoridad. Mi estilo de liderazgo debería hacer que esta sumisión fuera más fácil, ¿es así?

Tu evaluación de mí como siervo

16. ¿Hasta qué punto comprendo que mi tiempo no me pertenece? ¿Con frecuencia tomo decisiones unilaterales con respecto a mi tiempo?

17. ¿Hasta qué punto comprendo que no tengo el derecho de tomar decisiones unilaterales con respecto a la caza, el golf, el trabajo, mis amigos, etc.?

18. ¿Te parece que de verdad te he estudiado a través de los años y he cambiado mi comportamiento y mis decisiones para honrar lo que he aprendido acerca de ti?
19. ¿Obtengo más prestigio y autoestima de mi éxito como líder y esposo en el hogar que como trabajador o en otros logros?
20. ¿He aprendido con rapidez nuevas habilidades en nuestra relación y en el hogar para servirte mejor y darte más libertad?
21. ¿Pongo todo el corazón en ayudarte para que vivas a plenitud y florezcas en el matrimonio, o sientes que llevas la carga más pesada de la responsabilidad con respecto a nuestro matrimonio y familia?
22. ¿Hago lugar para permitir que florezcan tus dones personales y tus ministerios? ¿Sientes que tus dones y talentos me amenazan como líder?
23. Cuando tienes un don fuerte en cierto campo, ¿te honro permitiendo que tus opiniones dominen mis decisiones en esa esfera?
24. ¿Permito tus debilidades como lo hago con las mías y las suplo con amor mediante mis puntos fuertes o, por lo general, te juzgo por tenerlas?
25. ¿Te sientes con libertad para enfrentar el pecado en mi vida o me ofendo tanto cuando lo haces que prefieres no molestarte en hacerlo?

PREGUNTAS PARA LA REFLEXIÓN Y LA DISCUSIÓN

1. ¿De qué manera has visto tu propia tendencia hacia cualquiera de los rasgos masculinos típicos (en términos de tus relaciones con mujeres) que se enumeran a continuación?

    ___ una naturaleza rebelde

    ___ un ego mayor, pero más frágil que el de tu esposa

    ___ menos sensibilidad hacia las necesidades de los demás

    ___ menos capacidad para expresar en forma verbal las emociones y los sentimientos

    ___ más orientado a los hechos y a la lógica que a las emociones y a la intuición

    ___ te estimulas en lo sexual por la vista

    ___ tienes menos inclinación a seguir siendo romántico luego del matrimonio

    ___ necesitas menos romance

    ___ usas el trabajo como un escudo para defenderte de la inferioridad

    ___ deseas paz (más que unidad) en el matrimonio

2. Tómate el tiempo necesario para revisar (con tu esposa) la «Evaluación del liderazgo del esposo».

La dirección como un siervo

Si tienes hijos pequeños, es probable que conozcas a los muñequitos de Playmobil de Alemania. Estos personajes de plástico con sus cabezas redondas (caballeros, vaqueros, obreros de la construcción y madres granjeras) vienen con las manos «rizadas», lo que les permite sostener una amplia variedad de accesorios intercambiables que van desde látigos para el caballo y cubos hasta muñecas y cochecitos. Cuando mi hija Rebeca era pequeña, miró a este grupo heterogéneo con sus extrañas manos y les puso el apodo de «gente pellizcadora», ya que sus manos daban la impresión de que estaban a punto de pellizcar a alguien.

Temprano una noche, Rebeca y su amiga Tracy se encontraban acostadas en el suelo de la cocina jugando con la «gente pellizcadora» cuando me desplomé en una silla en un rincón de la cocina luego de un día ajetreado. Mientras miraba distraídamente hacia donde estaban ellas, quedé cautivado ante la interacción imaginaria que se desarrollaba entre Rebeca y su familia de cabeza redonda. Mamá muñeca bromeaba un poco con su bebé mientras estaba de pie frente a la cocina revolviendo la cena. Mientras tanto, Tracy trajo al papá de vuelta a casa del trabajo. Lo hizo pasar junto a su dulce esposa con cabeza redonda e hizo que se detuviera a fin de darle a mamá un besito en la mejilla. De repente, el rostro de Tracy se transformó dando lugar a un oscuro ceño fruncido mientras hacía que papá siguiera hacia la sala y, al llegar, lo tiró sobre un sillón. «Papi se va a acostar», les anunció a todos con disgusto. «Papi nunca hace nada para ayudar».

Sentí un escalofrío en la silla. El papá de Tracy era como muchos de los esposos de nuestra cultura que no tienen idea de lo que debería ser un buen matrimonio. Al no tener idea de cómo se supone que deben actuar o liderar, muchos caen en hacer lo que les surge de forma natural. Teniendo en cuenta la lista de nuestros rasgos naturales de carácter que analizamos en el capítulo anterior, esto no es bueno. Claro, podemos decir que deseamos «ser un mejor esposo» o que queremos «pasar más tiempo en casa y menos en la oficina», pero estas frases trilladas se desvanecen con rapidez frente a las tentaciones y presiones de la vida. Si no tenemos un proyecto que transforme nuestras mentes en cuanto al liderazgo matrimonial, nos volvemos a nuestras tendencias naturales y, como resultado, llevamos vidas mediocres. Para hacer progresos, debemos comenzar por incorporar actos sacrificados de liderazgo, permitiendo que Jesús sea nuestro modelo supremo. Justo antes de su muerte, Jesús utilizó una práctica rutinaria de sus días, lavar los pies de los que entraban a una casa, a fin de mostrarnos el camino:

> Cuando terminó de lavarles los pies, se puso el manto y volvió a su lugar. Entonces les dijo:
> —¿Entienden lo que he hecho con ustedes? Ustedes me llaman Maestro y Señor, y dicen bien, porque lo soy. Pues si yo, el Señor y el Maestro, les he lavado los pies, también ustedes deben lavarse los pies los unos a los otros. Les he puesto el ejemplo, para que hagan lo mismo que yo he hecho con ustedes. (Juan 13:12-15)

Sin embargo, no debemos sacrificarnos solo para dar ejemplo porque, en ese caso, nuestras actitudes se pueden torcer con facilidad. Hace poco estábamos en un restaurante italiano cuando mi hijo menor, Michael, gastó cinco dólares de su dinero y compró unos bastones de queso para compartir con todos como aperitivo. Durante el tiempo de oración familiar habíamos estado enseñándoles sobre el sacrificio y nos agradó que Michael deseara dar un ejemplo. ¡El problema es que se pasó el resto de la noche haciendo alarde de sus bastones de queso como si acabara de ganar un partido de fútbol por goleada!

El significado del sacrificio

Muy a menudo, todo «sacrificio» que hacemos por nuestras esposas es más para bruñir nuestra propia imagen que para hacer algo en verdad para ellas. Te daré un ejemplo: Cuando Brenda era enfermera de cirugía, muchas veces la llamaban para emergencias médicas en medio de la noche. Sin embargo, nunca se levantó sola en esas noches invernales a las tres de la mañana. Yo me despertaba junto con ella, me aventuraba a salir para calentarle el auto y le limpiaba las ventanillas llenas de hielo mientras ella se cambiaba para partir. Regresaba a mi cama tibia solo cuando ella se había ido segura.

Por la mañana, cuando tenía un plan de trabajo normal, le preparaba el almuerzo mientras se duchaba, y le ponía algunas golosinas especiales en su bolsa de papel marrón. Algunas veces, cuando pasaba junto a su auto que se encontraba en el estacionamiento del hospital, le dejaba una nota de amor debajo del limpiaparabrisas. Cuando salíamos, derrochaba dinero comprándole aperitivos solo porque a ella le encantaban. Invariablemente, las noticias del trato «especial» que le daba a Brenda llegaban a oídos de sus compañeras de trabajo durante el tiempo de receso. Con celos le decían: «¡Tienes mucha suerte de tener un esposo tan bueno!».

Brenda sonreía y contestaba: «Gracias, ya lo sé». No obstante, en su interior, debido a mis atropellos, no sabía qué sentir. Sin lugar a dudas, los vidrios sin hielo, las golosinas y las notas de amor eran bonitas, pero tal vez me hacían mejor a mí que a Brenda. Disfrutaba bastante de mi reputación de «tipo sensible». Mejor aun, me gustaba lo que sus amigas y compañeras de trabajo decían de mí: *¡Qué esposo tan maravilloso y sensible tienes!*

Tal vez hacía todo lo que sugerían los *Cincuenta pasos para agradar a su esposa*, pero seguía siendo culpable de atropellar a Brenda durante las otras veintitrés horas del día. Si como el Jefe del Desempate destruyes la unidad en tu matrimonio, no basta con que pulas tu imagen haciendo «sacrificios». Necesitas un cambio rotundo de mentalidad y una transformación absoluta de tus motivaciones.

Cuando Jesús lavó los pies de sus discípulos, este acto de sumisión no tenía como propósito mostrar la superioridad de su humildad o de su sensibilidad. Su principal motivación no era ni siquiera establecer un ejemplo, como se puede ver en este pasaje de la Escritura:

> Se acercaba la fiesta de la Pascua. Jesús sabía que le había llegado la hora de abandonar este mundo para volver al Padre. Y habiendo amado a los suyos que estaban en el mundo, *los amó hasta el fin* [...] así que se levantó de la mesa, se quitó el manto y se ató una toalla a la cintura. Luego echó agua en un recipiente y comenzó a lavarles los pies a sus discípulos y a secárselos con la toalla que llevaba a la cintura. (Juan 13:1, 4-5)

Jesús sabía que su tiempo en la tierra se terminaba, y su corazón se quebrantaba ante la idea de dejar a sus amigos. Deseaba amarlos una vez más antes de irse. Cristo hizo lo mismo por el resto de la humanidad al soportar los horrores de la crucifixión como manifestación suprema de sumisión y como el acto de amor sacrificado más maravilloso que jamás conociera la historia jamás. Cada uno de nosotros no deberíamos hacer menos por nuestra esposa. El sacrificio de sumisión masculina dejará un ejemplo, pero su propósito principal es aliviar a nuestras esposas para que vivan en plenitud y florezcan hasta alcanzar todo su potencial. Recordemos una vez más las palabras de Pablo y veamos que la sumisión debe tener sus raíces en el amor y la unidad:

> Si tu hermano se angustia por causa de lo que comes, *ya no te comportas con amor*. No destruyas, por causa de la comida, al hermano por quien Cristo murió. En una palabra, no den lugar a que se hable mal del bien que

ustedes practican, porque el reino de Dios no es cuestión de comidas o bebidas sino de justicia, paz y alegría en el Espíritu Santo. *El que de esta manera sirve a Cristo, agrada a Dios y es aprobado por sus semejantes.* (Romanos 14:15-18)

El liderazgo de siervo es más que lavar los pies de tu esposa de vez en cuando o pasar la aspiradora antes de que regrese de un paseo por el centro comercial. Es más que lavar platos, poner a lavar ropa o llenar el tanque de gasolina de su auto. Tenemos vecinos que harían estas cosas por nosotros sin vacilar un instante.

SE TRATA DE LO QUE ERES
El servicio no es algo que *hacemos*, es algo que *somos*. No podemos actuar como siervos de tanto en tanto, cuando, de paso, sirva a nuestros propósitos. Más bien debemos convertirnos en siervos: nuestras mentes deben transformarse para pensar como tales, y nuestros corazones deben cambiar para someternos como tales todo el tiempo. Jesús se hizo siervo. Nosotros también debemos hacernos siervos y debemos rechazar nuestra mentalidad de Jefes del Desempate. ¿Cómo lo hacemos?

Por elección. En tanto que el hermoso ejemplo de Jesús como siervo nos lleva hasta cierto punto en el matrimonio (después de todo, Él nunca se casó), el Padre nos proporciona el modelo transformador que necesitamos cuando describe al siervo de los tiempos del Antiguo Testamento:

> Si alguien compra un esclavo hebreo, este le servirá durante seis años, pero en el séptimo año recobrará su libertad sin pagar nada a cambio [...]
> Si el esclavo llega a declarar: «Yo no quiero recobrar mi libertad, pues les tengo cariño a mi amo, a mi mujer y a mis hijos», el amo lo hará comparecer ante los jueces, luego lo llevará a una puerta, o al marco de una puerta, y allí le horadará la oreja con un punzón. Así el esclavo se quedará de por vida con su amo. (Éxodo 21:2, 5-6)

Imagina la escena. Un judío en quiebra se despierta una mañana sin opciones. Envuelto sin esperanza en la pobreza, sin otra pertenencia que un estómago vacío, va directo a la subasta de esclavos. Con los hombros encorvados, sin el orgullo que hace tiempo le arrancaron, su rostro ceniciento solo transmite una vergüenza abrasadora mientras sus ojos demacrados se fijan en la distancia sin ver.

De repente, un hombre de mirada amable se para delante de él, un hombre que jamás había visto. Por alguna razón, este hombre ve una pizca de valor en él. *¿Será posible que vea un rasgo de amor en los ojos de este hombre?*, se pregunta el esclavo. No puede ser, pero su esperanza aumenta cuando su amo paga el precio para llevárselo consigo a casa. Su amo sí lo ama. Después de darle buena ropa y de alimentarlo en abundancia, le habla en tono amable y lo llama «hermano». Seis años pasan volando y en el interior del corazón del esclavo crece un profundo amor por su amo. Anhela retribuirle su misericordia y gracia. Cuando al fin llega el día en el que el esclavo debe partir, el amo, con los ojos humedecidos, le ofrece regalos para que el hombre libre se lleve consigo. El hombre no los acepta, sino que ofrece su propio regalo a cambio: su vida que alguna vez estuvo destrozada y que ahora se encuentra restaurada por su amo. Pone el lóbulo de la oreja contra el marco de la puerta y recibe con gozo la marca, sometiendo sus derechos y su futuro por el honor de servir y agradar a su amo mientras viva.

Reconocemos este cuadro. Es nuestra vida en Cristo. Una vez éramos esclavos en la subasta del pecado. Allí estábamos, en quiebra por cada acto malo y tonto cometido. Sin embargo, nuestro Maestro puro, de manera inexplicable, vio algo de valor en nosotros y pagó el precio de nuestra libertad con su sangre a fin de que le sirvamos. Al experimentar su gran amor, se lo devolvimos trabajando en su reino, felices con la marca de su Espíritu Santo (véase Efesios 1:13).

Esta escena del Antiguo Testamento sugiere otro cuadro que te pintaré. Un día, mis ojos se abrieron y vieron a Brenda delante de mí, una mujer que no conocía. Al ver algo de valor en mí, pagó un precio alto para tenerme para sí. Respondí a su amor, recibiendo con alegría la marca de un anillo de oro que le decía a todo el mundo que ahora le pertenecía a ella. Era mi «dueña», y estaba comprometido a servirla para toda la vida.

Por supuesto, técnicamente no era el esclavo de Brenda. En primer lugar, debía amarla como Cristo amó a la iglesia y Él no es el esclavo de su esposa. Y, a diferencia del esclavo del Antiguo Testamento que no tenía derechos, los esposos tenemos, por cierto, derechos propios aparte de nuestras esposas. Además, tal como entiendo las Escrituras, es evidente que tenemos la posición de autoridad en nuestros hogares.

Dicho esto, nuestra posición de líder no se puede separar del llamado de Dios a la sumisión, y este modelo de esclavo por amor puede y debe servirnos como paradigma de liderazgo. El esclavo ama a su amo como se ama a sí mismo y está comprometido a ayudarlo a vivir en plenitud y a florecer de la misma manera como persona. ¿Te parece conocido?

Aun así, Fred y Steve, ¡mi esposa no es mi ama! Es verdad, pero debes reconocer como tu ama a la necesidad de llegar a ser uno con su esencia. Sometes tus derechos como líder de la forma que sea necesaria a fin de alcanzar esta meta, no porque ella *tenga* autoridad sobre ti, sino porque la amas. Alguien que sí tiene autoridad sobre ti, Jesucristo, te ha ordenado que la ames precisamente de esta manera.

Una vez, un hombre nos preguntó: «Ustedes hablan mucho acerca de servir y de ceder. ¿Alguna vez se sienten como si no fueran la cabeza de sus hogares?».

La respuesta es no. Sabemos que parece una paradoja, pero la obediencia a Cristo nos lleva a bendiciones paradójicas. Este enfoque del siervo, en realidad, nos ha dado un liderazgo más fuerte en nuestros matrimonios, no más débil.

Escucha lo que mi esposa, Brenda, tiene que decir:

La sumisión nunca fue algo que me surgiera de forma natural. Fue aun más difícil someterme cuando mi respeto hacia la espiritualidad de Fred era bajo todo el tiempo. Durante los días en los que teníamos serias peleas y problemas con la familia política, me preguntaba: *¿Por qué me voy a someter a alguien que es inferior a mí en lo espiritual?*

Sabía que siempre podía someterme por amor al Señor. Sabía que sus caminos eran para bien. Sabía que Jesús se había sacrificado por mí y que quería que me sometiera a Fred por amor a Él. Y, entonces, Fred cambió y se me hizo más fácil someterme cuando comenzó a liderar a través del ejemplo.

Durante todos estos años, el compromiso de Fred con el servicio ha sido una enseñanza maravillosa para mí. Al observarlo, me he sentido inspirada a hacer mejor las cosas. En la medida que él dejaba de lado su yo y dejaba de lado sus deseos, yo deseaba hacer lo mismo.

¿Entendiste? Cuando lidero como siervo, a mi esposa se le hace más fácil someterse, lo cual fortalece mi liderazgo.

Otro beneficio matrimonial de la sumisión a la unidad es que coloca a tu matrimonio en una posición a prueba de «aventuras». Brenda explica: «Yo no soy una probable candidata a las aventuras extramatrimoniales porque tengo una profunda comprensión de que es pecado. Sin embargo, muchas veces pienso: "¿Cómo podría tener una aventura amorosa? Él me trata muy bien y renuncia a muchas cosas por mi bien. ¿Cómo sería tan desleal como para darle la espalda a todo eso?"».

Sí, sabemos lo que quizá estés pensando. Es probable que lo hayas escuchado demasiadas veces de boca de tu padre: «Los verdaderos hombres tienen el control de sus hogares». Con todo, los verdaderos hombres no son necesariamente líderes dictatoriales en el hogar, como lo pone en evidencia Greg, uno de los tipos más duros que puedes llegar a conocer. En el campo de fútbol americano, si te le cruzas en medio, te partirá en dos y se comerá tu hígado como si fuera un bocadillo de la fiesta. Como granjero tosco y brillante, es mitad hombre, mitad bestia, pero comprende lo de la sumisión mutua y actúa como un tierno líder con su esposa Candy. Aquí vemos cómo lo expresa ella:

> Me considero muy afortunada en ser la esposa de Greg. Cada noche, cuando regresa a casa del trabajo listo para darse una ducha, quiere que vaya al baño para conversar con él. Eso es muy dulce, y nunca pensé que Dios me concediera un matrimonio y un esposo tan fantásticos, en especial, luego de todos los seres repulsivos con los que salí cuando estaba en la universidad.
>
> Greg se reúne con cuatro muchachos todos los domingos por la noche. Algunos no tienen un matrimonio maravilloso, pero saben que el nuestro es algo especial. Uno de ellos, mientras hablaba con Greg hace poco, dijo: «Algo de lo que haces, lo haces bien porque es evidente que tu esposa te adora». ¡Esto hizo que Greg se sintiera de maravilla!
>
> Muchas mujeres tienen maridos dominantes, pero Greg considera mis sentimientos a cada paso del camino. La mayoría de las veces siento que la sumisión a Greg es una liberación porque sé que él busca primero a Dios.

¡Huy! Parece que Greg es un hombre bien masculino. ¿Alguien quiere poner en duda la fuerza de su liderazgo?

ES UNA CUESTIÓN DE ESTILO

No hablamos de abdicar a la corona cuando optamos por la sumisión mutua. Hablamos de abdicar a nuestro estilo. Jugar a ser el Jefe del Desempate atropellará las convicciones de tu esposa y carcomerá la esencia de su alma. Jamás florecerá dentro de este marco y no habrá unidad. No experimentarán intimidad.

Existe una mejor manera de liderar. Después de todo, el síntoma más seguro de la locura es hacer lo mismo una y otra vez, querer desempatar, y esperar un resultado diferente. Esta actitud del desempate siempre llevará a muchas esposas a morir en la viña y los años de su matrimonio serán los más solitarios de todas sus vidas. Es hora de tomar un camino diferente.

Por supuesto, debemos ser sabios al convertirnos en el Jefe del Servicio porque en medio de la sumisión mutua existen dos extremos. En un lado están los hombres que piensan que son los reyes del reino y tratan a sus esposas como si fueran reyes y señores. Esta actitud crea resentimiento e inestabilidad en la relación. En la otra cara de la moneda se encuentran los hombres que, debido al feminismo, han abdicado a su papel masculino de liderazgo dado por Dios. En otras palabras, hacen a su esposa la reina del lugar, le delegan su tarea y no se hacen cargo de su liderazgo. Los dos extremos son dañinos para la familia porque la relación va en contra de los principios de Dios, es decir, el matrimonio deja de reflejar la relación de Cristo con la iglesia.

Como siervo, no te encontrarás en ninguno de estos dos extremos. Por el contrario, eres y serás el líder. Por más grandioso que sea Greg en la sumisión masculina, tanto él como Candy comprenden el liderazgo masculino, como ella lo relata:

> En un tiempo, el empleo se presentó como una gran amenaza para nuestro matrimonio. Los dos nos encontrábamos haciendo trabajos que detestábamos, así que Greg dejó el suyo para regresar a la Universidad de Iowa. Luego de graduarse de maestro, se dio cuenta de que detestaba la enseñanza y quiso ser granjero. Esta decisión resultó ser muy estresante para mí, ya que crecí en un hogar estable en el cual mi padre traía a casa su cheque de pago en forma regular. Además, no podía soportar la idea de ser la esposa de un granjero. ¡Así que tomé la decisión más madura y me encerré en el baño de nuestro apartamento! Con el tiempo, acepté el punto de vista de Greg y me sometí a su decisión. Ahora me siento muy feliz en la granja.

Debemos guiar y debemos hacerlo con firmeza, pero necesitamos el estilo de un siervo que cree unidad y brillo en nuestra esposa. ¿Cómo es este estilo de liderazgo en la práctica? Vamos a darle una mirada a una foto instantánea de la vida de un siervo para extraer las características más importantes de su amor hacia su amo.

Una vez que aquel punzón traspasaba el lóbulo de la oreja del siervo, *su tiempo dejaba de pertenecerle*. No podía levantarse por la mañana y decidir así porque sí ir a pescar. Debía presentarse ante su amo para ver cuál era la necesidad urgente que se debía atender. *El siervo tenía pocos derechos*. Si el amo era temeroso de Dios, al siervo se le concedían los derechos que estipulaba la Biblia, pero esos derechos se podían contar con los dedos de una mano, y había otros derechos que podía recibir luego de discutirlos con su amo.

Siempre había mucho para hacer. Debido al amor que sentía hacia su amo, *sin cesar procuraba encontrar nuevas maneras de servirlo mejor*. Pensaba cómo conmover el corazón de su amo o cómo quitarle una carga de la mente o del cuerpo.

Desarrollaba nuevas habilidades para servir mejor a su amo. Por ejemplo, si sabía que a su amo le gustaba la carne de venado fresca, se esforzaba por aprender a cazar a fin de agradarlo con sabrosas comidas.

El siervo hacía todo lo que podía para edificar la estima y el prestigio de su amo en la comunidad, y sacaba mucho prestigio de esto para sí mismo. Se enorgullecía y se sentía honrado en el papel de siervo de su amo. El siervo, aunque fuera bien sabio por su propia cuenta, *consideraba los pensamientos y las opiniones de su amo tan valiosas como las propias*.

En cuanto a los dones espirituales de su amo, el siervo se sentía feliz de hacer las tareas más ingratas y menos reconocidas *para dejar lugar a que su amo ejerciera sus dones*. Si su amo tenía debilidades que herían su ministerio y sus relaciones, *el siervo permitía estas debilidades* como si fueran las suyas hasta que su amo se fortalecía a través de la gracia y la misericordia de Dios, y del tiempo y la experiencia. El siervo también *protegía de forma activa la fe de su amo*. Si su propio pecado hería a su amo, *no esperaba mucho tiempo para liberarse de ese pecado*. Lo amaba y *disfrutaba por completo* al servirlo de todas las maneras posibles.

En realidad, no era una mala vida. Por supuesto, para los estadounidenses este escenario parece absurdo. ¿A quién se le ocurriría renunciar a su libertad para entrar en semejante relación?

Sin embargo... eso es lo que deberías haber hecho el día de tu boda.

Es una nueva forma de liderar

El ajuste matrimonial es cosa sencilla. Antes del matrimonio, comandabas el barco de tu vida basándote en convicciones personales y en la esencia del alma de una persona: tú.

Ahora eres el capitán del barco *Matrimonio*. Como capitán, debes comandar basándote en las convicciones personales y en la esencia del alma de dos personas. Si este concepto te resulta nuevo, debes aprenderlo enseguida.

Las convicciones de estas dos personas algunas veces entrarán en conflicto, pero de acuerdo con lo que dice Pablo, la sumisión masculina se requiere para mantener la unidad a bordo. La sumisión masculina exige una forma humilde de pensar que honre la esencia de tu esposa.

¿Dónde encuentro esta forma de pensar? Te sugerimos que mires y escojas la del siervo porque, en primer lugar, ama a su amo como se ama a sí mismo, y se ha comprometido a ayudar a su amo para que viva en plenitud y florezca como persona. Es exactamente el mismo llamado que tenemos en el matrimonio: necesitamos un corazón de siervo para con nuestras esposas. Además, la forma de pensar del siervo proporciona la humildad necesaria para ceder en pro de la unidad matrimonial.

Hemos utilizado las dos primeras secciones de este libro para describir el fenómeno común de «mortandad» en los sentimientos de una esposa y el papel masculino en la sumisión mutua como manera para revivir esos sentimientos. Ahora, en las próximas dos secciones, te enseñaremos a pensar como siervo. ¿Qué está en juego? Lo que toda mujer desea: unidad e intimidad con su esposo.

¿Qué pasa si no aprendo a someterme? Tu crucero matrimonial se puede convertir en un desagradable naufragio. O, para seguir con nuestra analogía de los sentimientos «muertos», ¡tu matrimonio puede quedarse en el cementerio! Claro, es probable que tengas una esposa dócil que te permita seguir adelante sin sumisión, pero también es probable que cuando estén sentados en un restaurante, sus ojos reflejen una muerte que todos lograrán ver. O puedes tener una esposa tenaz que se irrita bajo tu dirección y coexiste contigo como «casada soltera», pero es probable que un día salte del barco. En el mejor de los casos, conseguirás una esposa temerosa de Dios que, a pesar de no poder someterse a ti por respeto, encontrará la fuerza en Cristo para someterse a ti por amor a Jesús.

En cualquiera de los casos, no tendrás unidad. Puedes tener paz, puedes tener un matrimonio longevo y hasta puedes dar la impresión de tener un matrimonio hecho en el cielo. Con todo, no tendrás una relación que se base en la intimidad. Como resultado, habrá desgracias por todas partes y en una de esas se incluye algo que es de particular interés para el hombre: la relación sexual.

¡TAMBIÉN ES BUENO PARA TU VIDA SEXUAL!

Para las mujeres, la atracción sexual se basa en la relación. Si te has negado a tener la mente de un siervo, tendrás una esposa que se siente atraída a ti sexualmente de manera débil, escasa o nula. Tú escoges. Así son las cosas.

Un pastor de iglesia le dijo a alguien una vez:

—¿Ves esa silla allí? Es la silla que uso en la consejería. ¿Sabes cuál es la queja que escucho con más frecuencia de parte de los hombres casados?

—No, ¿cuál es? —preguntó el hombre.
—"No tengo ninguna relación sexual".

Los lectores de *La batalla de cada hombre* nos bombardearon con correos electrónicos en los que presentaban diversas variedades de la misma pregunta: «¿Qué debo hacer para que mi esposa desee tener relaciones sexuales conmigo?».

Es una gran pregunta. Nos hemos encontrado con hombres que se nos han acercado con comentarios como el de Jim:

> Admito que no soy perfecto en mi pureza sexual, ¿pero puedo hablarle de otra cosa? Mi esposa vino el martes pasado y me dijo: «Jim, tengo algo que decirte, pero en realidad no sé cómo exponerlo. Te lo diré directamente. No me gusta las relaciones sexuales y, a decir verdad, me gustaría no tener que hacerlas más».
>
> Me quedé pasmado. No sabía bien qué decir, pero le respondí: «Mi amor, hay algo que hago mal o hay algo que pueda hacer mejor?». Ella me dijo: «No, no es lo que haces. Todas mis amigas sienten lo mismo. Cada una de ellas».

¿Por qué a las mujeres no les gusta tener relaciones sexuales con sus esposos? La respuesta es que no tienen una verdadera relación con ellos. No sienten intimidad en absoluto. Sus esposos no han permitido que la esencia del alma de sus esposas se honre, ame y se exprese por sí misma.

Y aquí tenemos algunas noticias que deberían inspirarte: Todos los hombres que conocemos que practican la sumisión mutua tienen una vida sexual muy satisfactoria.

¿Quieres aprender más acerca de la sumisión mutua y de la forma de pensar de siervo? Si es así, perfecto. Pasaremos unos cuantos capítulos discutiendo las características del modelo de siervo con relación al matrimonio. Hacia el final del libro, te mostraremos cómo llevar este nuevo corazón y esta nueva forma de pensar a tu vida sexual.

Preguntas para la reflexión y la discusión

1. Luego de leer este capítulo, ¿qué significa para ti la frase *liderar como un siervo*?

2. ¿Has visto en ti la tendencia a hacer «sacrificios» para mejorar tu propia imagen más que para servir de verdad a tu esposa?

3. ¿De qué reveladoras maneras has reconocido que el servicio no es algo que *hacemos*, sino algo que *somos*?

4. Este capítulo dice que la posición del esposo como líder no se puede separar de la sumisión, y que el siervo por amor debe tomar el servicio como su paradigma de liderazgo. ¿Cuál es tu respuesta a esta idea? ¿Hasta qué punto la aceptas y la crees? ¿Trae dudas o preguntas a tu mente?

5. ¿Cómo describirías tu estilo de liderazgo en el matrimonio? ¿Cómo se compara con el estilo de siervo?

6. ¿Qué consideras que Dios quiere que hagas en tu propio matrimonio en respuesta a lo que has aprendido hasta aquí en *El deseo de cada mujer*?

TERCERA PARTE

Manifiesta tu corazón de siervo

8

El «amo» define tus derechos

Ustedes no son sus propios dueños; fueron comprados por un precio.

1 Corintios 6:19-20

Compré mi primera escopeta hace diez años a instancias de mis compinches Brad y Dave. Me ayudaron a comprar una hermosa Browning semiautomática calibre veinte. Para celebrar, condujimos hasta un espacio abierto de tierra pública para tener una sesión de tiro al blanco. Tenía una habilidad natural para «apretar y disparar»; en menos que canta un gallo, convertía en polvo negro a los discos de barro que arrojaba al aire. El tiro al blanco resultó ser uno de los pasatiempos más relajantes que he encontrado.

Brad y Dave sugirieron que sería interesante dispararle a algo vivo, así que una gloriosa mañana de sábado, antes del amanecer, me uní a ellos en la cacería del faisán. Como había crecido en un hogar en el cual mi padre detestaba esta práctica, jamás había cazado en mi vida. Según mi opinión, pensé que iba a ser aburrido. Me imaginaba que caminaríamos por entre las malezas de Iowa con nuestros chalecos de color anaranjado brillante y que dispararíamos uno o dos tiros a pájaros que volaban como flechas a la distancia.

Al acercarnos al primer gran matorral, un gallo saltó y Brad apuntó. Cuando disparó, docenas de pájaros salieron precipitados hacia el cielo y los tres comenzamos a disparar como si estuviéramos luchando por nuestras vidas. ¡El corazón me latía con fuerza! De inmediato me di cuenta por qué los hombres mayores pasan todos los fines de semana durante dos meses y medio pisoteando los campos helados durante la estación del faisán. Estaba ansioso por regresar. Esta actividad me había cautivado.

A las cinco de la tarde, entré tambaleante por la puerta de la casa y lancé todos los detalles como una ametralladora para que Brenda se pusiera al tanto.

—Mi amor, no me lo vas a creer —exclamé—. ¡Al fin he encontrado un pasatiempo que me gusta! ¡Ah! Los muchachos y yo vamos a regresar el sábado próximo y no veo la hora que llegue ese día.

Brenda no se mostró entusiasmada como yo. No se imaginaba qué tenía de relajante subir colinas, bajar a los valles y tambalearse en medio de los maizales y de los cañaverales; pero eso no era todo. Los sábados eran los días de la familia y ella los esperaba toda la semana.

—Cariño, no te imaginas cuánto me alegro de que hayas encontrado un pasatiempo que te encanta —comenzó a decir—. Hace mucho que necesitas tener uno, pero debes entender lo que esto significa para mi vida. La cacería quiere decir que tendré que hacerme cargo de los niños completamente sola seis días a la semana. Además, ¿qué tienen de bueno los sábados sin la diversión que tú aportas a todo el conjunto?

Minimicé la importancia de sus preocupaciones ya que *en verdad* me había divertido cazando faisanes.

—Sé que para ti es un sacrificio —admití—. Pero es una estación breve, solo dos meses y medio. Tengo que aprovechar al máximo ahora.

Brenda no me seguía la corriente.

—A decir verdad, me gustaría que lo hicieras todos los fines de semana —dijo—. Con todo, la cacería nos robaría mucho tiempo a mí y a los niños. Entre la Escuela Dominical y la iglesia, ellos en realidad solo te ven los sábados.

Estaba perdiendo terreno en esta conversación.

—Como te gusta tanto cazar —continuó—, podríamos ponernos de acuerdo en cuántas veces al año puedes ir. De esta manera, no te sentirías tentado a ceder cuando te llamen tus amigos.

Esta sugerencia, por cierto buena, me tomó desprevenido. Ventaja para Brenda. Sin pensarlo mucho, sabía que debía ser tan «sacrificado» como fuera posible.

—¿Qué te parece tres veces? —propuse. No me parecía que eso fuera mucho pedir siendo que la estación del faisán duraba quince semanas.

—¿Qué te parecen dos?

—¿Dos? Vamos, cariño, ¡sé razonable! Tres ya es un tremendo sacrificio para mí, y lo sabes. ¡Tengo todo el derecho de ir de cacería al menos tres veces al año!

Detengamos aquí mismo la conversación. Congelémosla. ¿Por qué no podía hacer las cosas como a mí me gustaba? ¿No me había ganado el derecho a relajarme un poco? ¿No era yo el tipo que se gana el pan, el líder que podía terminar una discusión de manera unilateral como a mí me parecía y si les gustaba, bien y si no también? Además, ¿la búsqueda de la felicidad no es el derecho de todo estadounidense?

MI DERECHO, ¿ESTÁ CLARO?

Sí, eso era, mi derecho a la búsqueda de la felicidad. ¿Acaso no es lo que se consagra en nuestra Declaración de la Independencia?

En realidad, a Brenda le hubiera beneficiado más si los Padres de la Patria hubieran escrito «vida, libertad y búsqueda de justicia» porque en el matrimonio no se trata de buscar la felicidad. Yo debería haber buscado la justicia, y atropellar a Brenda al pensar primero en la cacería y en segundo lugar en ella y los niños no tenía nada de justo.

Es mejor considerar nuestros derechos con el corazón de un siervo: No tenemos derechos a no ser aquellos con los que nuestras esposas están de acuerdo. Santiago dice que andar persiguiendo las cosas que nos parecen nuestros derechos es la principal razón de las luchas y las peleas: «¿De dónde surgen las guerras y los conflictos entre ustedes? ¿No es precisamente de las pasiones que luchan dentro de ustedes mismos? Desean algo y no lo consiguen» (Santiago 4:1-2).

¿Tenía el derecho unilateral de decidir cuál sería mi programa de caza o sencillamente me parecía que era así? Me resultó más fácil responder esta pregunta cuando me puse en los zapatos de Brenda. Imaginé que era el Día de Acción de Gracias y me encuentro lleno hasta más no poder de pavo, salsa y fútbol. Cuando entro tambaleante en la cocina, Brenda lanza un chillido:

—Cariño, estoy muy entusiasmada. ¡Mañana comienza la época de compras! El centro comercial abre a las siete de la mañana y tengo que estar allí temprano para no perderme ninguna de esas superofertas. Me encontraré con Amy y Martha a las seis y media en Starbucks para poder comenzar temprano. ¡Hay algunas ofertas increíbles!

—Muy bien, cuidaré a los niños —digo. Me imagino que pueden jugar al Game Boy mientras miro algunos partidos de fútbol americano de la universidad.

—Gracias por hacer esto por mí, cariño, pero tengo que pedirte otro favor.

—¿De qué se trata, amorcito?

—Leí en el periódico que los negocios estarán de liquidación justo hasta principios de enero. No digo que vaya a comprar algo cada vez que esté allí, pero todos los fines de semana desde ahora hasta mediados de enero, las muchachas y yo vamos a arrasar con todas las liquidaciones desde aquí hasta Indianápolis.

—Hasta don...

—Debes hacer planes para estar en casa con los niños desde que se levantan hasta que yo vuelva a casa tarde.

—¿Y a qué hora sería, mi bomboncito de azúcar?

—Ah, no sé. Alrededor de la hora de la cena. ¡Ah!, te ves triste.

—Bueno, todo el día parece mucho tiempo.

—No te preocupes, caramelito. Es una estación corta, solo ocho semanas. ¿No es grandioso? Como las vacaciones de compras son tan cortas, estoy segura de que comprenderás.

Puedo escuchar las carcajadas estruendosas que surgen por toda la planicie y que pertenecen a las mujeres que leen este libro. «¡Sí, claro, ese día llegará cuando las ranas críen pelos!».

SEAMOS RAZONABLES

Entonces, ¿cómo terminó mi historia de cacería?

—Vamos, Brenda —rogué—. ¡Sé razonable! No me parece que tres sábados de cacería sea demasiado pedir.

—Muy bien —anunció Brenda rompiendo el impasse—. Seré razonable y te daré tus tres días. Estoy segura de que te parecerá tan razonable como proporcionarme tres días completos de cuidado de los niños a cambio, así puedo ir de compras con Pam.

A Brenda no le importaba un comino la justicia, pero lo que sí le importaba mucho era que yo viera el precio que le pedía que pagara.

—Brenda, yo en verdad pensaba que ya estaba sacrificando un montón al pedir solo tres sábados. Ahora me haces parecer un debilucho que le tiene que preguntar a su esposa con qué frecuencia puede cazar.

—Lo sé, cariño, y no trato de quitarte autoridad, pero tenemos a los niños por muy poco tiempo antes de que se vayan, y tú eres tan valioso para ellos que parece una locura pasar tanto tiempo cazando, por más divertido que sea.

No pasó mucho tiempo antes de que dijera:

—Muy bien, querida mía, dos veces está bien.

Ella me dio un gran abrazo.

Ahora te puedo escuchar a ti. *¡Pero eso no parece justo!* Tal vez, ¿pero era justo que yo entorpeciera el llamado primario de la vida de Brenda (cuidar a su familia) al ir a cazar cada vez que me viniera en ganas?

¿Si cazabas todos los sábados en verdad le impedías criar hijos temerosos de Dios? Ese no es el asunto. Si ella piensa que eso es posible, cada vez que me internara en los campos, la estaría atropellando.

Eso no sería bueno. El apóstol Pablo mostró, a través de su propio ejemplo, que es justo ceder por el bien de la unidad:

> Si hemos sembrado semilla espiritual entre ustedes, ¿será mucho pedir que cosechemos de ustedes lo material? Si otros tienen derecho a este sustento de parte de ustedes, ¿no lo tendremos aun más nosotros?
>
> Sin embargo, no ejercimos este derecho, sino que lo soportamos todo con tal de no crear obstáculo al evangelio de Cristo. (1 Corintios 9:11-12)

Pablo vivía como si no tuviera ningún derecho por no poner ningún obstáculo al evangelio. ¿Prefieres tener derechos o justicia? Jamás serás un siervo en tanto que tus derechos sean un factor en el proceso de toma de decisiones.

¿Es malo cazar todas las semanas? Para mí, sí. Mi esposa es la que establece los términos de la unidad, ¿recuerdas? Por otra parte, es probable que a tu esposa no le parezca que tu ausencia durante la estación del faisán tenga un impacto a largo plazo en tus hijos. Puede decirte: «¡Adelante! ¡Tan solo ten cuidado!». Si es así, cázame uno para mí.

Lo que trato de decir es que el «amo» es el que define tus derechos (y recuerda de nuevo que aunque nos referimos a tu *esposa* como tu «ama», es la manera que tenemos de abreviar el hecho de que *hacerte uno con su esencia* es, en realidad, el amo que Dios te ha dado). ¿Por qué? Porque tienes el llamado a la unidad y su esencia establece los términos. Defender tus derechos no favorece que *veas* las convicciones y la esencia de tu esposa, y mucho menos que las honres.

Tienes pocos derechos propios además de los que te otorga el «amo». Si lo comprendes, es seguro que sus convicciones y su esencia se considerarán en las decisiones. Cuando andas por la vida matrimonial diciendo: «Tengo derecho a _____», no importa con qué completes la frase. Puedes pensar que tienes derecho a salir con tus amigos una vez a la semana. Puedes pensar que tienes derecho a elegir todos los programas que la familia mire por televisión. A decidir dónde ir de vacaciones. A elegir el restaurante al que irán.

No obstante, estas cosas no son derechos hasta que tu esposa está de acuerdo en que lo son.

Relájate, solo se trata de la televisión

Jon creció mirando por televisión los partidos de baloncesto de Iowa con su padre y su abuelo. Ahora que está casado, sigue mirando los partidos todos los jueves y sábados por televisión, al igual que los dos encuentros consecutivos de la NBA los domingos. A su esposa, Marlee, esto le molesta muchísimo, y todo este baloncesto ha lastimado su relación. Jon solo responde: «Tengo derecho a mirar estos partidos. Trabajo intensamente durante la semana y necesito estos partidos para relajarme».

Tonterías.

Para Earl y Karen, el problema eran las apuestas en el Elks Club. Karen me dijo: «No quería que lo hiciera porque es malo apostar y crea deudas. Sin embargo, él hacía lo que le parecía. También se iba de viaje los fines de semana sin mí, y yo ponía objeciones porque ya se iba durante mucho tiempo durante la semana por negocios. También controlaba la chequera y nunca me daba lo suficiente para los gastos. Se negaba a cambiar y hacía lo que quería sin importarle cómo me sentía. Nunca sentí intimidad con Earl».

Es mucho mejor que nos acostumbremos a renunciar a nuestros derechos. Pronto *se convertirá en un estilo de vida*, y ni siquiera tendrás que pensar más en eso. Cuando te vuelves un siervo en tu mente, la manera de pensar sacrificada se convierte en una cuestión de costumbre.

Te daré un ejemplo. Hace algunos años, Brenda y yo habíamos esperado durante meses el comienzo de *Viaje a las estrellas: La nueva generación*. La temporada anterior de televisión había terminado con una nave malvada de los Borg que se acercaba a la Tierra. La nave espacial *Enterprise* tenía una última oportunidad antes de arrasar nuestro planeta. La última escena del episodio final mostraba al capitán de la *Enterprise* que ordenaba: «¡Fuego!».

Habíamos esperado meses para ver qué sucedía y, ahora, la nueva temporada se acercaba. Nos sentamos en nuestro gran sofá de la sala y nos quedamos absortos mientras resumían el viejo episodio. La tensión aumentaba con cada escena. Ahora la última media hora se avecinaba como un verdadero incendio nuclear. Corrimos hasta el baño y de vuelta tomamos algunos bocadillos; los dos esperábamos el estremecedor momento cumbre.

Tres minutos después, Brenda olió algo desagradable. Yo no noté nada y volví a pegar los ojos en el televisor.

Brenda descubrió a nuestro pequeño, Michael, sonriente mientras sus pantalones chorreaban caca fresca por la pierna y sobre la alfombra. Brenda gimió y yo me di vuelta para apoyar su emoción. Uno de los dos tenía que llevar a Michael arriba para meterlo debajo de la ducha durante diez minutos, y el otro tenía que limpiar la alfombra; pero al menos, el que limpiara la alfombra podría seguir mirando la televisión al mismo tiempo.

Entonces, ¿quién iba a escoltar a Michael hasta el baño?

Yo. Simplemente lo llevé arriba sin una palabra de discusión. Eso es lo que hacen los siervos. Actuar con corazón de siervo significa bendecir a tu esposa y darle la oportunidad de florecer por completo. Sé que Brenda valoró que lo hiciera, pero era más que eso. La estaba amando como a mí mismo y la estaba guiando con el ejemplo.

¿Qué pasa con las cosas raras?

Antes de abandonar este tema, ¿tenemos derecho a manifestar nuestras idiosincrasias personales solo porque le dan un toque a nuestro «encanto»? Si atropellan la unidad, no.

Echemos un vistazo más de cerca. Cuando me lavo la cara por la mañana, me gusta echarme agua en abundancia y, por lo tanto, mojo todo el mueble. Brenda solo dice: «Si deseas ser una morsa, bien. Lo que te pido es que seques todo después».

Entonces tomo una toalla y limpio antes de irme.

Sin embargo, Nate dice: «Me gusta sorber la sopa haciendo ruido. Sabe mejor de esa manera». Los sorbidos le ponen los nervios de punta a su esposa. Además, Nate también «reserva» una hora para remojarse en una bañera de agua tibia después del trabajo todas las noches. Su esposa siente que tiene que hacer todo el trabajo de la cena sola mientras él se remoja feliz. Conclusión: No tienes *derecho* a una sesión de una hora en la bañera de agua caliente.

Como otro ejemplo, considera este: No tienes derecho a usar el «tratamiento del silencio» con tu esposa, aunque sea tu método preferido para manejar un conflicto. Recuerdo una vez que hablé con Tim, que sin cesar le daba a su prometida el tratamiento del silencio. En una conversación que tuvieron conmigo, cruzó los brazos y alargó la barbilla con orgullo, sonriendo: «Algunas veces, guardo silencio durante toda una semana y ella sigue sin saber qué fue lo que me enojó».

Su prometida sonrió con timidez y luego bajó la mirada con dolor. La primera tentación que sentí fue llamar al tribunal y sugerirles: «Cuando Tim venga a buscar su certificado de matrimonio, envíenlo al otro lado del pasillo a buscar su certificado de divorcio también. Lo va a necesitar muy pronto y así le ahorrarán un viaje». En cambio, traté de decirle algo a Tim que lo hiciera entrar en razón.

A esta altura, te estarás preguntando qué derechos *tienes*. Los esposos tenemos algunos, pero no muchos. Hasta nuestra satisfacción sexual y nuestra autoridad en la casa deben definirse dentro del contexto de las convicciones y de la esencia de nuestra esposa.

En la clase prematrimonial, muchas veces digo: «Si alguno de ustedes, muchachos, tiene problemas para renunciar a sus derechos por el bien del ser que aman, levántense y corran hacia las montañas».

Si al menos una pareja por clase no cancelara su matrimonio, sospecharía que no digo la verdad con la suficiente claridad.

Preguntas para la reflexión y la discusión

1. Este capítulo dice que el matrimonio no es para buscar la felicidad. ¿Hasta dónde estás de acuerdo con esta afirmación?

2. ¿Cuáles son tus derechos como esposo tal como los entiendes hasta ahora?

3. ¿Hasta qué punto te sientes identificado con la experiencia de Fred de querer salir a cazar con mayor frecuencia de lo que deseaba su esposa? ¿Qué problemas similares han surgido en tu matrimonio?

4. Este capítulo también dice que tus derechos como esposo no deberían tomar parte en el proceso de la toma de decisiones de tu hogar. ¿Estás de acuerdo? Sí o no, ¿por qué?

5. ¿Cuál es tu reacción en este momento ante el concepto de renunciar a tus derechos como esposo? ¿Te adhieres del todo a esto? ¿Tienes dudas u otra clase de resistencia hacia este concepto?

6. Este capítulo dice que dejar de lado nuestros derechos como esposos puede convertirse en un hábito, en un estilo de vida, de manera tal que no tengas que pensar más en ello. ¿Hasta qué punto has visto que sea una realidad en tu propia vida?

7. ¿Crees que hay algo que Dios desea que hagas en tu propio matrimonio como resultado de la lectura de este capítulo?

Tu tiempo no te pertenece

Un siervo siempre está atento al llamado de su amo. Para él, no hay problema. Vive para amar y servir a su amo de cualquier manera. Nunca dice: «Creo que me tomaré una noche libre». Su tiempo nunca le pertenece a menos que el amo lo disponga.

Cuando Sandy y yo (Steve) hablamos de lo que es importante para una mujer y de lo que desea, invariablemente terminamos hablando sobre lo que era importante para ella y de lo que yo hacía (o no) para darle lo que anhelaba. Uno de los deseos más importantes de una mujer es el tiempo, así que Sandy y yo hablamos de lo que significa el tiempo en forma conceptual. Me dijo que si una mujer no pasa tiempo con su esposo, se desconecta y se siente despreciada y muy sola.

Ya ves, cuando una esposa se siente mal atendida, menospreciada y que le falta el amor, se marchita y se convierte en algo insulso en vez de florecer con vida y entusiasmo. Si no hay nada que la alimente, su belleza y encanto únicos pueden quedar velados.

Cuando los hombres notan esta falta de vida, se apartan de la débil y oscura imagen que queda de la mujer con la que se casaron. Es triste, pero en lugar de dedicar más tiempo y revertir esta condición, pasan *menos* tiempo en casa. Cuanto más se marchita la esposa, más se sienten justificados a tener su propia vida. La muerte de su espíritu ante su falta de compromiso es, muchas veces, la muerte de la relación porque no puede soportar estar con alguien que es tan indiferente.

La otra reacción de una esposa frente a la falta de tiempo es la guerra. En lugar de marchitarse, comienza a luchar por lo que le pertenece. La ira arde por todo su ser y se dirige hacia su esposo. Está molesta y quiere que él lo sepa y que piense en alguna forma de deshacer el daño. La guerra es en su contra, pero está luchando por su propio sentido de valía. Después de todo, soñaba que el matrimonio sería un lugar en el cual se sentiría atesorada por sobre todas las cosas.

La reacción que un esposo tiene frente a la esposa en guerra nunca es bonita. Puede encerrarse en sí mismo o enfurecerse en respuesta, pero este conflicto nunca conduce a la unión, a la intimidad y a una relación que madura. La dinámica puede cambiar cuando el hombre decide ser el siervo entregando con generosidad su tiempo, tal como lo haría cualquier siervo. Este proceder cambiará del todo los resultados.

El tiempo cambia los resultados

Una vez (escribe Steve), trabajé para una compañía muy insalubre en la cual casi todos los que se encontraban en puestos de importancia trabajaban seis días a la semana. Se esperaba que los gerentes trabajaran hasta eso de las tres de la tarde los sábados. La broma que se encontraba debajo de la máquina de agua era: «Bueno, si no apareces el sábado, recoge tus cosas y ni siquiera pienses en unirte al resto de nosotros el domingo». Esto era lo que sucedía los domingos: Luego de algunas horas de trabajo en asuntos turbios, se iban todos juntos a jugar al golf, nueve domingos de cada diez. Créeme, era un lugar anormal.

Yo no encajaba en el programa. Casi nunca venía los sábados y jamás me unía a los demás para las rondas de golf de los domingos. Así que, en comparación a ellos, para Sandy era un tipo fantástico. Sin embargo, ellos no eran el modelo con el cual debía compararme. El modelo que debía mirar era el del siervo, no el de un adicto al trabajo del sur de California. Aunque no perdía el tiempo como mis colegas del trabajo, sin duda alguna, tampoco le daba mi tiempo a Sandy.

Era por eso que cuando hablábamos de lo que las mujeres necesitaban en general, el tiempo estaba en primer lugar en su lista. Durante un período bastante largo, no le brindé de buena manera mi tiempo a Sandy. Estaba con ella pero, en realidad, no estaba *con* ella. La preocupación y las interminables actividades que tenía nos mantenían tan alejados que hubiera sido lo mismo si hubiera estado jugando golf con mis compañeros de trabajo. Por fortuna, me di cuenta a tiempo.

Cuando le pregunté a Sandy qué había mejorado en nuestra relación, su atención se volvió al asunto del tiempo. Se había dado cuenta de cómo había hecho pequeñas cosas que le mostraban que le estaba prestando atención, como frotarle los músculos del cuello y de la espalda que necesitaban un poco de amor y atención. No solo estaba allí... estaba *allí*. Y esto era tanto más placentero (¡y tanto menos confuso!) que tener mi cuerpo en una parte y mi mente en otra.

Sandy también se dio cuenta de que había otra cosa en la que procedía de manera diferente. Dejé de negociar con ella en cuanto al tiempo. En el pasado, cada vez que me pedía que hiciera algo, negociaba para hacer la tarea en otro momento, algún otro día o durante alguna otra semana. Ahora, en cambio, dejaba lo que estaba haciendo y realizaba la tarea de inmediato. Me parecía a una computadora con una tecla de interlineación: Todo lo que Sandy tenía que hacer era pulsar su pedido y yo lo hacía. Esto parecía algo pequeño, pero en su mente era algo inmenso. Para Sandy, lo que yo hacía marcaba una diferencia visible en compromiso y reconocimiento.

En el pasado, cuando respondía con lentitud a sus peticiones, parecía que no estaba del todo comprometido con ella. Mi conducta era lo opuesto a la manera en que Cristo se comprometió con la iglesia, o la manera en que un siervo se comprometía con su amo. Cuando noté la diferencia y cambié mi comportamiento, sintió el amor que yo quería que sintiera. Sin necesidad de marchitarse, sin necesidad de hacer la guerra. Luego comencé a notar algo interesante: cada vez me llegaban menos pedidos. Sandy ya no necesitaba poner a prueba mi compromiso. Podía verlo y sentirlo porque sabía que cuando pasábamos tiempo juntos, «estaba en verdad allí».

Si estás casado con una mujer marchita o guerrera, deberías considerar cuánto tiempo y qué clase de tiempo le estás dando. En otras palabras, ¿cuál es tu enfoque del tiempo en el matrimonio?

¿NO HAY ALGÚN TIEMPO LIBRE?

Al igual que un siervo, todos los esposos necesitan una visión humilde de su «tiempo libre» (es decir, de su tiempo desocupado), o es muy fácil que atropellen las necesidades de sus esposas sin siquiera pensarlo. Durante los días de mi noviazgo (Fred), Brenda vivía en Moline, así que yo jugaba softball un par de noches por semana para mantenerme ocupado. Me encantaba. Para mí, no había nada como el olor del césped recién cortado del campo, de las líneas recién pintadas de blanco en el interior de un campo bien rastrillado y el chasquido de un bate de aluminio.

Este era mi «Campo de los sueños», aquí mismo en Iowa, y cuando comenzamos nuestra vida de casados juntos, esperaba seguir jugando. Nuestro equipo tenía solo dos partidos a la semana, lo cual significaba que estaba fuera de casa un par de horas cada noche.

Sin embargo, al poco tiempo, noté algo que me perturbaba. Todas las noches, Brenda llegaba a casa del trabajo muy sensible y con ganas de llorar; estaba seguro de que ya había estado llorando. ¿Qué le sucedía? El ambiente en el hospital local, donde trabajaba como enfermera en el área de cirugía, era casi intolerable. Se fumaba mucho, se utilizaba un lenguaje grosero y abundaban las bromas relacionadas con los genitales de los pacientes. Para ella debía ser terrible.

Como si esto fuera poco, Brenda todavía sentía dolor por la reciente muerte de su padre y la vida se le terminaba luego del trabajo. Si yo no estaba en la casa para distraer su mente, delante de sí tenía largas y solitarias noches. Sabía cuánto me gustaba jugar al softball, así que con valentía me dejaba ir. Jamás recuerdo un momento en el que me haya pedido que dejara de ir a jugar. Sin embargo, cada vez que regresaba de un partido, podía asegurar que había estado llorando. Apoyaba la cabeza sobre mi hombro y derramaba algunas lágrimas más.

Yo luchaba con el uso de mi tiempo. No comprendía cabalmente la profundidad de su dolor y sabía que, en realidad y de todas maneras, no podía hacer nada al respecto. Tal como veía las cosas, ella tenía que crecer a través de estas pruebas y, con el tiempo, le harían bien.

Me decía que necesitaba el alivio físico luego de un largo día de trabajo en la oficina. El ejercicio siempre me ayudaba a no perder el juicio. Por otra parte, ¿y si *ella* perdía el juicio? A pesar de que tenía una media docena de buenas justificaciones para seguir jugando, ¿el amor guiaba mi elección? Éramos una carne. Aunque no sintiera de manera literal su dolor, tenía que considerarlo en mis decisiones como si lo sintiera.

En definitiva, lo mirara desde donde lo mirara, llegaba a la misma conclusión: Brenda me necesitaba a mí más de lo que yo necesitaba el softball. Sabía que deseaba que me quedara en casa en lugar de que liberara mis tensiones con el bate. Dadas las circunstancias, su deseo era más importante que el mío.

¡Cuánto me valoró por esta decisión! Y rindió sus dividendos porque este acto de sumisión voluntaria le ayudó a otorgarme el beneficio de la duda durante las épocas en que la atropellaba. Para Brenda, fue un acto heroico de unidad y hasta el día de hoy sigue hablando de él.

¿CÓMO SE DELETREA?

Para usar nuestro tiempo con sabiduría debemos ver a nuestras esposas como nuestras amas, no en el sentido tradicional en el que tengan la última palabra, sino en el sentido en que nos compraron por precio. Les devolvemos su amor renunciando a nuestros derechos y nuestra libertad para ser uno con ellas. La unidad es nuestro primer compromiso, y la esencia de nuestras esposas es lo que establece los términos.

Frente a esta perspectiva, nuestro tiempo no nos pertenece y, en un sentido, estamos a su disposición. No porque nuestras esposas sean nuestras dueñas. Ellas tienen sueños que están ligados a nosotros y el llamado de Dios a sus vidas no se puede llevar a cabo sin nuestro tiempo.

Según un viejo dicho, las esposas deletrean la palabra amor así: T-I-E-M-P-O.

Como hombres, no deletreamos así el amor, por lo tanto, los esposos y las esposas nos encontraremos en callejones sin salida. ¿Aun así podemos seguir teniendo unidad? Sí, pero los esposos no podemos tomar decisiones unilaterales con respecto a nuestro tiempo o pagaremos un precio muy alto. Y a pesar de que los hombres no deletreamos por naturaleza la palabra amor como T-I-E-M-P-O, debemos aprender a hacerlo si esperamos amar a nuestras esposas e hijos de la manera adecuada. Esta debida clase de amor impone un corazón de siervo porque requiere sacrificio.

Al tener cuatro hijos, Brenda y yo no tenemos mucho tiempo para estar juntos durante las horas normales de vigilia. Sin embargo, a lo largo de los años he aprendido que ella necesita tiempo solo para sentarse y conversar conmigo. Su sentido de la intimidad interpersonal se alimenta a través de la conversación. El problema es que yo soy una persona diurna y cuando llegan las diez de la noche prácticamente necesito asistencia mecánica para sobrevivir. Si me acuesto en la cama, enseguida me quedo dormido y sigo así durante las próximas ocho horas.

Repito, tengo que recordar que mi tiempo no me pertenece. Si Brenda necesita quedarse despierta para conversar, tengo que hacer todo lo posible a fin de prestarle atención y no quedarme dormido. Por lo tanto, me he creado una regla cuando me retiro al dormitorio por la noche: no puedo acostarme en la cama de inmediato. En cambio, me siento en lo que llamo mi «silla para conversar». Así logro permanecer despierto y conversar con Brenda si eso es lo que ella necesita. He aprendido a que la palabra amor se deletrea T-I-E-M-P-O. Es un pequeño acto de unidad que honra su necesidad vital como honraría una de las mías.

¿SE TRATA DE CALIDAD O DE CANTIDAD?

Han escuchado a los padres decir esto de sus hijos: *No tengo mucho tiempo para darles, ¡pero lo que sí les doy es tiempo de calidad!* No sabemos qué quiere decir esto. Tampoco lo saben tu esposa ni tus hijos. Aunque lo sepan, ¿en verdad puedes construir relaciones sobre la base del llamado tiempo de calidad? En los negocios esto no existe, ¿no es así? Las mejores relaciones comerciales se construyen sobre la base de una cantidad significativa de tiempo con tus colegas y clientes, y tú lo sabes.

Además, ¿cómo logra prever la calidad del «tiempo de calidad»? ¿Qué sucede si el bloque de tiempo de calidad en el estadio de fútbol del cual te jactas se suspende por mal tiempo? ¿Tus hijos tienen que esperar otro mes hasta que encuentres otra tarde libre en tu agenda?

De todas maneras, ¿cómo distingues un tiempo del otro? En cierta ocasión, compré unos boletos para un partido de béisbol de las Ligas Menores para Jasen y para mí. Tenía planeado un tiempo de verdadera calidad, de hombre a hombre, en el cual le contara algunas complejidades de este juego que me encanta. Al terminar la primera entrada, Jasen divisó a un amigo y los dos desaparecieron y se fueron a jugar debajo de las tribunas descubiertas durante el resto del partido. ¡Allí se terminó el tiempo de calidad!

Aun así, aquella misma semana, me dirigía a la tienda local de comestibles para comprar una hogaza de pan. Laura tenía tres años y medio y la llevé en el auto porque le encantaban estos paseos. Aquí no había ninguna posibilidad de tal cosa como tiempo de calidad, ¿no es así? Mientras íbamos en camino me preguntó desde el asiento trasero: «Papi, ¿qué significa la salvación?». Bueno, a eso le llamo un momento de calidad.

La única manera de garantizar que exista tiempo de calidad es *asegurarse de que haya cantidad de tiempo, ¡y mucha cantidad!* Dios solo te concede una cierta cantidad de oportunidades para ir a pescar con tus hijos, y cuando se terminaron, se terminaron. ¡No te pierdas una de ellas! Solo añadiremos que Dios solo te concede cierta cantidad de veces para echarlos en el auto y llevarlos a hacer compras contigo. Tampoco te pierdas ni uno de esos momentos.

¿COMPARAS LOS PROGRAMAS?
La mayoría de nosotros aprendemos muy pronto que debemos preguntarles a nuestras esposas antes de hacer nuestros programas. Cerril dice: «Agradezco a Dave porque siempre me consulta antes de comprometer una noche o un fin de semana con un amigo». Eso es grandioso y debería ser lo normal, el comportamiento de todos los días.

La preocupación aquí no tiene tanto que ver con la manera en que vemos nuestro tiempo, sino con la manera arrogante en que vemos el tiempo de *nuestra esposa*. No se trata de cómo despilfarramos nuestro tiempo, sino de cómo atropellamos el de ellas, como lo demuestra esta historia de Ellen:

> Albert organiza su trabajo a fin de tener tiempo para estar con los niños y conmigo, en especial los fines de semana cuando no trabaja. Aun así, la sincronización es algo que le cuesta mucho. Cuando siente la necesidad de discutir algún tema, o cuando necesita hablar de algo con los niños, parece que no puede esperar el momento oportuno.
>
> Cada vez que le viene algo a la cabeza, lo saca allí mismo, aunque por lo general no sea un buen momento, como cuando los niños están a punto de salir para la escuela o cuando me voy a trabajar, o cuando no hay tiempo suficiente para responder. Cada vez que saco este asunto, parece no entender que las cosas profundas del corazón necesitan discutirse en la atmósfera adecuada. Como líder, le parece que si él tiene tiempo para hacer algo en ese momento, todos los demás deben tenerlo también.
>
> Es muy difícil responder como es debido sin resentirse por su incapacidad de ver que está equivocado. Hasta hace que sea difícil responder más tarde con una

buena actitud. Me temo que los niños ya lo dan por perdido. No tienen la capacidad de pasar por alto este aspecto suyo a fin de ver el corazón increíble que tiene y cuánto nos ama.

En estas esferas sutiles del tiempo es donde sabrás si has desarrollado un corazón de siervo o si sigues siendo el Jefe del Desempate. La vida diaria te revelará si tu tiempo es más importante que el suyo, si debe dejar de hacer lo que está haciendo para recibir tus decretos y anuncios. Esta falta de respeto jamás puede surgir del corazón de un siervo. Además, un esclavo jamás soñaría con censurar a su amo con respecto a la manera en que usa su tiempo. Y como esposos, censuramos a nuestras esposas con demasiada frecuencia. Un comportamiento tal es arrogante y atropellador, y destruye a cada momento la unidad. Lo sé por experiencia...

Brenda era una excelente enfermera profesional porque amaba la enfermería de la cabeza a los pies. Cuando llegó Jasen, nuestro primogénito, los dos decidimos que ella se quedaría en casa y renunciaría a su carrera por algún tiempo. Mi negocio al fin andaba lo bastante bien como para cubrir nuestras necesidades y nos pareció que a nuestra joven familia le iba a hacer bien si Brenda era una mamá que se quedaba en casa. Tomamos otras decisiones para crear una vida hogareña estable con la mayor cantidad de tiempo familiar posible. Escogimos una hora en la que yo debía regresar a casa luego del trabajo de modo que Brenda pudiera tener la cena lista y así sentarnos a disfrutar de una comida familiar. Sin embargo, también creamos otra regla que podía reemplazar esta primera a criterio de Brenda. Cada vez que el tanque emocional de uno de los niños se estaba quedando vacío, Brenda tenía libertad de dejar de hacer lo que hacía a fin de llenarle el tanque leyéndole un libro o jugando por unos momentos. Esta segunda regla significaba que yo podía trabajar a toda máquina para llegar a casa a tiempo, solo para encontrarme con que allí nadie estaba apurado.

Cuando se añadió nuestro segundo hijo, y luego el tercero y el cuarto, Brenda echaba mano de esta regla con mayor frecuencia. Recuerdo que llegaba a casa a tiempo y me encontraba con que no había nadie en la cocina, nada en vías de cocción, los platos del almuerzo todavía estaban sobre la mesa y los sonidos del caos provenían de todas las habitaciones. Esto me irritaba. *¿Qué ha estado haciendo con su tiempo todo el día? Si yo hubiera estado al frente, esto no hubiera sucedido.* Y algunas veces, cometí el error de decir lo que pensaba.

A pesar de eso, no tenía idea de lo que era uno de sus días con cuatro hijos. Y aunque yo hubiera hecho más que Brenda en un día, ¿de qué manera honraba su esencia al decírselo? ¿De qué manera esto nos acercaba más? Su papel es ser mamá, ¿no es verdad? ¿Acaso no tiene libertad para tomar sus propias decisiones en cuanto a cómo manejar su día? Si no está de acuerdo con mis normas, ¿qué importa? Dios conoce sus habilidades y no tuvo problema en confiarle cuatro preciosos pequeños. ¿Quién me creo que soy?

Además, lo único que lograba mi arrogancia era dificultarle más el mantenimiento de nuestras prioridades en su lugar. Cuando presionaba con la regla de la cena a las seis, ¿cómo respondía con libertad a la decisión que tomamos en cuanto a los tanques vacíos? Me convertí en un obstáculo para las prioridades que yo mismo había establecido.

Ningún esclavo reprendería a su amo por la manera en que usa su tiempo. El respeto por la sabiduría del amo era un hecho reconocido. El respeto por nuestras «amas» debe convertirse también en un hecho reconocido. ¿Quiere decir que nunca podemos discutir el empleo del tiempo? Claro que no. Con todo, sí quiere decir que ella puede reclamar su derecho en cuanto a qué es lo que hace con su tiempo en la casa con los niños.

Preguntas para la reflexión y la discusión

1. ¿Cómo describirías tu enfoque del tiempo en tu matrimonio luego de haber visto la discusión de este tema en este capítulo?

2. ¿Hasta qué punto te relacionas con las experiencias de Fred o de Steve mencionadas en este capítulo?

3. ¿Con cuánta frecuencia consultas a tu esposa cuando haces tus programas?

10

Dejemos espacio para que ella exprese sus talentos

Por naturaleza, la mayoría de los muchachos no somos el Sr. Hospitalidad. Para nosotros, lo mejor que nos puede ofrecer el mundo es estar acostados en un sofá meditando en el significado de la vida o sintiendo la emoción de un buen partido de fútbol. ¿Quién necesita a la gente? Tenemos a toda la gente que nos hace falta a nuestro alrededor: nuestra familia.

Antes de casarme, casi nunca invitaba a nadie, y si te invitaba a mi casa, podías considerarte honrado si abría un frasco nuevo de maní tostado con miel. Además, era un poco espartano. Cuando Brenda inspeccionó mi apartamento por primera vez, se quedó horrorizada. El mobiliario de mi sala estaba compuesto por una silla de plástico de jardín que costaba diez dólares, un televisor portátil de trece pulgadas que estaba apoyado sobre la alfombra bien gastada y cuatro cuadros baratos apoyados contra las paredes. (¿Para qué colgarlos? Se encontraban a la altura de la vista cuando me sentaba en mi silla).

Cuando nos casamos, Brenda *tuvo* que decorar nuestro nido, que en esos días era un modesto apartamento en los suburbios al nordeste de Des Moines. Pronto me di cuenta (sí, incluso siendo tan obtuso como era) que Brenda tenía un don para la hospitalidad y una calidez tanto con los amigos como con la gente que apenas conocía. Con todo, cada vez que invitaba a otra pareja o a la familia, sus preparativos desafiaban mi cordura.

—Fred, ¿podrías traer las servilletas? —me pedía desde la sala adonde, casi siempre, se encontraba acomodando las revistas que estaban sobre la mesa de centro.

—¿Te refieres a las que están en la despensa? —preguntaba yo desde la cocina.

—¡No, las servilletas de papel no! Trae las de tela que se encuentran en la vitrina. Harán que cada uno se sienta especial —respondía Brenda.

—Muy bien, las pondré sobre la mesa —decía un tanto ofuscado.

—No, no, no las pongas así en la mesa. Acomódalas como lo hacen en el restaurante Elwell, como si fueran carpas. ¿No quedan prolijas de esa manera?

—No sé cómo hacer eso —respondía yo y luego murmuraba—, ni tampoco me interesa aprender.

—¡No hay problema, amor! Te enseñaré. ¡Es divertido! —me decía.

Venía a la sala adonde yo estaba, tomaba las servilletas de tela, las doblaba para aquí y para allá, ¡y listo!, allí estaban las servilletas como carpas firmes sobre la mesa.

—Ah, de paso, vamos a dejar que los niños sumerjan malvaviscos en un flan de chocolate. ¿No será divertidísimo? —preguntaba Brenda.

—Supongo que sí —respondía mintiendo—. Iré a buscar algunos palillos.

—No, los palillos no, ¡tonto! Compré unos hermosos tenedores para el flan en la tienda hoy. A los niños de Gary les van a gustar mucho más. Se sentirán muy elegantes y lo recordarán durante días —decía desbordante de felicidad.

Aquella tarde, mi mente daba vueltas a toda velocidad, pero no tenía tiempo para recobrar la razón porque Brenda también insistía en que pasáramos la aspiradora, barriéramos, sacáramos el polvo y ordenáramos todo como si viniera la reina de Inglaterra. Y encima, a pesar de que nuestra casa estaba tan prolija y limpia como chorros de oro y la mesa estaba dispuesta de manera muy atractiva, ninguno de nuestros invitados se preocupaba si se le caía la comida o desordenaba todo. Todos se sienten cómodos en compañía de nosotros. No sé cómo lo hace Brenda.

Como dije, es un don. Naturalmente, yo pensé que era la tonta, pero recibir gente parecía ser lo suyo, así que casi nunca me quejaba... al principio.

Luego, nuestros cuatro hijos comenzaron a crecer. Las servilletas en forma de carpitas no significaban nada para ellos. Demandaban atención sin parar, estaban ocupados y hambrientos, lo cual entorpeció el estilo de Brenda y limitó su tiempo de preparación para los invitados. Algunas veces había que hacer frente a otra crisis como comprar nuevos calzados deportivos para las Ligas Menores que comenzaba al día siguiente. Al verse obligada a forzar la máquina, salía corriendo hacia el centro comercial con los nervios de punta. Al final, llegaba a casa a último momento y había que pasar la aspiradora a las alfombras y sacudir los tapetes, cosas que «sencillamente no podía hacer debido a los niños». Cuando yo llegaba a casa del trabajo, se encontraba en medio de un ataque de nervios, y la mayoría de estas tareas recaían sobre mis hombros en nuestros últimos esfuerzos, con el último aliento, por tener todo «en orden» cuando llegaran los invitados.

Fue entonces cuando me impuse.

«¿Por qué haces todo esto?», le preguntaba en tono demandante. «¡Es absurdo! A nadie le importan las servilletas en forma de carpa y a nadie le importa si la casa está perfecta. Son tus amigos, ¡por caridad! Si no pueden soportar un poco de desorden, que se vayan a comer a otro lado. Mejor aun, ¡que se consigan nuevos amigos!»

Cuando este argumento dejó de surtir efecto, cambié de táctica.

«¡Mira lo que pareces!», le gritaba. «¡Andas por allí corriendo como una loca y a nadie siquiera le importa! Alteras a los niños y me alteras a mí. He llegado al punto en que no quiero que venga nadie, nunca más. ¡Termina de una vez!»

Estoy seguro de que hería los sentimientos de Brenda con frecuencia, pero alguien tenía que intervenir para decir lo que había que decir. Sabía que tenía razón. ¿La tenía?

¿SE TRATA DE UN MINISTERIO?

Luego de uno de mis sermones, Brenda me dijo en medio de las lágrimas:

—No puedo invitar más a la gente hasta que los niños sean mayores. Si no lo puedo hacer como se debe, no quiero hacerlo de ninguna manera.

Esto era aun más loco. Yo no quería decir que no debíamos invitar amigos. Me gustaba tener compañía.

—Brenda, ¿quieres decir que nos vas a privar a nosotros y a los niños de recibir a nuestros amigos solo porque no puedes hacer todas las cosas a la perfección? ¿No es un poquito extremista?

—¿No te das cuenta, Fred? —me dijo con un ruego en sus ojos—. No pretendo que te preocupes por esto como yo lo hago, pero tener todo en condiciones es importante. Para mí, invitar amigos a casa es un ministerio.

¿*Un ministerio*? Era la primera vez que escuchaba esta palabra en relación con una reunión de amigos un sábado por la noche para comer costillas y mazorcas de maíz a la barbacoa. La palabra fue para mí como un golpe en medio de los ojos. ¿Brenda lo veía como un *ministerio*? Por fin comencé a entenderlo y, cuando lo hice, reconsideré cómo había estado tratando la situación.

Por lo general, cuando se acercaba la hora clave, sin mucho entusiasmo ayudaba con los niños, recogía algunas cosas en la casa o barría afuera. Esquivaba el bulto hasta que podía responder al timbre de la puerta y podía darles la bienvenida a nuestros amigos. Entonces era cuando, por fin, se terminaban todos los preparativos.

Tenía que imponerme, ¡claro, a mí mismo! Tenía que dejar espacio para que floreciera el don de la hospitalidad de Brenda.

Si venían amigos un día de semana, comenzaba por llegar a casa del trabajo una hora más temprano para ayudar en las tareas. Los fines de semana, me aseguraba de estar en casa *horas* antes de que nuestros invitados llegaran. Me hacía cargo de las tareas menos importantes como pasar la aspiradora y sacudir el polvo, y así dejaba a Brenda en libertad para sus toques especiales. Lavaba cacerolas y recipientes a medida que las recetas pasaban de un nivel al otro. En invierno, quitaba la nieve de la entrada o barría el caminito de entrada en el verano. Encendía el fuego en la chimenea y acomodaba los almohadones en el sofá. Al poco tiempo, colgué un cartel que decía: La limpieza somos nosotros.

Me di cuenta de que Brenda y yo estábamos más cerca cuando trabajábamos juntos en pro de la meta común de tener una casa impecable para recibir invitados hambrientos que disfrutarían de una de las estupendas comidas caseras de mi esposa.

Sin embargo, no solo se trata de la meta común. Ni siquiera se trata de que ahora comprenda el don de Brenda ni que sienta la misma urgencia que la lleva a hacerlo todo porque no es así. Es que comencé a reconocer que tiene un ministerio válido aquí mismo en nuestra casa y empecé a honrarlo a la par de mis propios ministerios.

Así, ella siente unidad conmigo. La esencia de Brenda es la que establece los términos de la unidad. Si atropello su don de la hospitalidad, no habrá unidad.

Pensemos en esto por un instante. Ningún amo compraba un esclavo con la esperanza de que este sirviente dificultara más la expresión de sus dones y ministerios, y ningún siervo ponía el lóbulo de la oreja contra el marco de la puerta con el deseo de hacerle más difíciles las cosas a su amo. Lo amaba y renunciaba a todo a fin de asegurar que su amo viviera a plenitud, a fin de que sus dones y ministerios florecieran en todo su esplendor.

¿Qué me dices de tu esposa? ¿Le facilitas la tarea de agradar a Dios?

Imagina la libertad que tenía para servir a Dios antes de casarse. Cuando Dios tocaba su corazón para que hiciera algo, sencillamente lo hacía. Cuando Dios le pedía que diera de su dinero para un misionero que lo necesitaba, obedecía. Honraba las convicciones del Espíritu sin ninguna interferencia. Podía descansar cuando lo necesitaba y orar cuando lo deseaba. Ahora, todo debe pasar por ti, ¿no es cierto?

No obstante, ella esperaba aun más libertad después del matrimonio. ¿La consiguió? ¿Le has hecho lugar y le has puesto el hombro a las cargas para que en verdad logre florecer?

Descubre quién es

Fred no es el único transgresor en este campo de negarse a permitir que la esposa florezca. Mi esposa, Sandy (habla Steve), es una de las mujeres más creativas del mundo. Cuando pone una lámpara junto a una silla, puedes estar seguro de que allí es donde debe estar. Todo lo que toca se siente bien y se ve fabuloso. Dios le dio muchos talentos creativos. Aun así, cuando nos casamos, no me importaba en lo más mínimo. Lo único que quería era que se pareciera a las mujeres a las que estaba acostumbrado. Deseaba estar cómodo y ni siquiera consideraba cómo se sentía frente a la forma en que yo la trataba. La creatividad de Sandy hasta se aplicaba a las prendas grandiosas que se compraba. Aunque tenía un gusto y un estilo que otras mujeres envidiaban, a mí no me interesaba. Quería que se vistiera como una joven ricachona perteneciente a alguna de esas universidades prestigiosas. Le compré shorts escoceses con pliegues, calcetines hasta la rodilla y blusas almidonadas con grandes lazos alrededor del cuello. Hombre, estaba orgulloso cuando se vestía como yo quería. Ah sí, estaba apagada, irritable y enojada, pero a mí me parecía perfecta.

Tengo una fotografía suya con uno de esos equipos escoceses de mal gusto que le compraba, y me rompe el corazón verla. Qué pedazo de tonto era al esperar que luciera tan sencilla, apagada y aburrida en lugar de dejarla expresarse por sí misma. ¿Por qué me llevó tanto tiempo ver sus dones únicos y mi propia responsabilidad de ayudarla a desarrollar esos maravillosos dones en lugar de pisotearlos? Como tantos otros hombres cristianos, pensé que mi tarea era ser el jefe y lo que yo decía era lo más importante. Los sentimientos de mi esposa no significaban nada en comparación con la manera en que a mí me parecía que debían ser las cosas.

Esta actitud del corazón es destructiva para cualquier relación y para las mujeres en general. Precisamente hoy me encontré con Rich Steams, el presidente de Visión Mundial, y conversamos sobre la difícil situación de las mujeres alrededor del mundo. La pobreza que experimentan tiene muchas causas, pero tanto él como yo estuvimos de acuerdo en una de las principales: el pecado de los hombres. Son los hombres los que, en forma pecaminosa, maltratan a estas mujeres, las tratan como a ciudadanos de segunda clase, las usan y luego las tiran o las abandonan sin pensar en lo que es bueno o mejor para ellas. ¡Algunos hombres son más considerados con sus mascotas que con sus mujeres! Y este trato mantiene a las mujeres postradas, alejadas por completo de la persona que Dios tenía en mente.

¡Qué lejos está esta imagen del ideal de Dios de una mujer que recibe el cuidado de un hombre! Por lo tanto, evalúa el trato que le das a tu esposa. Si no eres amable y considerado, confiésaselo, pídele que te perdone y comienza a transitar el camino para descubrir al fin cómo quería Dios que fuera ella.

¡ESCUCHA CON ATENCIÓN!

Tal vez te resulte difícil reconocer el ministerio de tu esposa, pero siempre podrás *escuchar* su urgencia si mantienes las antenas en alto. Aquí tienes un ejemplo.

Mi vecindario (el de Fred) está rodeado por una acera de cemento de tres kilómetros y a Brenda y a mí nos encanta hacer ejercicio allí dando cinco vueltas en bicicleta en las noches cálidas de verano. En la penumbra de una noche, mientras dábamos la cuarta vuelta alrededor de nuestra casa, vimos a nuestro amigo Jack que hablaba en la entrada de su casa con José, un conocido de la iglesia. Ansiosos por terminar las cinco vueltas antes de detenernos, los saludamos animadamente con la mano y seguimos pedaleando. Cuando llegamos balanceándonos luego de la última vuelta, nos encontramos con que el auto de José se había ido y Jack había vuelto al interior de su casa.

Preocupados al pensar que Jack hubiera podido pensar que habíamos sido descorteses al no detenernos antes, Brenda dijo:

—Tal vez deberías ir a explicarle a Jack que queríamos completar nuestras vueltas antes de detenernos a conversar con él y con José.

Sí, claro. En primer lugar, tenía cosas mejores que hacer. Estaba grabando algunos temas musicales para nuestro director de música y deseaba terminar la tarea antes de irme a la cama. En segundo lugar, estaba oscureciendo. Jamás llamo a la puerta de un vecino cuando ha oscurecido en el verano. Tal vez sea cosa de hombres, pero el hogar de un varón es su castillo y una llamada a la puerta después que oscurece es un asalto a la paz de su reino. En tercer lugar, sabía que Jack era un hombre hecho y derecho. Sin duda, no le había prestado atención a este incidente porque a los hombres estas cosas nos tienen sin cuidado. No quería hacer algo de la nada. En cuarto lugar, solo los mariquitas andan corriendo de aquí para allá asegurándose de que los sentimientos de todos estén bien. En quinto lugar, Jack se encontraba en un estado de ánimo amigable cuando hablaba con José, pero yo no. Sabía que si llamaba a su puerta, se quedaría hablando durante treinta o cuarenta minutos.

—De ninguna manera es necesario, Brenda —le dije—. Jack ya se ha olvidado de que pasamos en las bicicletas junto a él. Créeme.

—Sí, pero últimamente, unas cuantas noches, hemos pasado junto a él y tuve la impresión de que quiere decirnos algo. Solo quiero que sepa que salimos a montar en bicicleta para hacer ejercicio, no por placer. No nos detenemos porque necesitamos completar el trabajo aeróbico, no porque seamos antipáticos.

Mis niveles de irritación subieron dos puntos. El proyecto de la música me esperaba y antes de que me diera cuenta sería hora de irme a dormir. Cerré la puerta del garaje e hice a un lado a Brenda para pasar a la sala mientras le decía:

—Mira, no voy a permitir que tus percepciones se apoderen de mí. Si piensa que soy maleducado solo porque no me detengo cada vez que paso junto a su casa en bicicleta, es problema de él. Tengo mi propia casa y mi propia vida y no tengo que explicarles mis decisiones a todos los vecinos que encuentro por el camino. Además, sé que para él no tuvo ninguna importancia. Los hombres somos así.

Me senté e inserté un CD. Brenda vino pisándome los talones y se sentó sabiendo que no sería fácil convencerme.

—De verdad me parece que es lo que se debe hacer —me sugirió.

—Entonces ve tú y habla con Jack. Yo tengo cosas que hacer aquí, como grabar algo de música.

—Vamos, sabes que no puedo hacer eso. No puedo llamar a la puerta y decirle a Tonya: "Hola, ¿puedo hablar con Jack?" ¡Es demasiado raro!

A esta altura, yo había alcanzado los límites conocidos de la paciencia.

—Siempre tenemos que hacer las cosas a tu manera en este aspecto, ¿no es así? Piensas que eres la única persona en la familia que sabe todo acerca de las relaciones.

—Sabes que tengo un sentido más agudo para estas cosas que tú —me recordó sin mucha amabilidad.

—Eso no quiere decir que nunca te equivoques y que yo nunca tenga razón —respondí a manera de contraataque—. Es un varón. Conozco a los varones. No le ha dado importancia.

—Bueno, sigo pensando que deberías ir —dijo Brenda.

Aunque no estaba dispuesto a cambiar de idea ni a ceder un ápice, de repente supe que pronto me encontraría remontando la calle. Aunque no entendía por qué esto era tan importante para ella, podía escuchar que lo era. Sencillamente no podía dejar de pensar en eso. No me había dado una razón convincente, pero debía haber alguna. Decidí que iría, pero me tomaría mi tiempo. No tenía ningún apuro de quedar como un tonto frente a Jack.

Como no podía leer mis pensamientos, Brenda supuso que le estaba aplicando el tratamiento del silencio.

—Muy bien, hazlo a tu manera —refunfuñó Brenda—. Tengo que ir arriba a lavarme para irme a la cama.

No iba a permitir que ese tiro quedara sin respuesta.

—Bueno, eso es muy amable de tu parte. ¿Te vas a dormir después de mandarme afuera quién sabe por cuánto tiempo? No me esperes levantada. Es probable que no regrese jamás.

Lo sé, me estaba comportando como un gran bebé, pero tenía motivos.

Me subí a la bicicleta y pedaleé hasta la casa de Jack. A esta altura, estaba bien oscuro y me sentí como un gran cabeza de chorlito llamando a la puerta del castillo de Jack. Cuando abrió, Jack se mostró genuinamente sorprendido. Con una gran sonrisa me tendió la mano.

—Hola, Fred, pasa y siéntate —dijo manteniendo su gran sonrisa—. ¡Vamos a hablar un poco!

Lo sabía.

Decidí obsequiarle una descripción cuadro por cuadro de los últimos veinte minutos, imaginando que nos íbamos a poder reír bastante de la manera de pensar de las mujeres.

Jack entendió hacia dónde iba.

—Escucha, cuando tú y Brenda pasaron pedaleando no le presté ninguna atención. Jamás se me cruzó por la mente.

—Eso pensé —dije, mientras acariciaba el pensamiento: *¡Espera a que Brenda escuche esto!*

Nos sentamos y hablamos durante... cuarenta minutos, yo tenía razón.

Por cierto, estuve allí tanto tiempo que Brenda pensó que tenía que ir a rescatarme pedaleando en su bicicleta hasta la casa de Jack. Mientras nos dirigíamos juntos al hogar, preguntó con cautela:

—Y bien, ¿qué dijo?

—Dijo que no le había prestado atención.

—Ah, lo dijo solo por ser amable.

Me encogí de hombros y dije:

—Lo dudo. Los hombres no somos tan complicados. Además, yo estaba seguro de que no le había dado importancia.

Seguimos andando el resto del camino en silencio. Brenda sabía que yo había tenido razón.

Cuando nos preparábamos para irnos a la cama, me senté en mi silla y le dije:

—Brenda, debes decirme algo. Fui a casa de Jack a pesar de que sabía que en verdad no era necesario. Lo hice por ti, y solo por ti, solo porque a ti te parecía importante. ¿Eso significa algo para ti?

Esperaba una respuesta sencilla, discreta. Quedé sorprendido ante su entusiasmo al exclamar:

—Ay, sí, ¡significó mucho para mí! He sentido este impulso de acercarnos más a nuestros vecinos. Me parece que no hacemos lo suficiente en este sentido y, como cristianos, deberíamos hacer una tarea mejor. Pensé que estabas haciendo algo importante en este sentido y para mí fue importantísimo.

Si me tocaban con una pluma, me desplomaba. Nuestro medidor de intimidad registró niveles elevados aquella noche, y algo tan simple como ir hasta la casa del vecino a instancia de Brenda, le transmitió muchas cosas a su corazón.

Claro, yo tenía la razón. Si existiera alguna posibilidad de ejercer el papel de Jefe del Desempate, esta era una. Hubiera podido usar este recurso para quedarme en casa y acostarme a tiempo con el proyecto de música terminado; ¿pero hubiera sido justo? Hubiera apagado su voz antes de escuchar la urgencia que había en su corazón, enterrando su ministerio.

Un siervo siempre deja espacio para los dones y ministerios de su amo, a fin de que este viva y florezca a plenitud. Es por eso que debemos seguir hablando con nuestra esposa, no tanto para entender, sino para escuchar sus sentimientos. Debemos dejar espacio para lo que Dios le pone en el corazón y debemos respetar sus dones, aunque sea difícil reconocerlos. Sin embargo, nuestro esfuerzo por dejar espacio para sus dones libera su esencia para encontrar su lugar en el matrimonio.

Preguntas para la reflexión y la discusión

1. ¿Qué oportunidades tienen tú y tu esposa de trabajar juntos en algún propósito común?

2. ¿De qué maneras concretas le facilitas a tu esposa la tarea de servir y agradar a Dios?

3. ¿De qué manera concreta has permitido que florezcan los dones de tu esposa?

4. ¿Cómo evaluarías los dones de tu esposa? ¿Y en qué oportunidades del ministerio se siente más satisfecha?

Dejemos espacio para su debilidad

El siervo amaba a su amo con todo su corazón. ¿Y por qué no? A pesar de que tenía sus debilidades, seguía lleno de misericordia y gracia, y por cierto, era digno del amor de su siervo. *Mira todo lo que mi amo hace por mí a pesar de sus debilidades.* En lugar de sentirse molesto con las mismas, el siervo las aceptaba con amor. Cada vez que podía, trataba de suplir las debilidades de su amo con su propia fuerza.

El corazón de siervo nos permite hacer lo mismo por nuestras esposas. Sí, tu esposa tiene debilidades que pueden hacer que sea difícil apreciarla, tal como tus debilidades pueden hacer que, a veces, a ella le resulte difícil apreciarte. Sin embargo, ella es un regalo de Dios que Él escogió en particular para ti con una razón, y el amor es una razón que se encuentra detrás de la mayoría de los regalos.

Tomemos, por ejemplo, el Día de los Padres. No hay manera de decir cómo se traducirá el amor en regalos en esta ocasión. Tengo cuatro hijos, así que recibo cuatro regalos de amor. En un Día de los Padres típico, puedo recibir una nueva chaqueta impecable, un CD fantástico de mi cantante cristiano favorito, otra corbata y una piedra pintada.

¿Qué se supone que debo decir? «Vaya, aprecio de verdad el CD, y la chaqueta me vuelve loco, pero ustedes dos hagan algo más útil. ¡Saquen esos regalos de aquí!» No, cuando se trata de regalos, tomas lo bueno junto con lo malo y te sientes muy feliz de hacerlo por el bien de los sentimientos de tus hijos porque el amor fue lo que motivó sus corazones.

De manera similar, como tu esposa es el regalo terrenal más precioso que Dios te ha hecho, seamos realistas, el paquete viene con algunas piedras pintadas dentro de todo el conjunto. ¿Por qué Dios hace esto? El amor es el propósito del corazón de Dios. Estas «malas» cualidades tienen como fin mejorarte, no amargarte. No debemos sentirnos molestos.

Un propósito transformador

Cuando me casé con Sandy (Steve), no daba crédito a la cantidad de cosas sobre ella que no me enteré antes. Comencé a ver todo lo que no me gustaba, lo que me hacía sentir incómodo. Me embarqué en la misión de cambiarla a fin de tener la libertad de ser yo mismo. En realidad, lo que buscaba era una excusa para no crecer. Con el tiempo, descubrí algo que tú también puedes descubrir: *Las cosas que más me irritaban eran las que Dios usaba para transformarme.*

A Sandy, por ejemplo, le gusta que las tareas se hagan de una vez y se quiten del camino, y para una persona como yo, que le gusta dilatar las cosas, eso era un verdadero desafío y no podía sobreponerme a lo discutidora que era (al menos, eso era lo que yo pensaba). En realidad, su «discusión» era sinceridad pura y amorosa. Si alguien se pasaba de la raya, le hacía frente en lugar de actuar como si nada hubiera sucedido, el camino contrario al que yo hubiera seguido.

Todas las diferencias de Sandy eran, para mí, un desafío de parte de Dios para crecer. Las diferencias de ella me han hecho lo que soy hoy. Si de manera ingenua me hubiera adorado y me hubiera permitido seguir siendo el mismo, Dios no hubiera obrado en mí de la manera que lo ha hecho, y esa obra no seguiría hasta el día de hoy. Por fortuna, no sigo pensando en lo «difícil» que es Sandy; en cambio, busco las esferas en que necesito cambiar como respuesta a nuestras diferencias. La transformación en mí no es fácil ni indolora, pero estoy muy agradecido de que tenga lugar día a día, gracias a ella.

Dios quiere que el matrimonio sea un agente transformador en tu vida y debes aceptar este propósito divino. Él quiere que el matrimonio lime los bordes ásperos y eligió a tu esposa (este paquete en particular, justo con esas fallas) porque era la más adecuada para cumplir con esta tarea en ti. Te obligará a crecer, de tal manera que aprenderás a amar cuando no sientas deseos de hacerlo. Y lo que es más importante aun, Dios quiere que seas un agente transformador en *su* vida. Un siervo siempre conoce su lugar porque Dios se lo ha definido:

> Por la gracia que se me ha dado, les digo a todos ustedes: Nadie tenga un concepto de sí más alto que el que debe tener, sino más bien piense de sí mismo con moderación, según la medida de fe que Dios le haya dado. (Romanos 12:3)

En otras palabras, no te olvides de que tú también tienes debilidades y que esperas que ella las trate con gracia aunque le limen con fuerza sus aristas. Como Siervo en Jefe, puedes enseñarle a amar a alguien a pesar de sus debilidades. En mi matrimonio (Fred), tenemos que admitir que Brenda aprendió primero la lección. Mi carácter era más que una debilidad: Era pecado... y vaya, ¡qué mezcla tan desagradable! Y aunque algunas veces me *regañó* con el dedo índice, nunca me degradó. Tampoco me castigaba verbalmente cada vez que yo cometía un error. Nunca dejó de perdonarme cuando se lo pedí. Nunca dejó de abrazarme cuando me disculpaba luego de otro fracaso más. Hasta llegó a llorar junto a mí cuando le confesé cómo mi niñez me había envuelto con estas ataduras tan fuertes. A lo largo de todo este proceso, jamás se retrajo en nuestra intimidad sexual, aunque algunas veces debo haber parecido repulsivo a sus ojos. Sabía cómo permitir que sus puntos fuertes compensaran mis debilidades y actuaran como una sal purificadora en mi vida.

Esta es, también, la intención de Dios para el matrimonio. No solo debemos aceptar las debilidades de nuestras esposas con misericordia y gracia, sino que nuestros puntos fuertes y nuestro compromiso amoroso deben servir como una sal purificadora en su vida. Tú y tu esposa están echando una nueva rama en el árbol genealógico. Como su líder, Dios desea que crezcan como la rama más fuerte y pura que sea posible:

> El hombre es como la hierba [...] Pero el amor del SEÑOR es eterno y siempre está con los que le temen; su justicia está con los hijos de sus hijos. (Salmo 103:15, 17)

Dios se interesa en nosotros como individuos, no te quepa la menor duda. A través de Jesús, Dios vino a buscarnos como individuos y murió por nosotros como tales. Aun así, también está interesado en nosotros como nexos en una cadena muy importante. Conoce el poder de la herencia que se pasa de una generación a otra, y con cuánta facilidad el mensaje de salvación puede pasar a nuestros hijos en un hogar purificado.

Jonadab es un hombre relativamente poco conocido de la Biblia, pero es un modelo de gran valor para los esposos (lee su historia que comienza en 2 Reyes 10:15). Lo encontramos por primera vez caminando por las calles de Samaria cuando Jehú derroca a Acab.

Jehú tenía una orden de parte del profeta de Dios de derrocar a este rey perverso, y se entregó con celo a la tarea. Al andar en su carro por Samaria asesinando a los setenta hijos de Acab y destruyendo toda señal de adoración a Baal que pudiera encontrar, divisó a Jonadab, hijo de Recab, y lo invitó a subir a su carro. Es probable que deseara mostrar su celo delante de Jonadab que era conocido por todos como uno de los hombres más piadosos de sus días, que se oponía con energía a la adoración a Baal y a todo lo que se levantara en contra de Dios.

A Jonadab no se le menciona de nuevo hasta el libro de Jeremías.

> La palabra del SEÑOR vino a mí, Jeremías, en los días de Joacim hijo de Josías, rey de Judá: «Ve a la familia de los recabitas, e invítalos para que vengan a una de las salas de la casa del SEÑOR, y ofréceles vino».
> Entonces fui a buscar [...] a todos sus hijos, y a toda la familia de los recabitas. Los llevé a la casa del SEÑOR [...] Les serví a los recabitas jarras y copas llenas de vino, y les dije: «¡Beban!»
> Ellos me respondieron: «Nosotros no bebemos vino, porque Jonadab hijo de Recab, nuestro antepasado, nos ordenó lo siguiente: "Nunca beban vino, ni ustedes ni sus descendientes" [...] Nosotros obedecemos todo lo que nos ordenó Jonadab hijo de Recab, nuestro antepasado. (Jeremías 35:1-6, 8)

Una vez más, el pueblo de Dios se había extraviado y lo ignoraba. Dios quería mostrarle a Jeremías una verdad importante para hablar en contra de los hijos de Israel:

> Y vino palabra de Jehová a Jeremías, diciendo: Así ha dicho Jehová de los ejércitos, Dios de Israel: Ve y di a los varones de Judá, y a los moradores de Jerusalén: ¿No aprenderéis a obedecer mis palabras? dice Jehová. Fue firme la palabra de Jonadab hijo de Recab, el cual mandó a sus hijos que no bebiesen vino, y no lo han bebido hasta hoy, por obedecer al mandamiento de su padre; y yo os he hablado a vosotros desde temprano y sin cesar, y no me habéis oído. (Jeremías 35:12-14, RV-60)

Es probable que el término *hijos* se refiera a todos los discípulos, pero con seguridad incluye también a los descendientes. ¿Sabes cuánto tiempo había pasado desde que Jonadab había dejado su ejemplo? ¡Doscientos años! La obra purificadora que comenzó en su árbol genealógico tuvo un impacto tal que se sintió hasta diez o quince generaciones posteriores.

Jonadab me recuerda (Fred) a la tatarabuela de mi pastor, John Palmer. Al final del siglo diecinueve, esta mujer que provenía de un entorno impío se entregó a Cristo. Fue tan fiel a Él y su ejemplo fue tan poderoso, que en los cien años siguientes cada uno de sus descendientes ha sido pastor, o esposa de pastor, misionero o esposa de misionero. Se podría decir que fue una rama fuerte en su árbol genealógico.

En contraposición, mi árbol genealógico está plagado de pecado: En sus ramas encontrarás adulterio, pornografía, incesto, abuso sexual, abuso físico y muchos otros ejemplos de odio, discordia, celos, arranques de ira, ambiciones egoístas, juergas, embriaguez y cosas por el estilo. Algunas de estas características también habían echado raíces en mí.

En algún momento, todo hombre debe tomar una decisión: ¿Purificaré mi rama del árbol o permitiré que su veneno se filtre a través de las generaciones, dejándole esta tarea a un hombre mejor que aparezca en la línea? Si deseas purificar tu rama, una actitud desinteresada como la de Abraham de seguro será un buen modelo para adoptar. Dios lo eligió para que fuera el padre de muchas naciones porque Él sabía que guiaría a su familia para que lo siguiera. ¿Dios sabe eso acerca de ti? ¿Cuál es la evidencia?

UNA ESTACA EN LA TIERRA

Para purificar la rama de tu árbol genealógico debes comenzar por detener el flujo de veneno generacional clavando una estaca en la tierra y declarando delante de Dios que harás que tu familia lo siga.

Al hacerlo, creas para siempre la generación de transición en la herencia de tu familia. Sacas a tu familia de un modelo de enfermedad a una experiencia continua de vivir con Dios. En las generaciones futuras, la gente mirará a tu árbol genealógico y verá que una vez que brotó tu rama, la familia nunca volvió a ser la misma. Verán que bajo tu liderazgo, la vida de las generaciones venideras recibió la influencia para bien en lugar de mal. Ir en contra de las tendencias de las generaciones pasadas no es cosa fácil de hacer, pero vale la pena el esfuerzo por marcar un nuevo rumbo.

Estableces este nuevo rumbo al estudiar las normas de Dios y al comprometerte a vivir de acuerdo con ellas sin mezclarte en todas tus esferas grises. Un ejemplo sería el enfoque que se da a la pureza en nuestro libro *La batalla de cada hombre*. Declaramos con claridad la norma de Dios de pureza sexual al usar sus propias palabras: «Entre ustedes ni siquiera debe mencionarse la inmoralidad sexual» (Efesios 5:3). La intención de Dios es clara, y dedicamos todo el libro a mostrarles a los hombres cómo deben preparar sus ojos y su mente a fin de rechazar imágenes sensuales que resultan en una gratificación sexual impura.

El pecado sexual era prácticamente un derecho de herencia para mí (Fred) y le hacía honor a este legado. Para purificar mi rama del árbol y eliminar esta herencia tuve que comprometerme, sin buscar acuerdos, con las normas de Dios para la pureza sexual. Por supuesto, es mucho más fácil dejar que este veneno se filtre a través de las generaciones. Una persona que conocemos responde a las normas de Dios diciendo: «No es posible que Dios espere que vivamos de esa manera». Otro escribe: «Estoy asombrado por las conclusiones que han sacado de este versículo. En cuanto a la desviación de la mirada de los hombres, esperan demasiado de la naturaleza "reproductora" de cada hombre. No creo que sea muy realista esperar que ellos acaten estas normas».

Cuando las normas de Dios nos parecen demasiado difíciles, tratamos de mezclar un poco de nuestro gris con su blanco y negro para crear algo nuevo, algo cómodo, algo mediocre. Aunque sea cómodo, seguimos tan atrapados por nuestros pecados como lo estuvieron nuestros ancestros, y nuestra conciencia se enturbia hasta que llega el momento en que ya no logramos decir qué está bien y qué está mal.

Cuando clavamos la estaca en la tierra y nos comprometemos a seguir las normas de Dios sin hacer acuerdos, detenemos la corriente de viejo veneno e impedimos que pase a nuestra nueva rama. Para completar el proceso de purificación es necesario derramar misericordia y gracia en nuestros hogares a través de los años, y lo hacemos al seguir los principios de la sumisión mutua y al amar aun en medio de las debilidades. Como hemos visto, esta manera de comportarse no es una vía de un solo sentido. A través del amor y la misericordia, Cristo usó a Brenda para ayudarme a purgar mi carácter y podar ese temperamento repugnante tan común en mi árbol genealógico.

Como esposos, todos debemos hacer lo mismo. Debemos amar a nuestra esposa por lo que es hoy y permitir que Cristo nos use a fin de ayudar a edificar su carácter (de acuerdo con su plan, no al nuestro). Es poco probable que tu esposa comience su vida de casada siendo mucho más maravillosa que tú. Es verdad, ahora está casada y es «grandecita», como se lo prometió algún día su madre, pero no siempre se *siente* así y, por cierto, no siempre *actúa* como si fuera grandecita. Todos venimos al matrimonio con diferentes niveles de inmadurez.

UN HOMBRE PARA SU DEBILIDAD

¿Qué equipaje lleva tu esposa? Sin duda, no es inmune. Es probable que lleve el equipaje de sucesos traumáticos, como el golpe devastador del divorcio de sus padres o el intenso abuso verbal de su padre. A innumerable cantidad de niñas las manosean y las violan sus primos, tíos y padres a lo largo de los años. Conozco la historia de un líder laico que con regularidad violaba a la hijita de un amigo, y seguía citando las Escrituras como si tal cosa.

Jamás olvidaré (Steve) la noche en que escuché a Chuck Swindoll al dirigirse a unos diez mil cristianos y justo en la mitad de su amonestación para que todos hiciéramos lo que Dios manda, escuché una declaración que hasta nos hizo contener la respiración a todos. No solo se hubiera podido escuchar a un alfiler que caía al suelo en aquel gran estadio, sino que se hubiera podido escuchar cuando comenzaba a caer. Proclamó: «Sé que algunos de ustedes tienen relaciones sexuales con sus hijos y les digo que dejen de hacerlo. Les pido que dejen de hacerlo. Deben considerar el impacto que esto tiene en ellos. Deben dejar de tener relaciones sexuales con sus hijos». ¿Por qué lo dijo? Porque era pastor de una iglesia y escuchaba las confesiones de los miembros y los líderes que habían estado involucrados en relaciones incestuosas. Si ese eres tú, repito lo que Chuck dijo esa noche, lo cual espero que haya sido un momento decisivo para muchos de los que lo escucharon: «Debes dejar de tener relaciones sexuales con tus hijos».

Hace poco, la publicación *Cerebrum* informó que el trauma del abuso infantil cambia en verdad las conexiones del cerebro tanto en la función como en la estructura. Los efectos incluyen un desarrollo más pobre del hemisferio izquierdo, una reducción en puntos de transmisión en el cuerpo calloso y disturbios en los impulsos eléctricos en varias partes del cerebro. Las anormalidades pueden durar a lo largo de la edad adulta, y dejan a la víctima con problemas tales como la agresión, un control emocional pobre, trastornos de memoria y atención, y serias perturbaciones en la personalidad y el estado de ánimo.

Aunque el divorcio o el pecado no hayan producido un trauma en tu esposa, las luchas de la vida adulta pueden dejarla fuera de combate por largo tiempo. Todos vivimos al este del Edén, bajo la maldición del pecado. La vida es como una aplanadora que, con facilidad, arrolla nuestros débiles sueños de compañerismo y de unidad. Por lo general, tenemos que trabajar largas horas con el sudor de nuestra frente a fin de pagar las cuentas y no siempre nos vemos todo lo que desearíamos. Algunas veces los jefes nos usan y nos golpean y dejan nuestras mentes tan entumecidas que no tenemos deseos de hablar cuando llegamos a casa. Y el dolor del parto trae al mundo a bebés llorones tan maldecidos por el pecado como nosotros.

Como sabes, traje mucho equipaje al matrimonio. A pesar de que Brenda trajo solo un bolso de mano, sin duda no era una panacea. La aplanadora de la vida la había arrollado y estaba dolorida. Algunas veces, no era para nada maravillosa.

Venía de un hogar lleno de paz en el cual todo era estable, pero durante los primeros meses del matrimonio, el mundo se le vino abajo por todos lados. No es necesario que vuelva a mencionar las razones, pero ella se tambaleaba bajo toda esta presión. Luego nació Jasen, un bebé difícil que no quería dormir. El desaliento de Brenda casi nos debilita a los dos. Confundida, no soportaría otro golpe. A mí no me parecía que fuera para tanto. Ella no era para nada lo que esperaba de una esposa.

Gracias a Dios que había hecho aquel trato con Él de «comer arena». Al leer acerca de Urías por primera vez, comencé a ver a Brenda de una nueva manera. En lugar de despreciarla a ella y a sus debilidades, comencé a cargar con esas debilidades como si fueran mías. Por ejemplo, yo tengo una voluntad muy fuerte, y puedo manejar situaciones físicas difíciles. Decidí levantarme cada vez que mi hijo se despertara por la noche, a pesar de que Brenda dejó de trabajar fuera de la casa después que nació Jasen. Desde un punto de vista lógico, como ella no «trabajaba» y podía descansar en diferentes momentos durante el día, tendría que haberse levantado. Yo le hubiera podido decir: «Vamos, ya estás grandecita. ¡No esperes la ayuda de nadie para salir adelante y ponte firme!». Con todo, todavía no podía actuar como una niña grandecita. Así que tuve que amarla como era.

Brenda se había casado conmigo y era mi ovejita. Es verdad que ya no era la persona con la que pensaba que me había casado, y no siempre sentía ternura hacia ella, pero seguía sobrellevándola porque era lo debido.

Durante ese período, me di cuenta de algo peculiar. El agotamiento físico por amamantar, el sueño irregular por la noche (ella se levantaba para amamantar a Jasen y luego me lo daba a mí) y el agotamiento sicológico la debilitaron. Si se levantaba por la mañana y entraba tambaleante en una cocina sucia, enseguida se desalentaba y le resultaba difícil comenzar el día. Con el ánimo que se le derretía como un muñeco de nieve en primavera, le resultaba más fácil quedarse en pijamas todo el día. No me gustaba que mi amada comenzara el día de esta manera. Es verdad, hubiera podido pedirle que entrara en camino, apretara los dientes y pusiera más empeño. Hubiera podido recordarle que no estaba a la altura de mis expectativas. En cambio, le prometí que nunca más me iría a la cama dejando la cocina sucia.

Sabía que esta promesa me iba a costar. Debido al agotamiento de Brenda, mi promesa quería decir que muchas veces se iría a la cama y me dejaría solo con todos los platos sucios y las ollas para fregar. Mi promesa significaba que muchas veces, estaría dormida cuando llegara a la cama y me perdería la parte de la relación sexual. Significaba que perdería el derecho a casi una hora de precioso sueño, pero también sabía que mi promesa me ayudaría a cuidar a mi ovejita de maneras que ella nunca hubiera soñado. Jamás rompí la promesa de la cocina.

Con el tiempo, en las manos de Cristo, Brenda creció y se convirtió en la persona que es hoy. Es todo lo que sabía que sería. No obstante, ¿sabes una cosa? Es aun más debido a nuestra unidad. Vio mi misericordia frente a su debilidad, incluso en los momentos menos maravillosos.

UNA ESPOSA PARA EL DÍA DE HOY

¿Das lugar a las debilidades de tu «ama» y amas a tu esposa por lo que es *hoy* y no por lo que quizá llegue a ser en algún futuro a lo largo del camino? No cabe duda de que las debilidades de tu esposa que estaban escondidas hasta que la vida los hizo girar a ambos en esta nueva dirección, te puedan consternar y horrorizar. Sin embargo, tu cónyuge tiene un corazón que late como el de una ovejita, un corazón que todavía salta por praderas de esperanza y de deseos, y que anhela tu amor. Tal vez sea difícil ver esta parte de ella. Quizá su padre fuera un alcohólico o un abusador que no la protegió. Es probable que no sea muy cristiana. Tal vez fue promiscua antes de conocerte.

Todas estas cosas quizá sean ciertas, pero hay otras que lo son también. Tu esposa *abandonó* su libertad individual aferrándose a ti, creyendo que le proporcionarías amor y fuerza. Ella *todavía* es la ovejita de Dios, más allá del dolor o del pecado por el que haya atravesado y de las heridas de carácter que tenga. No te olvides: Dios te la *confió* a ti. ¿Te sentirás molesto con ella o la ayudarás a restaurarse? ¿Se entusiasma tu corazón frente a la tarea de la restauración? ¿Existe una acción más noble que derramar tu misericordia sobre tu amada?

Trata a tu esposa basándote en lo que es hoy, no en lo que deseas que sea. ¿Qué tiene de malo si no es lo que debería ser hoy? ¿Acaso tú lo eres? Además, no es importante que llegue a ser todo lo que esperas. Es importante que llegue a ser como Cristo. Tu misericordia y tu fuerza la ayudarán a llegar allí.

Una cosa más. No es propio de la naturaleza humana desear hacer una tarea que no nos pertenece, en especial cuando parece que tu esposa es una debilucha y no tienes idea de cuánto tiempo tendrás que cargar con ella. Aun así, elévate por encima de tu naturaleza. Imita a Cristo para traer un cambio: «¡Dichosos aquellos a quienes se les perdonan las transgresiones y se les cubren los pecados! ¡Dichoso aquel cuyo pecado el Señor no tomará en cuenta!» (Romanos 4:7-8). Dichosa, también, es tu esposa. Necesita a alguien que la entienda, que llene los vacíos hasta que logre recuperarse. Puedes convertirte en su héroe:

> Mi padre siempre era muy mandón y dominante. Me resultaba muy pesado que me dijera todo lo que tenía que hacer, en especial después que me convertí a Cristo. Es maravilloso estar bajo el abrigo de Lee en lugar de estar bajo el dominio de mi padre.

Ten misericordia mientras tu esposa se recupera de su niñez:

Mi esposo tomó la delantera en el trabajo de la casa, a pesar de que no le gustaba. No era buena limpiando pisos y no me preocupaba en absoluto la prolijidad, a pesar de haber crecido en un hogar que siempre tenía que verse perfecto. Sin embargo, cuando mamá nos dejó, nos fuimos al otro extremo y vivimos en un chiquero. Jim sabía cómo eran las cosas en la casa de mi padre, así que fue muy bueno al animarme y ayudarme a mantener la casa limpia.

Ten misericordia cuando las debilidades de tu esposa o las simples diferencias te presionen:

Si Michael hace algo que me irrita por completo, hay veces en las que me cuesta expresarlo con el debido espíritu. Así que me impuse una regla y decidí que no diría nada hasta que lo hiciera con tacto, sin arremeter en su contra. Algunas veces me daba resultado y más tarde podía hablar del asunto de una manera considerada. Aunque otras veces daba vueltas haciendo muecas. Es un hábito horrible, pero en el proceso de tratar de contener las palabras hasta poder pensar en una manera amable de decirlas, algunas veces comienzo a hacer muecas. Por supuesto, cuando llego a la etapa de la mueca, no puedo pensar en una sola palabra amable.

    Michael no solo ha optado por pasar por alto esta debilidad, sino que se me acerca con amabilidad y me saca de mi caparazón. Insiste en escuchar mis puntos de vista y mis frustraciones. Tal vez ya sabe lo que voy a decir, pero para sacarme de mi estado de ánimo, insiste en que nos comuniquemos. La conversación siempre termina en sonrisas, lágrimas, risas y nos arreglamos, a veces, ¡hasta nos comprendemos! Mi esposo es maravilloso.

Las debilidades de tu esposa crearán dilemas y amenazarán la unidad. ¿Qué harás para sacar unidad de estos callejones sin salida? ¿Demandarás, como líder, que se enderece y que camine como debe? Sin lugar a dudas, puedes encontrar una manera más eficaz de ayudarla cuando necesita dirección. ¿Por qué no dejar de lado tus derechos de líder y amarla con gentileza a través de estos dilemas?

Las debilidades de tu esposa forman parte de la esencia de su alma tanto como sus dones, y no debes atropellar a ninguna de las dos. Te amas a ti mismo y manejas tus debilidades con misericordia y gracia, y esperas que los demás te hagan concesiones y las toleren como tú lo haces. Entonces, permite que las debilidades de tu esposa se expresen con la misma libertad que las tuyas. Luego, con gracia, trabajen juntos con amabilidad y diligencia para purificar el legado que le dejarán a los que vengan detrás de ustedes.

Yo (Steve) quiero desafiarte a que hagas lo que al fin comencé a hacer. Deja de evaluar a tu esposa y de molestarte con ella porque no cumple a la perfección con tus expectativas. Comienza, en cambio, a aceptarla y apreciarla, y a mostrárselo de maneras prácticas. Cuando exiges que cambie, o la manipulas para que lo haga, lo que logras en realidad es que se afirme más sobre sus talones para defender su territorio y la persona que es. Y cuando la aceptas y la amas de manera incondicional, baja la guardia. Ya no se aferra a su territorio porque se siente libre para dar lo mejor de sí. Se siente libre para cambiar. Libre para ser la esposa que tú necesitas.

Por lo tanto, si tu enfoque ha sido cacarear como un gallo ante cada una de las imperfecciones de tu esposa, cómete el gallo, confiésales a Dios y a ella tu actitud carente de amor y observa lo que sucede. Si ella es como noventa y ocho por ciento de las mujeres, se acercará más a ti, y tu relación continuará creciendo siempre que la aprecies y la aceptes, con imperfecciones y todo.

Preguntas para la reflexión y la discusión

1. ¿De qué manera específica logras compensar con amor las debilidades de tu esposa con tu propia fuerza?

2. ¿De qué manera ha usado Dios las diferencias entre tú y tu esposa para hacerte madurar y mejorar?

3. En términos prácticos y cotidianos, ¿qué puedes hacer en tu matrimonio y en tu familia para fortalecer y purificar tu rama del árbol genealógico?

4. En términos prácticos y cotidianos, ¿qué puedes hacer para ser misericordioso con tu esposa a pesar de sus debilidades?

Dejemos espacio para sus pensamientos

A ningún siervo se le ocurría soñar con despojar a su amo del derecho a expresar sus opiniones. Después de todo, era el amo. Tan solo por eso, sus opiniones eran dignas de ser escuchadas. ¿La voz de tu «ama» no es también digna de ser escuchada?

Cuando estábamos de novio, nuestras esposas eran dignas de hablar con nosotros acerca de cualquier tema, a cualquier nivel. Recuerda aquellos días embriagadores en los que salías con tu novia, cuando bebías con avidez cada palabra que provenía de la joven con la cual sabías que te casarías. Te encantaba escuchar todos sus pensamientos, todas sus esperanzas expuestas de par en par y todos sus sueños más profundos, mientras compartían un tazón de papas fritas en el restaurante local. Cada opinión era una hebra encantadora en el tapiz que bordaba alrededor de tu corazón. Pero luego las cosas cambiaron...

¿QUEDÓ SOFOCADA?
Cuando termina la luna de miel y nuestras diferencias nos siguen a casa, las opiniones de nuestra esposa se parecen más a cuerdas que nos enlazan y amenazan con cortar nuestra libertad e interrumpir la paz. A ningún hombre se le ocurre apagar la voz de su amada después del día de la boda, pero en los apartamentos, en los condominios y en los hogares de los principiantes a lo largo de toda la planicie, hay incontables hombres que sofocan la voz de su esposa que procura expresar sus puntos de vista. Según Jerri, los efectos que esto tiene sobre la unidad no son nada agradables:

Muchas veces, mi esposo se pone furioso cuando no sintonizo la misma longitud de onda que él. Esto conduce a una pelea en la que me dice cosas degradantes y denigrantes. No hay compasión ni consideración por lo que siento. Me resulta muy doloroso.

Sofocar la voz de tu esposa es pecar contra ella. También es pecar contra Dios porque bloquea sus propósitos para la voz de tu esposa en su reino.

Rene dice que es una mujer franca a la que no le cuesta expresar sus sentimientos. Su esposo, Paul, es un individuo más reservado que expresa pocos pensamientos con los demás, sobre todo en la Escuela Dominical. Una vez, cuando la pareja regresaba a casa de la iglesia tuvieron la siguiente conversación:

«¿Por qué tuviste que traer a colación a nuestros hijos otra vez en la clase para parejas?», preguntó él. «Y mientras estamos allí, ¿por qué tienes que hablar tanto?»

«Tengo experiencias y puntos de vista que sencillamente necesito expresar», respondió ella.

Decirle a Rene que no exhale sus pensamientos sería como decirle a una ballena que no rocíe agua a través de su orificio de ventilación. En su interior, cada vez que Paul le decía a Rene que cerrara el pico, ella sentía que lo avergonzaba. No era que ventilaba secretos familiares sobre los hijos; le daban mucho trabajo, eso era todo. *Debe haber algo en mí como persona que no le gusta*, pensó. *Yo soy así de franca, y cuando éramos novios, a él le atrajo esa cualidad.*

La pareja habló al respecto, pero este dilema no se superó en un día ni en varios meses. Sin embargo, a lo largo de los años, luego de que varias personas en la clase de la Escuela Dominical le comentaron a Paul de cuánta ayuda les resultó lo que decía Rene, poco a poco comenzó a apreciar su transparencia. Por último, dejó de decirle a Rene lo que debía decir y lo que no.

LIBERA SU VOZ

La mayor parte de los dones de tu esposa se expresarán a través de sus pensamientos y opiniones. Su voz es el vehículo a través del cual nosotros, los esposos, seremos bendecidos, por lo tanto, privarla de su voz exigiéndole que se encierre como una ostra en público neutraliza muchos de los dones que Dios le ha dado. Además, cuando le impides expresar sus opiniones en el hogar, el daño es infinitamente mayor.

Las conferencias de Mujeres de Fe han sido un éxito fenomenal debido a que Dios ha decidido usarlas para hacer escuchar la voz de algunas personas dedicadas y brillantes en la comunidad cristiana. Las oradoras han pasado de hablarles a doscientas o dos mil mujeres a hablarle a veinte mil. Estas oradoras han encontrado sus voces y las están usando para dar aliento a las mujeres en todo el país. Esa es, en realidad, la intención básica de Mujeres de Fe: alentar a las mujeres.

Después de algunos años de trabajar con este ministerio, sentí (Steve) una creciente necesidad de equipar a las mujeres y no tan solo alentarlas. Deseaba ayudarlas a encontrar las habilidades y los talentos que necesitaban para sobrevivir y para tener éxito en un mundo muy duro. A partir de los grupos de enfoque, de las encuestas y de las sesiones para volcar ideas, comenzamos a reconocer varias esferas críticas en las cuales las mujeres sentían que necesitaban ayuda para convertirse en lo que Dios esperaba de ellas. Una de las esferas mencionadas con mayor frecuencia fue la necesidad de «encontrar mi voz». Es una frase extraña, pero, por supuesto, quiere decir mucho más que aprender a hablar. Se refiere a descubrir quién eres en realidad y a expresarlo de una manera que honre a Dios. Como resultado de nuestra investigación, desarrollamos una conferencia llamada Breakthrough [Avance decisivo] en la cual uno de los elementos clave es ayudar a las mujeres a encontrar su voz.

Hay muchas mujeres que necesitan esta clase de ayuda porque hay muchos hombres que las presionan y las obligan a permanecer en silencio y a reflejar la imagen de ellos en lugar de la de ellas mismas. Por lo general, la mujer siente que su tarea se percibe como algo tan bajo que no tiene derecho a tener voz ni a sentirse completa a los ojos de Dios. Los hombres aseguran su propia posición sofocando o pasando por alto la personalidad, la identidad y los dones exclusivos de las mujeres. Sin embargo, muchas mujeres se están resistiendo y están demandando un lugar y una voz en la mesa con los hombres.

Si piensas que esta clase de atropello es un problema que se limita a los pobres o a los incultos, estás equivocado. Sin ir más lejos, la semana pasada le hablé a un grupo de personas en el cual todos dan arriba de doscientos mil dólares al año para sostener ministerios en el mundo. El problema más grande que me pidieron que abordara era la reticencia de los esposos tradicionales en permitirles a sus esposas que formaran parte de la toma de decisiones, de manera específica en las referentes a la forma de utilización de los ingresos familiares. Estos hombres sabios y ricos no habían encontrado una manera de incluir con comodidad a sus esposas en la misión de distribución del dinero. Con todo, las mujeres exigían una voz. El problema es universal, y cada hombre tiene el desafío de ayudar a una mujer a encontrar su voz y a responder con respeto frente a ella.

Como antes era agente de bolsa, me encanta invertir (Fred). Wall Street me ha fascinado desde el momento en que comencé a leer las páginas de la bolsa a los doce años. Cuando tenía trece años, comencé a comprar acciones con las ganancias que sacaba al repartir periódicos.

Desde entonces, he continuado moviendo acciones de aquí para allá en la Bolsa de Valores de Nueva York. Estoy lejos de ser un operador diario, pero me gusta encontrar inversiones únicas. Alguna vez he hablado acerca de estas ideas de inversión con Brenda.

Ella no sabe nada acerca de inversiones. No distinguiría una acción de un bono y no tendría idea de lo que es un ROI [rendimiento sobre la inversión] aunque le pegara en el tobillo. Sin embargo, lo que sí tiene es un cerebro femenino intuitivo que piensa de manera global. Traducción: Brenda posee una extraña habilidad para detectar inversiones que, según sus palabras, «parecen tontas». Y como usa la intuición y los sentimientos, nunca me puede decir *por qué* parecen tontas.

Al comienzo de nuestro matrimonio, antes de que aprendiera la lección, le presenté una inversión que era un soplo y yo pensaba que sería la ganadora segura. Le expliqué la historia de la compañía, el tipo de producto que producía y por qué pensaba que esta empresa se preparaba para un crecimiento explosivo.

—¿Por qué querrías invertir en eso? —me preguntó en aquel momento.

—Porque las ganancias por cada acción... —sabía que no había caso—. Porque pienso que es una buena inversión.

—Esta me parece tonta —me dijo.

—¿Tonta? ¿Por qué dices eso? Esta es una decisión fría que se trata de dólares y centavos. ¿Te parece que no investigué a esta compañía?

—Haz lo que quieras, pero yo no invertiría en esa compañía.

Me encogí de hombros. Me molestaba ceder frente a alguien cuya mejor herramienta de análisis era la intuición.

—También podría usar una tabla Ouija —dije echando humo.

Dejé pasar una cantidad de bellezas, pero entonces mi agente de bolsa me trajo una maravillosa oportunidad reducida de invertir en una sociedad limitada de bienes inmuebles. Esta me encantaba. Pensé en mostrárselo a Brenda, pero estaba cansado de consultar con alguien que no podía mirar las inversiones financieras con ojo frío y calculador. Como yo era la cabeza de la familia, no importaba lo que ella dijera. Haría lo que quería. Al menos, eso fue lo que me dije.

Al poco tiempo de haber hecho la inversión (esto fue a mediado de los 80), el Congreso de los Estados Unidos aprobó una ley que cambiaba de manera radical las reglas concernientes a las sociedades limitadas de bienes inmuebles. Resultado: Perdí casi todo mi dinero en una inversión malísima.

Cuando llegó el momento de rendir cuentas, con cuidado le conté mi trágica historia a Brenda.

—Te hubiera advertido que no lo hicieras —me dijo.

Lo sabía.

—Por lo que me has mostrado —continuó—, esta inversión me hubiera parecido un poco tonta.

No dije nada.

Brenda sintió lástima y me dijo:

—Pero si yo manejara nuestras finanzas, es probable que lo haría mucho peor.

Quería ser amable, ¡pero ya no estoy tan seguro! Aprendí una lección cara en cuanto a atropellar el papel de mi esposa. Lo único que deseaba era una voz en nuestro matrimonio a fin de lograr expresar su don intuitivo. Cuando acallé su voz, censuré su don. Está claro que tendría más dinero en el banco si hubiera escuchado los pensamientos intuitivos de Brenda.

Como nuestras esposas tienen dones que nosotros no poseemos, si le damos libertad a sus voces en nuestros hogares, recibiremos increíbles bendiciones. Caso en cuestión: Cuando los dos hijos de Melissa y Kevin llegaron a la edad escolar, Melissa comenzó a pensar en cuál sería la mejor manera de educar a sus muchachos. Las opciones que tenían, desde su punto de vista, eran enviarlos a la misma escuela pública a la cual había asistido su esposo o hacer la escuela en casa basándose en un programa de educación cristiano. Melissa investigó la escuela pública del vecindario, buscó opiniones de amigos que enviaban los niños allí, y habló con padres que les hacían seguir la escuela en casa a sus hijos, acerca de los pros y los contras de convertirse ella misma en la maestra de los niños. Luego, Melissa oró pidiendo dirección. Cuando le planteó a Kevin el asunto de la enseñanza en casa, él se mostró claramente desilusionado porque una parte de sí deseaba que los niños siguieran sus huellas y hasta tuvieran algunas de las maestras que tuvo él.

Sin embargo, cuanto más escuchaba al corazón de su esposa y más oraba por el asunto, más se daba cuenta de que esta decisión era muy valiosa para ella. Estuvo de acuerdo en darle una oportunidad a esta «aventura», como la llamaba. Él y Melissa no se desilusionaron.

MÍRALA COMO A UNA VERDADERA AYUDA

Es en especial difícil escuchar la voz de tu esposa cuando habla desde el centro de sus dones. Nuestras esposas son coherederas de la gracia y tienen tanta capacidad de guiar nuestros hogares como nosotros, solo que por la gracia de Dios, ese papel se nos otorga a los hombres. Esta capacidad para guiar se hace muy evidente en las esferas de sus puntos fuertes.

Yo (Fred) soy del tipo de los mariscales de campo. A decir verdad, ocupaba esa posición en la escuela secundaria. Las pruebas de aptitud de la escuela me señalaban un puesto como oficial de la fuerza aérea, o me indicaban como un buen candidato para ser mariscal en el campo de fútbol americano. Nunca he sido de los que comprenden los sentimientos; mi familia puede dar testimonio de esto. Creo en la disciplina y en que las cosas se hagan... ¡ahora! Así que cuando los dos hijos mayores cumplieron seis y cuatro años, pensé que había llegado el momento de tener un pequeño campamento de reclutamiento cristiano. Ellos eran los reclutas imberbes y yo, como general instructor, les haría entrar el cristianismo hasta lo profundo de sus corazones.

Todas y cada una de las noches, los alineaba contra la cabecera del dormitorio principal. «Es hora de memorizar los himnos de nuestra fe», ordenaba.

«Sí, señor», respondían con voces de infelices. Podían ser niños todo el día, pero en el momento en que formaban filas en el campamento de reclutamiento, no toleraba nada de holgazanerías. (Por favor, aquí estoy exagerando. Nunca les dije que se tiraran al piso para hacer veinte cuclillas si metían la pata con un versículo).

Tenía altas normas de desempeño. Debían estar armados con la verdad de Dios y preparados para defender sus creencias.

Nunca exigí que mis hijos se camuflaran ni nada por el estilo, pero al mirar atrás, me parece que se me fue la mano con tenerlos sentados prestando atención. Cuando uno de ellos comenzaba a llorar, le ordenaba que se callara... ¡ahora! «Debemos concentrarnos en la Palabra de Dios», anunciaba con un tono de voz estricto. En realidad, no me importaba si uno de ellos comenzaba a llorar: la disciplina que esto provocaba hacía que se concentraran y se volvieran más duros. La aplicación de la disciplina orientada forma parte de mi jurisdicción.

Sin embargo, cuando mi rutina de instructor estricto se pasaba de la raya y los dos comenzaban a llorar, sabía que estaba entrando en la jurisdicción de Brenda. Recuerda, ella tiene ternura y yo no. Deseaba que la escuchara en estas cuestiones.

«No me gusta la forma en que los instruyes», decía. «Te están temiendo y odiarán las mismas canciones que tú deseas que amen. Además, haces que se queden despiertos hasta muy tarde. Necesitan dormir».

Mi respuesta, según recuerdo, era un tanto altanera, algo así como: «Escucha, yo tengo la responsabilidad de enseñarles a mis hijos todo acerca de Dios, así que lo voy a hacer a mi manera. A los ojos de Dios, la responsabilidad es mía, por lo tanto, pienso que no tienes derecho a decir una palabra. Me alegro de que pierdan un poquito de sueño por esta razón. No me parece que sea un sacrificio tan grande por la obra de Dios».

Una noche, Brenda arropó a los niños en la cama luego de otra sesión llena de lágrimas. Vino a nuestro dormitorio donde me encontraba leyendo en la cama. Se sentó en el borde del colchón y me miró con suavidad a los ojos. «Todas las noches, la última imagen que les queda en la mente es la de su padre que les habla con severidad», dijo. Me palmeó la mano, me dio un beso y se fue al baño a lavarse.

Como respuesta, salí de la cama, fui a la sala y allí me senté en la oscuridad a considerar con detenimiento las cosas. Entonces, el Señor me recordó que la ternura era uno de los mejores puntos fuertes de Brenda y que, si se lo permitía, impediría que me convirtiera en un padre dominante como el mío.

Me di de baja en el campamento de instrucción. Con el tiempo, mis hijos aprobaron de todas maneras el entrenamiento cristiano básico. A lo largo de los años, he elevado aun más la voz de Brenda. En las esferas de sus mayores dones, no solo permito que su esencia se exprese junto con la mía, sino que permito que sea dominante.

Hace poco, un sábado por la mañana, me llamó y me dijo: «Creo que no voy a llevar a los niños a la práctica de natación esta mañana. En cambio, llevaré a las niñas de compras porque creo que necesitan divertirse un poco con su mamá hoy. Además, dejo a Michael en casa porque está con sinusitis».

Ahora bien, ella siempre me informa estas cosas porque sabe cómo me hace sentir que los niños se hagan los debiluchos. *¿Se quedará Michael en casa porque tiene una ligera sinusitis? ¡Por favor! ¡Tiene que ser un hombre! De esta manera no va a ganar ningún campeonato*, dije para adentro.

Sin embargo, ella me escuchó decir: «Muy bien, mi amor. Me parece bien». ¿Por qué? Porque conozco sus dones. Sé que si piensa que ella y las niñas necesitan divertirse un poco juntas, quiere decir que ha visto alguna cosita que yo no vería en un millón de años... y, de todas maneras, tampoco la hubiera entendido si la *hubiera* visto. Cuando se trata de criar a los niños, no solo considero la opinión de Brenda. Su opinión es la *única* necesaria para mí.

Por favor, mira a tu esposa como tu ayuda. Cuando ella acepta este papel, compromete sus dones para apoyarte y para levantarte a una grandeza cristiana como esposo y padre. Tienes que admitirlo, puede ser de mucha ayuda. Su sola presencia es un aliento, en especial durante esos días oscuros en los que tienes que asesinar muchos dragones.

Deja que afloren sus dones
Recuerda que tu matrimonio es *su* llamado también. Sencillamente tiene un papel diferente. Tu liderazgo debe permitir que ejerza su papel con libertad. No debe significar que tienes que estar en el frente todo el tiempo, tomando todas las decisiones. *Implica que dejes que afloren los debidos dones en el momento adecuado en tu matrimonio.* Puede implicar que permitas que los dones de tu esposa predominen de tanto en tanto, en especial si estás casado con una mujer con el impulso de «la mujer de Proverbios 31», como se la suele llamar:

> *Mujer ejemplar, ¿dónde se hallará?*
>   *¡Es más valiosa que las piedras preciosas!*
> *Su esposo confía plenamente en ella*
>   *y no necesita de ganancias mal habidas.*
> *Ella le es fuente de bien, no de mal,*
>   *todos los días de su vida.*
> *Anda en busca de lana y de lino,*
>   *y gustosa trabaja con sus manos.*
> *Es como los barcos mercantes,*
>   *que traen de muy lejos su alimento.*
> *Se levanta de madrugada,*
>   *da de comer a su familia*
>   *y asigna tareas a sus criadas.*
> *Calcula el valor de un campo y lo compra;*
>   *con sus ganancias planta un viñedo.*
> *Decidida se ciñe la cintura*
>   *y se apresta para el trabajo.*
> *Se complace en la prosperidad de sus negocios,*
>   *y no se apaga su lámpara en la noche.*
> *Con una mano sostiene el huso*
>   *y con la otra tuerce el hilo.*

Tiende la mano al pobre,
*   y con ella sostiene al necesitado.*
Si nieva, no tiene que preocuparse de su familia,
*   pues todos están bien abrigados.*
Las colchas las cose ella misma,
*   y se viste de púrpura y lino fino.*
Su esposo es respetado en la comunidad;
*   ocupa un puesto entre las autoridades del lugar.*
Confecciona ropa de lino y la vende;
*   provee cinturones a los comerciantes.*
Se reviste de fuerza y dignidad,
*   y afronta segura el porvenir.*
Cuando habla, lo hace con sabiduría;
*   cuando instruye, lo hace con amor.*
Está atenta a la marcha de su hogar,
*   y el pan que come no es fruto del ocio.*
Sus hijos se levantan y la felicitan;
*   también su esposo la alaba. (Proverbios 31:10-28)*

Los pastores a menudo predican sobre esta mujer ejemplar y muy trabajadora (que, debemos admitir, parece demasiado buena para ser real). Todavía no hemos escuchado a nadie que predique acerca del *esposo* de la mujer de Proverbios 31. Eso es muy nocivo porque aprenderíamos algunas cosas de él. Permitía que los dones de su esposa lo elevaran y bendijeran su casa. Le otorgaba la libertad de hacer compras y decorar la casa. Alentaba el negocio artesanal de la confección de ropas de lino y cinturones. Sobre todo, respetaba sus opiniones. Da la impresión de que tenía mucho que decir acerca de cómo destinar el presupuesto familiar.

Para liberar a nuestra esposa en sus polifacéticos dones, debemos liberar su voz. Si no lo hacemos, sus dones quedan bloqueados y no puede responder al llamado de Dios a ser «ayuda adecuada» (Génesis 2:20). Si hacemos valer nuestros derechos a expensas de los derechos de Dios, siempre nos vamos a equivocar.

Además, por el solo hecho de ser líderes, no quiere decir que nunca nos tienen que decir qué debemos hacer. El papel de ayuda idónea de nuestra esposa es su manera de complementar *nuestras* debilidades y la manera que Dios tiene de bendecirnos. No trata de enseñorearse de ti, aunque a veces parezca que lo hace. Por ejemplo, cuando Brenda oponía resistencia al trato áspero que recibía de mi familia, sencillamente estaba trayendo sus dones para influir sobre mis debilidades y nuestras circunstancias. No lo reconocía debido a mi liderazgo arrogante, lo cual creó un callejón sin salida.

Recuerda: ella te bendice

¿Qué haces para sacar unidad de los callejones sin salida? Le das a la voz que habla desde las esferas dotadas de tu esposa el derecho a que se escuche. La honras como coheredera del reino de Dios lo cual es una gran bendición para ti.

Por supuesto, cuando *liberamos* en verdad la voz de nuestra esposa, debemos entender algo que sucede en el interior. Como ayuda, algunas veces tu esposa será la fuente más grande de antagonismo en tu vida. Te fastidiará, te reprenderá, te montará como a un potro salvaje. También te hará ver cosas que no quieres ver, te recordará que hagas cosas que has olvidado y te ayudará a mejorar tus modales cuando sea necesario. Algunas veces, ¡la «bendición» de tu esposa se puede sentir de todas estas maneras!

Hace poco, me ofrecieron una maravillosa oportunidad para dar una conferencia. Le conté todo a Brenda como si ya hubiera dicho que sí. (En mi mente, lo había hecho).

Fijó sus ojos en los míos y solo me dijo: «¿Quién te dijo que debías dar esa conferencia?». ¿Ves lo que quiero decir? Eso me irritó, pero meramente estaba señalando que no debía atravesar una puerta abierta hasta que Dios dijera que lo hiciera. Escarmentado, oré al respecto y descubrí que *no* debía aceptar la oportunidad para hablar. Resulta que Brenda tenía las palabras adecuadas, un poquito irritante, lo sé, para detenerme en seco.

Serena me contó que se siente frustrada cuando su esposo, Jeff, no le adjudica ningún mérito a nada de lo que dice. «Puedo dar mi opinión o mi punto de vista, pero él solo dice que estoy equivocada por completo, así que ya no digo nada», expresó.

Jeff vive en una posición muy peligrosa porque las opiniones, los pensamientos y las reflexiones de una esposa actúan como un regulador del comportamiento impetuoso del varón. Una vez, Brenda me amenazó con dejar de darme sus opiniones, y yo era lo bastante maduro como para morirme de miedo. Dejé todo en ese mismo momento y le pedí que me prometiera allí mismo que nunca se sentiría tan frustrada conmigo como para dejar de decirme la verdad. En las dos historias siguientes, verás el peligro que existe en amordazar a tu ayudadora.

Roberta escribió: «Mi esposo Kevin planea presentar los papeles para el divorcio esta semana. Comenzó una relación adúltera con otra creyente. Esta noticia estremecerá a casi todos debido a las posiciones que Kevin ha tenido en la iglesia, pero nunca ha sido lo que parece. Ha llenado nuestro hogar con su aterrador y pesado maltrato verbal, y hasta ha abusado de ciertas sustancias. Hubiera perdido sus puestos en la iglesia hace mucho tiempo *si no me hubiera obligado a echarme atrás y cubrirlo durante todos estos años*».

Cuando se silenció su voz, sus dones y percepciones dejaron de bendecir su hogar al desafiar el carácter de su esposo. Él se hundió cada vez más hondo hasta que se ahogó en su propia hipocresía pecaminosa.

El estilo que tiene la cantante Annie Chapman de ayudar a su esposo ofrece un agudo contraste. En una entrevista radial antes de una actuación en Des Moines, Annie dijo de su esposo: «Si Steve tuviera una vida sucia fuera del escenario, lo desenmascararía delante del mundo. Me daría náuseas».

Tal vez su esposo no esté de acuerdo, ¡pero eso es lo que llamamos una ayudante! Siempre animo a Brenda a expresarse de esta misma manera, a fin de que sus percepciones y sus puntos fuertes logren bendecirme.

Preguntas para la reflexión y la discusión

1. ¿Cómo ves los dones particulares de tu esposa expresados a través de sus pensamientos y opiniones?

2. ¿De qué manera quizá fuiste culpable de asegurar tu posición aplastando o pasando por alto la personalidad, la identidad y los dones únicos de tu esposa?

La fuente de tu prestigio

El siervo no obtenía su prestigio por el trabajo que hacía, sino por la relación que tenía con su amo. Hasta cierto punto, no tenía control sobre su reputación. Esta se basaba de manera exclusiva en el tipo de siervo que era. Por ejemplo, ser el siervo de un sumo sacerdote debe haber sido más prestigioso que ser el siervo de un mercader callejero. Sin embargo, al escoger la vida de siervo, sabía que si servía bien y fortalecía la casa de su amo, fortalecería el honor del amo en la comunidad, así como también el suyo.

¿Decidiste obtener tu prestigio principalmente de la relación con tu esposa? Es probable que no. A decir verdad, la mayoría de nosotros obtenemos nuestro prestigio de nuestras profesiones. Nuestro trabajo y lo que hacemos cinco días a la semana (¡o más!) es lo que levanta nuestra autoestima, no con la persona que estamos casados. Si debes trabajar largas horas y noches durante seis semanas, es probable que te haya llegado algún proyecto de trabajo fuera de lo normal. Todo el mundo lo entiende. Con todo, si trabajas largas horas y noches durante seis meses, has tomado una decisión crucial en cuanto a lo que más valoras en tu vida.

LA ELECCIÓN DE LA FUENTE DE PRESTIGIO

Aunque es natural que obtengamos prestigio en primer lugar de nuestras profesiones, debemos preferir que nuestro prestigio provenga de nuestro servicio a nuestra «ama», aquella a la que le hemos dado el corazón. Si no lo hacemos, tenemos pocas esperanzas de que sus convicciones y esencia estén representadas en la relación y que tengan el mismo peso que las nuestras.

Cuando crecía, valoraba el prestigio de ser el muchacho «prometedor». Era mariscal de campo en la secundaria Cedar Rapids Jefferson, una fuerza tradicional en Iowa en el fútbol americano colegial a gran escala. En el último año, era campeón estatal en toma de decisiones en la administración de empresas y en mi clase me eligieron para dar el discurso en la graduación. Presenté una solicitud en la Universidad de Stanford, por cierto, una de las instituciones más prestigiosas de altos estudios en el país, llamada «la Harvard de la costa oeste», y me aceptaron.

Cuando comencé el primer año en el mundo de los negocios, supe que iba por el buen camino. No obstante, algo interesante sucedió mientras me codeaba con cientos, si no miles, de alumnos descollantes de todo el mundo. Comenzamos a creer lo que decían nuestros informes de prensa. En verdad creíamos que éramos parte de una elite, los elegidos para convertirse en capitanes de la industria, los mayores innovadores, los investigadores supremos y los líderes del mundo libre. Nuestro mundo giraba en torno al progreso, al éxito y los logros. Esperábamos dejar una marca alta en la pared.

Todo esto formaba parte del aura de Stanford, o de su prestigio, si deseas mirarlo desde el ángulo menos adulador. Me parecía que tenía al mundo en la punta de los dedos. No voy a entrar en demasiados detalles morbosos, pero despilfarré mi oportunidad, tal como el hijo pródigo: Él «se fue a un país lejano; allí vivió desenfrenadamente y derrochó su herencia» (Lucas 15:13). Una vez desperdiciada la riqueza de la oportunidad en una serie de relaciones y en una vida disipada, pronto me encontré de vuelta caminando con dificultad por la tierra de Iowa, apretando entre mis manos un título menor de Stanford que apenas si servía para algo y preguntándome a dónde se habían ido mis sueños.

Mis amigos fueron a buscar sus títulos de licenciados en tanto que yo me quedé rezagado en una vergonzosa oscuridad. Un amigo se encontraba diseñando corazones artificiales. Otro estudiaba el Nuevo Testamento en griego en Cambridge. Otro se encontraba ascendiendo rápidamente en los laboratorios Abbot. Otro ganaba millones de dólares vendiendo bonos en Nueva York y en Londres.

Aunque no dormía precisamente con los cerdos ni comía las mazorcas de ellos, los costos de arranque de mi pequeña compañía y las magras ventas me dejaron viviendo por debajo de la línea de pobreza nacional durante más de un año, hasta que apareció Brenda con su diploma de enfermera para salvar el día. Esto hirió mi autoestima.

Brenda no entendía mi dolor. «No comprendo esto del estatus», dijo en tono de protesta. «No tienes nada de qué avergonzarte. Trabajas duro y eres un hombre decente». A veces, esto me ayudaba, pero la sensación nunca duraba. Anhelaba revertir los años que se comió la langosta.

Un día llegó el ansiado llamado. Pete, mi mejor amigo de la universidad, me hizo la oferta de mi vida. Su padre había fundado una de las compañías de energía eléctrica más grandes de Estados Unidos, y lo había enviado a él a Stanford para que lo dejaran presentable como gerente general. Pete me ofreció capacitarme para ser su mano derecha. «Estamos hablando de ser vicepresidente ejecutivo», dijo. «Pienso que eres la persona indicada para el empleo». Esta era la oportunidad que había estado esperando. De todos los años desperdiciados, pronto no quedaría ni el recuerdo.

Me estrellé contra una gran pared: mi esposa y mis hijos. Como el trabajo significaba una mudanza que llevaría a Brenda a vivir a seis horas y media de viaje de su madre, en lugar de las tres horas que las separaban ahora, la propuesta no tuvo ni la más remota posibilidad. Las visitas rápidas de los fines de semana serían historia. Además, pronto tendría que trasladarme de tanto en tanto de una rama de la empresa a la otra para conocer el negocio de punta a cabo. La primera parada sería Alabama.

Nos encantaba el sur, pero íbamos a estar todavía más lejos del hogar.

Además, Brenda por fin había hecho una red de buenos amigos en Des Moines y sentía que al fin se estaba desprendiendo de Moline.

Otro aspecto a considerar eran las iglesias. Cuando me fijé en qué iglesias había cerca de la nueva compañía, todas eran pequeñas y no «parecían» adecuadas. Esto sería un problema para mi tierna familia que incluía a dos preescolares. Arriesgaría la estabilidad y el crecimiento cristiano de nuestra familia en pro del prestigio en los negocios.

En la posición que ocupaba en aquel momento, trabajaba largas y arduas horas, pero era mi propio jefe. Aunque Pete era un amigo cercano, los negocios son negocios y sabía que tendría que responder a lo que él me pidiera y no a lo que yo quisiera. Eso quería decir que mi tiempo ya no sería mío y tendría menos libertad para estar con mi familia.

A pesar de las desventajas, el ofrecimiento de trabajo de Pete seguía allí como la joya de una corona, el deseo de mi corazón y la respuesta a mis sueños profesionales. Podía escoger entre obtener el prestigio principal de mi carrera o poner a mi familia en primer lugar y quedarme satisfecho con obtener el prestigio de mi hogar.

La decisión a la que me enfrentaba era exactamente como la que enfrentaba el esclavo hebreo al término de los seis años de servicio. El esclavo, que antes era independiente y libre para perseguir sus sueños, había caído en la quiebra y terminado en la vida de esclavitud. Ahora le llegaba la oportunidad que había estado esperando. Al final, podría probar que tenía el equipamiento adecuado y recuperaría el prestigio que despilfarré sin cuidado.

O... podía dar la vuelta y escoger que su prestigio principal proviniera de su amo. ¿Cuál elegiría?

Arriesgar un poco de confianza

Mientras sopesaba esta decisión, recuerdo que escuché a Chuck Swindoll que hablaba en su programa de radio *Insight for Living* [Comprender para vivir]. Hablaba de una encuesta realizada entre personas de ochenta y cinco años de edad que entraban al ocaso de sus vidas. Se les había preguntado qué era lo que más lamentaban sobre la manera en que habían vivido. Los ancianos dijeron:

1. Hubiera pasado más tiempo en reflexión, meditación y contemplación.
2. Hubiera arriesgado más.
3. Hubiera hecho más cosas que perduraran después de mi muerte.

La segunda respuesta fue la que atrapó mi atención. La mayoría de las personas que dieron esta respuesta se lamentaba debido a bifurcaciones en el camino de sus carreras y decían cosas como: «Ojalá me hubiera arriesgado a comenzar aquel pequeño negocio cuando tenía treinta y cinco años de edad» o «Estuvo muy mal que nunca tratara de vivir y trabajar en Londres».

Es triste mirar hacia atrás y decir: «Ojalá me hubiera arriesgado más en mi carrera», pero es absolutamente trágico mirar atrás y decir: «Ojalá me hubiera arriesgado más a confiar en la Palabra de Dios». Es por eso que me alegro de haberme arriesgado a escribir *La batalla de cada hombre* con Steve Arterburn. No quisiera estar sentado en mi mecedora dentro de treinta años diciendo: «Ojalá me hubiera arriesgado a abrir mi pasado pecaminoso al mundo y hubiera escrito ese libro».

También estaba agradecido por haberme arriesgado a confiar en la Palabra de Dios en cuanto a la administración del tiempo. En esencia, era un representante comercial que trabajaba de manera exclusiva por la comisión, así que si no trabajaba, no comíamos. Cuando me casé, trabajaba desde las seis de la mañana hasta las seis de la tarde, y los sábados trabajaba desde las siete de la mañana hasta el mediodía. Como hacía solo un año que estaba en el negocio, en verdad tenía que dedicar largas horas. Después de algún tiempo, Brenda me sugirió que estaba trabajando demasiado duro y que debía dejar de trabajar los sábados por la mañana. Me señaló algunos versículos que sugerían que con el tiempo iba a quedar acabado. También me dijo que debía confiar en Dios y seguir su Palabra. Al final, me arriesgué a trabajar menos y le entregué las ventas al Señor. Cuando Jasen, nuestro primogénito, vino a este mundo, acorté las horas de trabajo de las seis y media de la mañana hasta las cinco de la tarde. Cuando llegó Laura, pasé a trabajar desde las siete de la mañana hasta las cuatro y media de la tarde, lo cual todavía seguía traduciéndose en un total de cuarenta y cinco horas semanales de trabajo.

¿Qué quiero decir? Quería seguir el mandamiento de Deuteronomio 6:6-7, que dice que tengo la responsabilidad de imprimir los mandamientos de Dios en los corazones de mis hijos y que debo hablar con ellos cuando estoy en casa, cuando voy por el camino y en cualquier otro momento que esté con ellos.

¿Cómo lo iba a hacer si no tenía tiempo? Tenía que arriesgarme a confiar en Dios y a permitirle que trajera las ventas suficientes durante mis jornadas laborales más cortas.

¿Era en verdad un riesgo? ¡Para mí sí que lo era! Cada vez que recortaba el horario, sudaba profusamente porque sospechaba que mi negocio sufriría retrocesos significativos e incluso llegaría a hundirse. Batallaba contra estos cambios como un perro. (¡Pueden verificar los talones de Brenda!) Sin embargo, contaba con esta promesa de Dios:

> Porque los paganos andan tras todas estas cosas, y el Padre celestial sabe que ustedes las necesitan. Más bien, busquen primeramente el reino de Dios y su justicia, y todas estas cosas les serán añadidas. (Mateo 6:32-33)

Cuando decidimos seguir los caminos de Dios, Él está profundamente interesado en respaldar nuestra decisión frente al mundo. Él recibe gloria cuando les decimos a los demás la decisión que tomamos. Para Él no es nada hacernos hallar gracia delante de nuestro jefe ni abrir las puertas a las ventas ni a progresos que antes no habíamos advertido.

Volviendo a mi historia, me habían dado una gran prueba de popularidad. ¿Tenía un corazón de siervo? Como el siervo de Israel, ¿estaba dispuesto a obtener mi prestigio principal del éxito en el hogar? Si era así, debía escoger el camino más seguro y promisorio para mi familia, el camino que honrara la esencia de mi esposa tanto como la mía. Si no era así, debía optar por el camino más seguro y promisorio para mi carrera.

Había otra cosa a tener en cuenta: ¿Me arriesgaría a confiar en la Palabra de Dios? ¿Me arriesgaría a poner el reino de Dios en primer lugar, su prioridad de unidad con mi esposa, y a confiar en que Dios se iba a ocupar del resto?

Todo lo que podía ver era lo que había perdido por culpa del pecado y las ansias que tenía de ponerme al día con el éxito del que disfrutaban mis amigos. La tentación de apoderarme del trabajo y de salir corriendo con él debajo del brazo era atractiva, pero una vez más me vinieron a la memoria las palabras del Señor: «Yo les compensaré a ustedes por los años en que todo lo devoró ese gran ejército de langostas» (Joel 2:25).

Debía estar dispuesto a confiar en la promesa de Dios y a permitirle que restaurara las cosas a su tiempo. Si esperaba a que lo hiciera, Él encontraría la manera de restaurar mis pérdidas sin desestabilizar a mi familia y sin trasladarnos a una comunidad donde no hubiera una iglesia fuerte. No obstante, en mi mente daba vuelta el siguiente pensamiento: Si esperaba en el Señor y Él no intervenía, perdería la única posibilidad que se me había presentado. ¿Estaba dispuesto a apostar mi carrera a que Dios cumpliría su promesa?

Esos eran los razonamientos de mi mente en aquel momento, pero luego de orar y reflexionar, supe que no me equivocaría si constituía a mi familia como la principal fuente de prestigio.

Así que me quedé en Des Moines porque aquella era la mejor decisión para la familia. Y también confié en que Dios cumpliría su promesa. Y lo hizo, superando mis sueños más descabellados al recuperar los años que la langosta se comió. Me bendijo con apasionantes giros inesperados y avances en mi carrera. Además, mi matrimonio y las relaciones con mis hijos se volvieron sólidos como las rocas de las canteras de Iowa. Cuando tenga ochenta y cinco años, diré: «Me alegro por haber arriesgado un poco de prestigio y de logros en mi carrera por un logro más alto en mi hogar».

¿Para qué te sirve la fe cristiana si no puedes dejar en suspenso tu carrera en obediencia a la verdad de Dios? Miles de mártires han hecho mucho más que eso y algún día tendremos que mirarlos a los ojos. Yo no quiero verme obligado a apartar la mirada.

Mira, no estoy en contra de los avances empresariales, y algunas veces, los muchos viajes y el sacrificio pueden formar parte de la mezcla. El trabajo arduo y el *deseo* de trabajar fuerte es parte de nuestra naturaleza. Sin embargo, ¿y si decidimos hacer de nuestro hogar la fuente principal de nuestro prestigio? ¿Y si nos arriesgamos a disminuir la marcha en el ascenso por la escalera profesional en pro de la unidad con nuestras esposas? ¿Y si confiamos en Dios para nuestro avance profesional de tal manera que lo pongamos a Él en primer lugar y honremos la esencia de nuestra esposa fortaleciendo así nuestro matrimonio y nuestra familia? Esta virtud vivirá en nuestros hijos mucho después que muramos. Recuerda, cuando lleguemos a los ochenta y cinco años de edad, todos desearemos haber hecho más cosas que sigan vivas después de nuestra muerte.

¿En verdad crees que si pones el reino de Dios en primer lugar Él te dará todas estas cosas? ¿Has dejado algo pendiente para probarlo? Piénsalo...

Construyamos su prestigio

Como el líder siervo, no solo obtendremos prestigio del éxito de nuestra relación matrimonial, sino que también edificaremos el prestigio de nuestra «ama» en la comunidad. Por supuesto, comenzamos en casa, donde su prestigio se construye en primer lugar a través de las palabras.

En Proverbios 31:29-31, el esposo le otorga prestigio a su mujer con estas palabras:

«Muchas mujeres han realizado proezas,
 pero tú las superas a todas».
Engañoso es el encanto y pasajera la belleza;
 la mujer que teme al SEÑOR es digna de alabanza.
¡Sean reconocidos sus logros,
 y públicamente alabadas sus obras!

Si el elogio de Cal se manifestara de esta manera, su esposa estaría sentada junto a la mujer de Proverbios 31 en la puerta de la ciudad. Esto es lo que Joni, la esposa de Cal, tiene para decir:

> Cal siempre me dice que mis normas elevadas lo han ayudado a mantener sus propias normas elevadas. Antes de conocernos, había oído hablar de mis normas y tomó la firme decisión de conocerme de una manera u otra porque nunca había conocido a nadie que en verdad mantuviera normas cristianas tan altas. Conocía a muchas que se criaron de acuerdo con estas normas, pero a ninguna que las guardara. Una y otra vez me dice lo refrescante que fue conocer una joven como yo. Sé que Cal se siente bien consigo mismo por haberse casado conmigo.

En tanto que nuestras palabras construyen el prestigio de nuestras esposas, nuestras acciones deben honrar del mismo modo su esencia: «De igual manera, ustedes esposos, sean comprensivos en su vida conyugal, tratando cada uno a su esposa con respeto [...] y ambos son herederos» (1 Pedro 3:7).

Si le otorgas el debido lugar de prestigio en el hogar, tienes en cuenta a tu esposa como coheredera. Si la privas de lo que le prometiste darle, y de lo que Dios prometió que tendría, pecas contra ella y, por lo tanto, rompes la unidad. No tienes derecho a hacerlo. La unidad se construye sobre la base de las acciones, no es un sentimiento. O le das el lugar adecuado a través de tus acciones, o no se lo das.

Sin embargo, siempre es más fácil otorgarle prestigio a nuestras esposas en palabras que en acciones, sobre todo en el campo de las finanzas. Escucha esta historia de Rebeca:

> No sé qué le sucede en el campo de las finanzas. No me da ninguna información al respecto, ni tampoco dinero. Le he pedido que me muestre nuestras finanzas y dice que lo hará, pero eso nunca sucede. Por lo general, me encuentro inquieta y preocupada porque estoy en la oscuridad. Además, debido a algunas malas decisiones financieras que ha tomado sin mi participación, la confianza es un gran problema también. Doy vueltas, a la espera de entrar en las arenas movedizas de las finanzas.

¿Cómo es posible que una pareja tenga completa unidad cuando no se tienen en común estos asuntos? Se parece más a un juego de estrategias que a un matrimonio. Lo detesto.

El esposo de Rebeca no honra su esencia ni la trata como a coheredera. ¿Puedes imaginar a algún siervo que tratara a su amo de este modo? Recuerda, la unidad no radica en el *sentimiento* de amar a tu esposa como a ti mismo, sino en el acto de amarla como a ti mismo.

Fuera del hogar, las acciones también hablan más fuerte que las palabras a la hora de construir el prestigio de tu esposa en la comunidad. Si no le has dado ese lugar irrevocable de prestigio en tu vida, la estás atropellando. Y permíteme decirte un secretito: Si no lo has hecho, ella lo sabe.

El siervo mantenía a su amo en la más alta estima, y ni se le cruzaba por la mente otorgarle ese lugar elevado de prestigio a nadie más. Sin embargo, como esposos, lo hacemos muchas veces, sobre todo poniendo a nuestros padres por encima de nuestras esposas. No nos disciplinamos para obedecer el mandamiento de Dios en Génesis 2:24 y, en cambio, atropellamos a nuestra esposa, como hizo Bill con Becky en este caso:

> Siempre me he sentido en segundo lugar en comparación con la madre de Bill. Nunca siento que me valore cuando estamos en presencia de ella. Siempre se pone de su lado y cuando tiene que elegir, inevitablemente prefiere ofenderme a mí en lugar de ofenderla a ella. Nunca hablamos de este asunto; si lo hacemos, se produce una gran tensión. Esto se duplica cuando se trata de su padre, el rey de la familia que nos hace caminar a todos sobre cascarones de huevos cuando anda cerca.
>
> Por ejemplo, podemos ponernos muy quisquillosos a la hora de decidir con quién se quedarán nuestros hijos. La madre de Bill ha mencionado dos o tres veces que le gustaría cuidarlos a la par que cuida a los nietos de su amiga. La verdad es que no necesitamos que otra persona elija sus compañeros de juego. Cuando me lo dijo, Bill se encontraba cerca. Le dije a mi suegra que no conocía a estos padres y que no estaba segura al respecto. En otras palabras, trataba de contestar con evasivas mientras buscaba la ayuda de Bill.
>
> Él dijo de inmediato: «Ah, yo conozco a esa familia, así que no hay problema». Me sentí muy herida porque no lo conversamos en absoluto entre nosotros y una vez más prefirió ofenderme a mí en lugar de a su madre. Ella ama a nuestros hijos, pero no es creyente y no tiene las mismas normas que nosotros. Nunca he discutido este incidente con Bill, pero me gustaría haberlo hecho porque me hirió.
>
> Para dar otro ejemplo, hace poco cenábamos con los padres de Bill y su padre le dijo a mi hija Alicia: «Siéntate y cierra la boca». No solo estuvo del todo fuera de

lugar, ya que ni siquiera estaba hablando en voz alta, sino que jamás les hablamos a nuestros hijos de esta manera. Me quedé sentada en silencio, esperando que Bill pusiera a su padre en su lugar, pero eso nunca sucedió. Me sentía muy disgustada con su padre, pero estaba aun más disgustada con el silencio de Bill. Hace unos tres días, reuní el valor para hablar con él. Admitió que le disgustó mucho la manera áspera en que su padre trató a nuestra hija sensible. Admitió que hubiera deseado decir algo en aquel momento. Espero que si vuelve a suceder, Bill ponga a su padre en su lugar.

Es probable que las palabras de Bill fueran adecuadas, pero fracasó en darle prestigio a su esposa a través de sus acciones. Aquí tenemos una historia similar de Andra, pero en este caso, la acción fue la adecuada:

Al comienzo de nuestra relación, mi esposo ponía las opiniones de sus padres en primer lugar. Se sentía controlado por lo que ellos pudieran pensar de sus decisiones, y esto provocaba mucha fricción en nuestro matrimonio. Por lo general, Jon me dejaba sola con mis sentimientos porque se negaba a hacerle frente al problema.

En un momento, las cosas se pusieron tan mal que Jon tuvo que decidir de parte de quién estaría y me eligió a mí. Me protegió de la intensa interferencia de sus padres en nuestras vidas, y no les permitió que se comunicaran de manera directa conmigo. Con gusto me refugié detrás de él. Al final me di cuenta que me estaba escuchando, y me sentí apreciada y valorada. Nos sentimos conectados en un nuevo nivel.

También hemos visto a hombres que les dan más prestigio a sus ex esposas que a sus esposas. ¿Qué siervo de Israel le daría un prestigio mayor a su antiguo amo que al actual? Es absurdo pensarlo, pero lo hacemos todo el tiempo, como nos cuenta Lisa:

> Este es el segundo matrimonio de mi esposo y el primero para mí. Tiene la custodia de su hijo, Tim, desde que tenía dos años, y nosotros nos casamos cuando Tim tenía cinco. A lo largo de los años, me ha excluido de las conversaciones con su ex esposa en lo que concierne a su hijo. Por lo general, me entero de las cosas después, y para entonces, me encuentro herida y enojada. Al fin y al cabo, yo he sido la que se ha quedado en casa para criar al niño.
>
> Incluso ahora que Tim tiene veintitrés años, vive por su cuenta y toma decisiones que dejan mucho que desear, mi esposo no me incluye en las discusiones. Muchas veces, su ex esposa sabía lo que sucedía en mi hogar antes que yo. No siento respeto hacia mi esposo por manejar las cosas de esta manera y no confío en él. Estoy segura de que me esconde cosas, y hay una parte de él que todavía sigue en conexión con su primera esposa y que le es leal.
>
> Trato de mantenerme emocionalmente desconectada de los asuntos que rodean a Tim, ahora que no vive en casa, pero este problema se ha infiltrado en otros campos de nuestra vida familiar. Para mí, no es razonable esperar que me preocupe por Tim y que lo cuide para luego recordarme que sigo siendo una extraña que ni pincha ni corta. Es un equilibrio imposible de alcanzar.

Caballeros, ¿podemos justificar el hecho de poner a nuestras esposas en cualquier otro lugar que no sea el de más alto prestigio en nuestras vidas? En realidad, ese lugar ya debería pertenecerles. ¿Cómo las estafamos de esta manera? Debemos construir el prestigio de nuestras esposas en nuestros hogares y en la comunidad. No tenemos derecho de hacer ninguna otra cosa.

Preguntas para la reflexión y la discusión

1. ¿De qué manera importante te has arriesgado para fortalecer la unidad en tu matrimonio?

2. ¿Tu esposa y tu familia representan tu principal fuente de prestigio?

3. ¿De qué manera importante has trabajado para construir el prestigio de tu esposa en tu hogar y en tu comunidad?

CUARTA PARTE

Pon en marcha tu mente de siervo

Estudia a tu «ama» para servirla mejor

Como ya afirmamos, el ajuste matrimonial es sencillo. Antes del matrimonio, dirigías el barco de la vida basándote en las convicciones personales y en la esencia del alma de una persona: tú. Ahora, como capitán del navío *Matrimonio*, debes dirigir basándote en las convicciones y en la esencia de dos personas. Algunas veces, estas convicciones entrarán en conflicto, y no será tu amor lo que saque unidad del dilema por más sinceras que sean tus emociones. Tus *decisiones* son las que honrarán la esencia de ella y tus *acciones* las que traerán unidad.

Para que nuestra esposa viva a plenitud en el matrimonio, debemos estudiar su misma esencia con detenimiento hasta que la conozcamos del mismo modo que conocemos la nuestra. Sin este estudio, la naturaleza de nuestra mente masculina nos convierte en capitanes insensatos. Debemos inflamar una nueva mente en nuestro interior porque los capitanes insensatos hunden los barcos.

Un estudio... ¡en estudio!

Bill y Carol se casaron hace dos años. Poco después de la boda, a Bill le ofrecieron un empleo con una abultada remuneración, pero le exigía viajar casi todas las semanas y, a veces, varias semanas a la vez sin regresar a casa los fines de semana. Cuando Bill y Carol miraron el ingreso, calcularon que si conservaba este trabajo durante solo tres años, podían separar una gran suma de dinero para disminuir de manera sustancial el pago de la casa de sus sueños.

Lo discutieron en equipo y decidieron que el plan de Bill parecía bueno. Aceptó el empleo y Carol se preparó para el período de tres años. Aun así, pronto el oleaje de la vida comenzó a azotar la proa de su barco. La soledad se apoderó de la vida de Carol. Bill minimizó esta realidad con facilidad y la llamó el pequeño precio que había que pagar para alcanzar sus metas financieras. Para Carol, era un precio demasiado elevado para cualquier meta. Tenía la sensación de que su matrimonio estaba haciendo agua.

Cuando se veían, los impactos normales de sus incompatibilidades los golpeaban con todas las fuerzas, pero entonces, él tenía que partir durante dos semanas sin haber encontrado una solución. Bill sencillamente colocaba estas emociones en una celda de espera a fin de procesarlas más tarde. No sucedía lo mismo con Carol, para la cual los períodos sin resolución se cobraban un pesado tributo. Su barco se inclinaba con fuerza hacia un lado.

Desde el punto de vista de Bill, no existía peligro inminente. (¡Y después cuéntenme acerca de los que acomodaban las sillas en la cubierta del *Titanic*!) Carol hizo sonar la alarma y le dijo a Bill que el plan que ambos trazaron no estaba dando resultado. Le rogó que cambiara el rumbo y se dirigiera a casa para poder trazar juntos un nuevo rumbo. De manera imprudente, Bill insistió en ordenar: «Hacia delante a toda máquina, curso actual».

Confiando en su propia lógica y en sus instintos, Bill comandaba el navío *Matrimonio* como si Carol ya no tuviera nada que decir acerca del curso que tomaba. Pasó por alto la seriedad de la nueva información. En lugar de estudiar con cuidado a Carol, Bill hizo temerarias suposiciones sobre sus emociones. Para él, la soledad que ella sentía no era más que una señal de debilidad temporal. Necesitaba fortalecerse más en los Siete Mares. Cuando Carol no lograba resolver los conflictos, Bill suponía que lo único que necesitaba era crecer y enfrentar las dificultades como una adulta. Debía mantener el rumbo presente mientras se «abría paso» en medio de sus problemas.

Bill nunca entendió que Carol era diferente, no débil. Aunque todas las cosas sean iguales, la relación significa algo distinto para las mujeres que para los hombres. La soledad y la falta de solución de los conflictos tienen un tremendo impacto en las mujeres, en tanto que los muchachos parecen hacer a un lado estas cosas.

¿Por qué no lo entendía? Porque no había estudiado las diferencias entre los hombres y las mujeres, y seguía basando su liderazgo solo en su esencia. Conclusión: Bill no escuchó los ruegos de Carol. Mantuvo su curso y el matrimonio se estrelló contra el banco de arena de los conflictos. En la actualidad, están separados mientras esperan los procedimientos del divorcio.

Como vimos antes, las diferencias entre los hombres y las mujeres crean incompatibilidades que al parecer no se pueden resolver y dilemas como este. ¿Qué hacemos para sacar unidad y no divorcio de esos dilemas? Nos sometemos a la unidad. Con todo, no lo haremos hasta que no estudiemos a nuestras esposas, y aun entonces, todavía podemos seguir viendo las cosas solo desde nuestro punto de vista ya que no estamos acostumbrados a mirar las cosas a través de dos pares de ojos.

Por ejemplo, hasta ahora, a Bill le da vueltas la cabeza mientras su barco está hecho pedazos. *¿Qué fue lo que estuvo mal? ¡Tomé la decisión lógica!* Lo era y lo sigue siendo si dejamos las diferencias de Carol fuera de la discusión. Si conducimos de manera exclusiva desde nuestra perspectiva, las decisiones desastrosas nos parecerán lógicas a la perfección. Sin embargo, si no hemos estudiado con cuidado a nuestras esposas, el uso de la lógica como punto de referencia puede ser algo muy peligroso porque nuestra lógica excluye su esencia y, por lo tanto, está viciada de manera fatal.

Bill podía pasar por alto con facilidad la soledad. Los conflictos sin resolver no le traían problemas. Para él, era muy lógico esperar que luego de estar separados durante semanas recogieran el matrimonio en el mismo lugar en el que lo dejaron. Como él podía hacerlo, ella también tenía que poder, ¿cierto?

No, equivocado.

Los que han estudiado a las mujeres saben que las separaciones largas entre el esposo y la esposa casi nunca mejoran un matrimonio y no aportan nada para construir la intimidad, que es el deseo del corazón de ellas. Bill miraba hacia el horizonte y pensaba que renunciar a tres años de relación para asegurar los próximos diez en el aspecto financiero era lo más lógico. Y no lo era, ni de manera remota. La decisión «lógica» de Bill falló al no tomar en cuenta el efecto que producía en Carol la soledad y la falta de solución de conflictos. Dicho de manera simple, no dio lugar a su esencia.

COMANDAR CON PENSAMIENTO SACRIFICIAL

Si nos hemos comprometido en ayudar a nuestra «ama» (nuestra esposa) a que florezca en el matrimonio, debemos ir más allá del simple estilo de liderazgo lógico. Debemos procurar ser comandantes rectos que honremos siempre la esencia de ella. En otras palabras, debemos tener un modo de pensar sacrificado. Al hacerlo, traeremos un ajuste matrimonial saludable.

Pensar de manera justa y sacrificada es rechazar nuestro derecho a conducir en forma exclusiva desde nuestro punto de vista. Esto es más fácil decirlo que hacerlo, ya que nuestros henchidos egos masculinos prácticamente exigen estar en el centro de la escena. Aun así, sin esta manera sacrificada de pensar, nunca haremos realidad la unidad. El verdadero liderazgo en el matrimonio implica permitir que los dones de ella afloren en todos los momentos oportunos. Esto es necesario para honrar el lugar de nuestra esposa en el matrimonio.

Por ejemplo, a lo largo de los años, he ayudado (Fred) a muchos amigos a que se muden a nuevos hogares. He visto cada uno de los enfoques diferentes que se le da a la tarea, incluyendo a los tipos que insisten en usar complicados sistemas de numeración a fin de facilitar el desempaque en el nuevo hogar. ¡Es posible que todos leyeran el mismo libro!

Mark era insistente en particular. Se negaba a permitirle a su esposa, Gerri, que empacara a menos que lo hiciera como decía él. Es lamentable, pero tenía dos trabajos y no podía dedicar mucho tiempo a empacar. «Esto es absurdo», dijo Gerri. «Su plan duplica el trabajo de empacar y yo tengo un millón de cosas que hacer. Además, no está aquí para empacar y no estará allí para desempacar. ¿Qué importancia tiene para él? Me estoy volviendo loca tratando de hacerlo a su manera, pero si no lo hago como me ha dicho, ¡me buscaré problemas!»

Conozco a Mark y a Gerri y no es novedad que Mark sea el que tenga el don de la organización, pero no quiere decir que Gerri no se las pueda arreglar para empacar dormitorios y cocinas. ¿Por qué no dejar que ella se haga cargo por el bien de la unidad?

Hace nueve meses que Sheila desea colgar unas fotos de los niños, pero su esposo se niega a permitirle que lo haga porque le gusta que los clavos se coloquen de cierta manera. Eric está tan ocupado con su trabajo durante la semana y con el auto durante los fines de semana que nunca encuentra tiempo para colgar esas fotografías.

La casa de Sheila es su nido y desea cubrirla con fotografías de los niños. Cuando Eric no se lo permite, atropella seriamente la esencia del corazón de Sheila. «Siento que tengo mucha menos libertad que cuando vivía en casa de mis padres», dijo. «En realidad, me parece que cambié un padre por otro más estricto, pero este no confía en mí ni se preocupa por lo que siento como lo hacía el otro. Eric me saca de quicio. ¡Lo único que quiero es ver estas estúpidas fotografías colgadas en la pared!»

Es probable que a nosotros nos gusten las fotografías colgadas de cierta manera, pero eso no quiere decir que tengamos que ser los árbitros finales en cuanto a cómo se colocan. Hay cosas más importantes en las que ejercer la autoridad en nuestro matrimonio, cosas como la unidad.

Barb dijo: «Cuando hablo de hacer algún cambio para embellecer la casa, Don siempre tiene algo que decir para aplastarme el entusiasmo. O bien mi plan es innecesario o a él se le ocurre algo mejor. Si en verdad quiero hacer algo, ni se lo menciono y voy y lo hago de todas maneras. De ese modo puedo tenerlo como yo quiero».

Si Don sigue conduciendo de esta manera, la unidad sufrirá mucho más y se merecerá lo que le espera. Como la mayoría de las mujeres, para Barb la casa es un reflejo de sí misma. De acuerdo, es probable que Don tenga un gran don para la decoración, pero no necesita usarlo todo el tiempo. Debería preocuparse más por la unidad que por la decoración de interiores, en especial teniendo en cuenta que Barb le esconde cosas y se mueve a sus espaldas a fin de lograr unos pocos cambios en su propia casa como a ella le gustan.

El asunto es que estas experiencias negativas se acumulan en el corazón de una mujer. Si no sacrificas tu manera de hacer las cosas y la dejas colgar cuadros o empacar cajas, no pasará mucho tiempo antes de que se niegue a sacrificarse a tener relaciones sexuales contigo cuando no tenga deseos de hacerlo. Le resultará difícil someterse a tu liderazgo espiritual porque pareces un farsante frío y cruel. Todo se le tornará difícil.

Por lo tanto, en nuestro intento por comandar la nave *Matrimonio* de una manera recta, primero debemos rechazar este estilo de liderazgo. El segundo paso para convertirnos en comandantes justos y sacrificados es estudiar a nuestras esposas, como hemos dicho. Si no conocemos su esencia tan bien como la nuestra, no podemos esperar que alguna vez se sienta una con nosotros.

Aquí tenemos otro ejemplo:

A Margie le encantan los perros y creció con ejemplares «de interior» que vivían dentro de la casa y que eran como miembros de la familia. Su esposo, Jess, apenas tolera a los animales y aunque tenía perros «de exterior» cuando era pequeño y vivía en una granja, casi nunca los tenían en cuenta. Ahora que viven en su propia granja, Margie y Jess tienen un perro que se llama Búster. «Búster era un perro "de exterior"», dijo Margie. «Pero llegué a quererlo mucho. Cuando nació nuestro hijo, Gabriel, Búster se puso muy celoso y quiso entrar a la casa. Como no lo dejábamos, comenzó a escaparse constantemente y eso me hacía sufrir mucho. Le rogué a Jess que le permitiera entrar a la casa.

»A Jess no le gustaba la idea. Con todo, sabía lo difícil que era para mí, así que, al final, en contra de todas las fibras de su ser, estuvo de acuerdo en permitir que Búster entrara a la casa. ¡Jess siempre será mi héroe gracias a esto!»

Como comandante, ¿cuál curso le parecía más lógico a Jess? Bueno, Búster debía quedarse afuera ya que siempre había estado allí. Así eran las cosas. Sin embargo, él encontró la respuesta adecuada no a través del pensamiento lógico, sino a través del pensamiento del sacrificio.

Había estudiado a Margie y sabía de qué manera este problema le desgarraba el alma. El dilema era real, y aunque el destino del mundo no estaba en juego, era un asunto serio para ambos. Él permitió que el dolor que su esposa sentía por el perro tuviera tanto peso en su decisión como su disgusto al pensar en tener al perro adentro. Sacrificó su derecho al tomar una decisión por el bien de la unidad. Permitió que la esencia de Margie tuviera su lugar adecuado en el proceso de la toma de decisiones.

¿ES TODO LO QUE QUIERE?

Seamos prácticos y exploremos el pensamiento sacrificado dentro del contexto de una serie de ajustes matrimoniales que todos tenemos que enfrentar. Verás como esta clase de pensamiento es muy superior a la lógica a la hora de honrar la esencia de tu esposa de la misma manera en que honras la tuya. Por supuesto, debemos entender un par de cosas. En primer lugar, el pensamiento sacrificado no es darle a tu esposa todo lo que quiera. Es asegurarse de que su esencia se exprese a la par de la tuya, de la misma manera que las líneas blancas se expresan en la misma proporción que las rojas en el bastón de caramelo.

En segundo lugar, el pensamiento sacrificado es más que tener en cuenta sus pensamientos. Es tomar esos pensamientos y ponerlos en juego con tanto énfasis y cuidado como pones a tus pensamientos, aunque algunos de los procesos mentales de ella no tengan sentido para ti que eres hombre. Solo debes comprender su esencia y debes actuar basándote en ella como si la entendieras, de lo contrario, no habrá unidad. Ella se sentirá atropellada y siempre dejada de lado, por más que le digas a menudo: «Pero querida, yo te escuché. Es solo que me pareció que mi punto de vista era mejor».

En tercer lugar, tal vez no estés de acuerdo con nuestras respuestas en algunas de las situaciones que expusimos antes. Muy bien. Las respuestas no son lo importante, sino que la manera en que se llega a ellas es lo que importa. Tu esposa es diferente a su mejor amiga, y tú eres diferente a mí. Las respuestas pueden ser diferentes, pero el uso de la mente de siervo siempre debe ser constante entre todos nosotros si deseamos amar a nuestras esposas como a nosotros mismos.

1. En pos de una profesión

«Me encuentro en el tercer año de un posgrado», dice Joanne. «No hubiera podido tener éxito en este desafío si no fuera por el apoyo constante de mi esposo cuando estoy en clase y cuando me atrinchero en mi habitación para hacer las tareas. Le da de comer a los niños, ayuda con el trabajo de la casa y los lleva a donde tienen que ir. No puedo explicar el alivio que siento cuando sé que llega para ocupar mi lugar. Me apoya tanto en el aspecto emocional que no tengo que preocuparme ante la posibilidad de eludir mis responsabilidades como esposa y madre. Nunca pone mala cara ni se queja por tener que hacer más cosas. Me siento tan responsable por mi familia que si él hiciera estas cosas a regañadientes, enseguida me sentiría derrotada. Como me ayuda con una actitud alegre, me siento liviana en mi interior y eso me ayuda a seguir adelante en el día».

El esposo de Joanne es un líder sabio que piensa de manera sacrificada. Ella dice que si lo viera actuar a regañadientes se sentiría derrotada y sentiría deseos de renunciar. Él sabe que ella se siente así, de modo que se asegura de mantener una actitud alegre. Eso es un hombre de verdad.

2. *La realización de una compra importante*
Hace poco tiempo alcancé (Fred) un punto especial en mi vida como propietario de una casa. Vivimos en nuestra casa durante once años, y como a lo largo de los años habíamos hecho algunos pagos extra de la hipoteca de quince años, la casa estaba pagada casi del todo. Cabalgaba en el séptimo cielo y me sentía tan orgulloso que no veía la hora de tener en mis manos la nota de cancelación de la hipoteca.

Por supuesto, durante esos once años, la tribu familiar de cuatro niños y sus amigos habían rondado por la casa y ya no tenía la misma apariencia que cuando nos mudamos. Las alfombras estaban gastadas y las grietas que se daban vuelta en el manchado linóleo de la cocina susurraban la edad de la casa. El papel de las paredes estaba descolorido por el paso del tiempo y nuestros muebles bien gastados se combaban en los lugares menos indicados.

La estruendosa tribu había llegado a la adolescencia, lo que quería decir que hacía tiempo que la sala de juegos les quedaba pequeña. El resultado final es que no había lugar para que nuestros modernos adolescentes merodearan. Aunque teníamos un par de computadoras, no teníamos un espacio de estudio decente que las acompañara. Parecía que nuestra casa se encogía.

Como comandante del barco, ¿qué debía hacer? Para mí, la decisión lógica era seguir el curso. Tenía una casa perfectamente buena sin hipoteca. Si compraba una nueva, añadiría otra hipoteca de cien mil dólares. Si me quedaba donde estaba, una reforma sustancial requeriría un préstamo de cuarenta mil dólares, según mis cálculos.

Mis hijos no se quejaban y a todos les iba bien en la escuela. Brenda no se quejaba, a no ser por el horrible linóleo de la cocina que le producía náuseas cada mañana. En cuanto a mí, seguía siendo el tipo satisfecho con una silla de plástico barata y un televisor portátil como en los viejos días de mi apartamento. Ya tenía mucho más de lo que jamás había soñado y, ahora, estaba a punto de quedar libre de deudas. Si no me llovían quejas, ¿para qué cambiar el rumbo? Como es lógico, podíamos esperar cuatro o cinco años y pagar las mejoras en efectivo.

Solo que había un pequeño detalle. Había estudiado a Brenda a través de los años y sabía algunas cosas acerca de ella. En primer lugar, casi nunca protestaba por las cosas materiales, pero el hecho de que no se quejara no era garantía de que estuviera conforme con todo. En segundo lugar, su hogar era su nido, el lugar en el que vivía, criaba a sus hijos y recibía a los amigos. Había muchas emociones ligadas a esas cosas. Su hogar era una extensión de su personalidad y de su autoestima, como les sucede a la mayoría de las mujeres.

Sabía que debía hablar del asunto con Brenda, en especial porque ella tenía la amabilidad de no presionarme con respecto a la reforma. Sabía que Brenda era muy sensible a las necesidades de sus hijos y como ellos no tenían donde ir con sus amigos, esto representaba un problema para ella. Además, necesitábamos un espacio familiar a fin de tener la banda ancha de acceso a Internet, en especial porque Brenda no quería que nuestros hijos se encerraran en las habitaciones detrás de sus computadoras. Prefería que estudiaran todos juntos en un lugar cerca del centro de la casa.

Sabía algo más acerca de Brenda. Tiene un alma apacible que detesta los amontonamientos y el desorden. Como la sala era el único lugar de la casa en el cual todos podían andar dando vueltas, no se necesitaba mucho tiempo ni la presencia de demasiados cuerpos para que la habitación más grande de la casa estuviera superpoblada y desordenada. Necesitábamos más «espacio para la comodidad», y una sala de juegos modernizada les resultaría atractiva a los adolescentes. Por último, sabía que ella soñaba con tener su propio rinconcito para su oficina en el cual pudiera organizar sus papeles y cuentas.

Si decidía aplicar solo *mi* lógica en nuestro dilema familiar, no se hubieran hecho cambios. Aun así, supuse que tenía que tratar de ser justo. Aunque no me parecía que estábamos en condiciones de mudarnos ni de remodelar cada rincón de la casa, estábamos en una posición financiera como para, al menos, comenzar con un proyecto de remodelación que le proporcionara a Brenda una gran alegría y mejorara nuestras condiciones de vida. Así que tracé un plan razonable y se lo presenté a Brenda. Tenía unos diez mil dólares en efectivo que, imaginaba, nos permitiría remontarnos a un buen comienzo. Podíamos terminar el proyecto de remodelación a medida que entraba más dinero.

«No quiero hacerlo de ese modo», respondió Brenda. «La casa nunca terminará de estar con escombros. Además, tú sabes que no tengo el don de decorar. Si hacemos las cosas de manera poco sistemática, todo va a quedar feo. Si no lo hacemos todo de una vez, y si no podemos contratar a un decorador, prefiero no hacer nada porque me avergonzaría de los resultados. Además, los chicos necesitan de verdad la sala de computación, y el único lugar en el que podemos ubicarla es en la sala. También necesitan un lugar para estar con sus amigos, y ese lugar sería el sótano. Aunque comenzáramos solo con estas dos habitaciones, las reformas necesarias costarían más de 10.000 dólares. Tal vez sería lo mismo si nos mudáramos».

El pensamiento lógico no alcanzaba para honrar la esencia de Brenda. Para amarla como a mí mismo, la manera en la que ella veía a su nido tenía que tener tanto peso para mí como la cancelación de la hipoteca. Sus deseos de criar bien a sus hijos debían estar representados en el proceso de toma de decisiones a la misma altura que mis deseos financieros. Debía haber unidad.

Al final, decidimos arreglar la casa. Estaba preparado para pedir un préstamo de treinta mil dólares, aunque eso quería decir que no podíamos rehacer la sala familiar de inmediato. Dentro de estos parámetros, dejé mucho lugar para la esencia de Brenda. Pudo contratar un decorador y arreglamos el sótano con una mesa de jockey aéreo, una mesa de billar y un rincón de entretenimiento para la locura del Nintendo. En la planta baja, la sala se convirtió en una combinación de sala de estar y de computación. Junto con el sótano, ahora teníamos tres lugares cómodos en la casa para reunirse y conversar, en lugar de uno. Encontramos espacio para el rincón de Brenda en la nueva disposición de la sala y unas baldosas de cerámica en la cocina hicieron maravillas para embellecer la zona.

El flujo de tránsito cambió de manera radical. La sala, que nunca antes se usaba, estaba ocupada constantemente por navegadores de la Red. El sótano era un imán para los adolescentes. La sala familiar tenía un aspecto «nuevo y mejorado». ¿Quién necesitaba una casa nueva?

No me gustaban las nuevas cuotas del préstamo, pero me las ingeniaba para sonreír y soportarlas porque sabía que la decisión reflejaba las necesidades y los deseos de los dos.

Al igual que con muchas decisiones, a la hora de hacer compras importantes, a los hombres les resulta fácil obviar factores importantes que no los afectan a ellos de modo directo. Hacía poco que nuestra secadora había muerto y la lavadora, debido al récord de arreglos que llevaba, se encontraba en sus últimos días. Le di a Brenda un número sobre el cual podía trabajar y salió de compras. Volvió enloquecida con la nueva lavadora y secadora Neptuno de Maytag. La lavadora de carga frontal quitaba las manchas difíciles mejor que las máquinas convencionales, recibía cargas mayores de ropa y conservaba el agua. La secadora Neptuno de Maytag, con su control IntelliDry, acababa con una carga en la mitad del tiempo. Por supuesto, había un inconveniente. Como las bolas de los lanzamientos de Mark McGwire, el conjunto de lavadora y secadora Neptuno llegaba mucho más allá del límite de nuestro presupuesto. Estamos hablando de más de mil quinientos dólares por el par. Como es lógico, hubiera podido decir que no porque ya había soltado un fajo de billetes para remodelar la casa. Le hubiera podido pedir que fuera justa y que partiera la diferencia conmigo y que buscara algo que se encontrara en medio de la cifra original y el precio de la lavadora y secadora Neptuno. No sentí ninguna presión. Si hubiera dicho que no, ella hubiera estado de acuerdo sin decir ni pío.

Sin embargo, mientras estudiaba su vida, me di cuenta de que pasaba la mejor parte de dos días a la semana con el lavado de la ropa: el de mi ropa y también el de la ropa de los niños. Brenda se las ingeniaba para ocuparse de todo el lavado por sí misma, así que esta decisión significaba mucho para ella. Había hecho su investigación y yo no había hecho ninguna. ¿Por qué iba a tener la voz cantante en esta decisión? Luego de expresar mis moderadas preocupaciones en cuanto a gastar en exceso, le dije que podía hacer lo que quisiera.

Compró la lavadora y secadora Neptuno. Sé que tal vez suene tonto decir esto, pero aquella fue una de las mejores decisiones que tomamos en años. Ahora dedica solo un día a la semana al lavado en vez de los dos días de trabajo terriblemente monótono de antes. Una manera de mirar nuestra compra era que no comprábamos una lavadora y secadora, sino un día extra a la semana para que Brenda lo usara de manera más fructífera.

Es cierto, pagamos más, pero lo que compramos no tenía precio.

Hubiera fallado en aliviar la carga de Brenda al ser lógico o justo. Por supuesto, hay veces en las que no se puede justificar un gasto excesivo (como la compra de un auto deportivo), pero adherir a una estrategia de decisiones prudentes de compras con el aporte de tu esposa, la honra y le dice «te amo» de una manera que no puedes imaginar. Se sentirá una contigo, lo cual mejora la intimidad.

3. La decisión del lugar para vivir

¿Deben nuestras esposas conseguir todo lo que quieren? No, pero deberían conseguir bastante. Si deseamos dar un buen ejemplo en nuestro hogar, como líderes siervos debemos mantenernos concentrados en la palabra *siervo*. Como Siervo en Jefe, debemos ceder en los dilemas con más frecuencia que los demás. Nadie debería elegir incomodarse más que nosotros, y nadie debería tener una actitud mejor en el servicio que la nuestra.

Jesús nos enseñó la sumisión entregando su vida por amor a nuestra relación con Él, aunque nosotros éramos pecadores. Dicho esto, los esposos también debemos darle el énfasis adecuado a la palabra *líder*. Sí, nuestra responsabilidad como esposos es dirigir el barco a lo largo del curso que hemos trazado como pareja, y aunque muchas veces debemos servir sometiendo nuestros derechos por el bien de la unidad, nunca debemos olvidar la obligación que tenemos de conducir el barco a fin de que llegue seguro al puerto.

Debemos estudiar cuidadosamente a nuestra esposa para no confundir su esencia con sus emociones mientras conducimos. Desde el principio, Brenda soñó con quedarse en casa para criar a nuestros hijos cuando llegaran. Ese sueño implicaba dos cosas. En primer lugar, debíamos vivir en una zona que me diera la mejor oportunidad de ganar suficiente dinero como para hacer que eso fuera posible. En segundo lugar, el trabajo tendría que gustarme.

Aquellos primeros años fueron difíciles debido a la muerte de su padre y a mis atropellos. A medida que nuestro matrimonio se fue desenmarañando, Brenda presionó para regresar a Moline, su ciudad natal. Dijo que yo podía conseguir un trabajo en una de las grandes plantas de producción que había allí y, entonces, estaríamos cerca de su familia. Ella podría recuperar su antiguo trabajo y regresaríamos a la iglesia en la que creció. Para ella, todo se volvería mejor de inmediato si tan solo nos mudábamos de nuevo a Illinois.

Aunque quizá tuviera razón a corto plazo, yo no podía ver que la mudanza a Moline resultara a largo plazo. Aunque mi negocio todavía no era gran cosa, al fin comenzaba a prender. Disfrutaba de mi trabajo mucho más que de las sugerencias que ella me ofrecía en cuanto a las oportunidades en Moline, y no podía trasladar mi negocio a esa zona debido a la competencia. Sabía que conservar este trabajo era la mejor esperanza que tenía de apoyar su sueño de dejar de trabajar cuando tuviéramos hijos.

Sin embargo, Brenda se mantuvo firme, así que tuve que estudiarla con mayor atención. ¿Estaba expresando sus emociones o había algo que sucedía a un nivel más profundo? En el fondo de su corazón, deseaba construir una nueva vida con su esposo, distinta y separada de su familia. Eso lo podía hacer mejor en Des Moines. Desde pequeña había soñado con poder quedarse en su casa para criar a los hijos. No necesitaba regresar a Moline para tener este estilo de vida. Con el tiempo, encontraríamos una buena iglesia con muchos amigos jóvenes, y cuando esto sucedió en Des Moines, comenzamos a formar amistades como vicepresidentes del Comité de Actividades para Parejas Jóvenes.

No existía nada en su esencia que no se satisficiera en Des Moines. Su deseo de mudarse a su ciudad natal solo se basaba en las emociones. Como líder, debía dejar lugar para su esencia, pero al hacerlo, sabía que no podía permitir que sus emociones decidieran el resultado final. Le dije que pensaba que teníamos que quedarnos donde estábamos.

4. *La decisión del lugar para adorar*

Deberíamos estudiar a nuestra esposa a fin de asegurarnos que sus necesidades espirituales reciben toda la consideración que reciben las nuestras. Entonces, aun en los momentos en los que las cosas no se den en la manera que ella desea, al menos habremos tenido en cuenta su esencia y la unidad seguirá fuerte.

Hace poco, luego de algunas experiencias desagradables con sus hijos, Greg se sintió insatisfecho con el programa de la Escuela Dominical de su iglesia. Pensó que era hora de encontrar otra. En cambio, su esposa, Candy, arrastraba los pies.

¿Acaso no estaba de acuerdo con la evaluación que él hacía? No, la entendía a la perfección. Entonces, ¿por qué se mostraba reticente a cambiar de iglesia? El temperamento de Candy resistía cualquier cambio significativo y para ella la situación no demandaba un cambio drástico. Greg, luego de estudiar a su esposa a lo largo de los años, entendía su temperamento y le expresó su preocupación por lo que sentía. De todas maneras sabía que su prioridad era tener a toda la familia en una iglesia que satisficiera sus necesidades espirituales.

Le dijo a Candy, con gracia y misericordia, que a pesar de que ella tenía luchas en cuanto al cambio, él sentía con fuerza que debían cambiarse de iglesia de inmediato. Al ver cuánto significaba esto para él y al comprender su papel como ayuda idónea, Candy se sometió a Greg en la decisión de dejar la iglesia. Ahora están encantados con su nuevo hogar espiritual. Greg cumplió su papel de Jefe del Desempate con mucha gentileza.

Las esposas no esperan ni necesitan que las cosas se hagan a su modo para sentirse una con nosotros. Lo único que necesitan es sentirse honradas como coherederas y necesitan sentir que sus pensamientos y dones se han puesto en el mismo lugar que los nuestros. Deem dijo: «Gary siempre considera mi punto de vista y me escucha de verdad. Me proporciona un lugar seguro donde expresar mis opiniones, debidas o indebidas. Hablamos del asunto, y al final él es quien toma la decisión. Aun así, siempre sé que ha escuchado y que lo ha hecho de verdad».

DALE ROMANCE A TU ESPOSA

Si existe una esfera en la que debemos estudiar a nuestra esposa para servirlas mejor, es esta. El romance la inspira y hace que sus sentimientos de intimidad salgan a la superficie.

No obstante, si le preguntamos a un muchacho qué es el romance, farfullará algo acerca de una cena a la luz de las velas o un ramo de rosas. Es más que eso. Es saber qué enciende sus motores románticos. Para algunas, serán los animalitos de peluche. Para otras, será la palabra que empieza con *j*: joyas.

No preguntes por qué. Ningún hombre sobre la faz de la tierra entiende de verdad qué tienen de grandioso las joyas. Si nos dices que lo sabes, te diremos que eres un mentiroso. Lo mejor que podemos hacer es encogernos de hombros y preguntarle cuál le gusta. Dará alaridos como una escolar cuando le compres esos pendientes de oro de dieciocho quilates.

Lo que podemos decir con certeza es que el romance es cosa seria para las mujeres. Una mujer que vive su matrimonio sin romance se siente como un hombre que va por la vida sin relación sexual. Gran parte del color de la vida desaparece y todo se torna gris. Debemos estudiar a nuestras esposas porque necesitamos descubrir qué le parece romántico, no lo que a Julia Roberts ni a Jennifer López les parece romántico. Una vez que descubrimos qué es, debemos sacrificarnos por ella.

Cuando hacemos un sacrificio por nuestra esposa, a ella le resulta romántico. Rhonda nos dijo:

> Paul detesta ir de compras con todo su corazón. Antes de casarnos, yo iba con frecuencia al centro comercial con mi madre y mi hermana para divertirnos y relajarnos. Nunca gastábamos mucho, pero mirar vidrieras nos relajaba. Sencillamente disfrutábamos de estar juntas y de tomar un helado de chocolate mientras deambulábamos por allí. Paul no podía entender nuestro proceso mental en absoluto.
>
> Nuestras primeras salidas de compras juntos fueron desastrosas, pero luego, algo cambió en él. Sabía que andar por el centro comercial era un pasatiempo del cual yo disfrutaba, así que comenzó a preguntarme de tanto en tanto si deseaba ir al centro comercial a mirar. Hasta culminaba nuestro paseo con una visita a la heladería o al negocio de galletas. Un helado o dos galletas de chocolate con crema blanca en el medio. ¡Qué decisión! Nos divertimos mucho.

Cuando le damos romance a nuestra esposa, debemos hacer lo que *ellas* piensan que es divertido y lo que piensan que es romántico. Eso demuestra que las conocemos y que nos preocupamos por ellas. Ahora bien, si tu esposa quisiera darte romance, la visita a un negocio de galletas no serviría de nada, ¿pero qué me dices de sentarse en un sofá el viernes por la noche con un tazón de palomitas de maíz para mirar una vieja película con Cary Grant? Acierto. Es relajante y romántico. Comparten el momento, la risa y la conversación. Se relacionan el uno con el otro, y eso construye la intimidad.

A las mujeres les encanta cuando les demuestras que las conoces, cuando les das pequeñas sorpresas, y de algún modo, les muestras que te sacrificas por hacer las cosas que a ellas les encantan.

Eso es romance.

Sin embargo, también es romántico que hagas cosas que ella detesta hacer. Conocemos a una esposa que nos dijo que detesta lavar la platería después de las comidas. Prefiere fregar una olla con comida pegada antes que hacerse cargo de la platería. Su esposo lo sabe y se ocupa de lavar la platería aunque no tenga tiempo para lavar todos los platos que están en el fregadero.

¿Por qué a la mujer le resulta romántico que hagas lo que ella detesta? Porque prueba que la conoces y que tienes una relación íntima con ella.

Cheryl nos contó esta historia: «Algunas veces, no deseo hacer las cosas mundanales como ir de compras sola a la tienda de comestibles. Tampoco es una de las cosas favoritas de Rod, pero va conmigo si se lo pido, y hace que sea divertido solo porque estamos juntos. Y más de una vez ha soportado de manera estoica un concierto de música clásica por acompañarme».

¿Sientes el romance aquí?

Nosotros sí.

Preguntas para la reflexión y la discusión

1. ¿Cómo describirías de la manera más completa posible la esencia de tu esposa? ¿Cómo se compara con tu propia esencia?

2. ¿Hasta dónde te identificas con las experiencias de cualquiera de las parejas mencionadas en este capítulo?

3. En cada una de las siguientes esferas del matrimonio, analiza hasta dónde has dado lugar a la esencia de tu esposa. ¿De qué maneras prácticas y significativas harías aun más?
   ___ el desarrollo de la carrera de tu esposa
   ___ las compras importantes
   ___ la decisión del lugar en el que viven
   ___ la elección del lugar para adorar

4. ¿Cuáles son las cosas más eficaces que puedes hacer a fin de mantener encendida la llama del romance en tu matrimonio?

Aprende a estar al pie del cañón

En nuestra sociedad, la crianza de los hijos proporciona poco prestigio. En estos días no se ven películas cálidas que muestren a madres muy trabajadoras que están a disposición de sus hijos, día tras día. En los últimos años, hemos escuchado circular el término «madres futboleras» y que, en el mejor de los casos, suena condescendiente y, en el peor, peyorativo. Parecería que estas madres que se turnan con otras para llevar a los niños a sus actividades no tuvieran nada mejor que hacer que sentarse en las gradas a alentar mientras sus hijos se amontonan alrededor de un balón de fútbol.

Criar a la próxima generación es un pasatiempo agotador, no una «carrera» a la que aspiren muchos. Cuando Brenda dejó el campo de la medicina para ser una mamá doméstica, pasó de ser una enfermera diplomada, posición que goza de un alto prestigio social, a cuidar de sus hijos, que es la posición más baja que se puede encontrar en la escala. Al comienzo, este cambio afectó bastante la autoestima de Brenda. Mientras contemplaba su valiente adaptación, me pregunté: *¿Qué puedo hacer para aliviar su carga? Si no puede recibir el respeto de la multitud, ¿al menos puedo hacer que la tarea de criar a nuestros hijos sea menos agotadora?*

Tiempo de poner el hombro

Para ayudar a Brenda, me di cuenta de que debía poner el hombro como Cuidador en Jefe en todo momento y lugar que fuera posible. Los días de semana, me iba temprano de la casa, así que no podía servir de mucha ayuda, pero los domingos por la mañana, no había motivo para que no pudiera alistar a Jasen para ir a la iglesia. Esto implicaba darle algún cereal, lavarlo y acompañarlo hasta su dormitorio de paredes azules para vestirlo. Luego marchábamos juntos al baño y lo observaba lavarse los dientes mientras lo peinaba y le limpiaba sus mejillas rosadas.

Después seguía mi hija Laura. Las niñas serán dulces y encantadoras, pero la ropa que usan no lo es para nada. Los papás tienen problemas con los botones y los delantales, los botones y los suéteres, los botones y los calcetines de malla, los botones y los zapatos, los botones y los collares.

¿Me acordé de mencionar todos los botones?

Para colmo, cada cosa tiene que hacer juego. Brenda me informó que no había excepciones. Debía seguir el programa.

Por cierto, reemplazar a Brenda los fines de semana era un buen comienzo, pero sabía que tenía que hacer más que eso. Tenía que estar a la par de ella en prodigar cuidado. Debía *saber* que estaba en condiciones de hacer su trabajo tal como lo hacía ella en el momento que lo necesitara, de lo contrario, se sentiría incómoda si tenía que depender de mí. Si estaba enferma, quería que se quedara acostada descansando y que se recuperara sin preocuparse de que su mundo entrara en un colapso a su alrededor.

Si deseaba irse con una amiga y dejar la ciudad durante el fin de semana, Brenda debía saber que no ponía en riesgo la salud ni la seguridad de los niños con esa decisión. Por naturaleza, está inclinada a cuidar de los demás, ¿recuerdas? Debía saber que estarían bien vestidos, bien alimentados y que recibirían todo el amor necesario. No demoró mucho tiempo en que dominara los aspectos básicos.

Esos aspectos básicos me sirvieron hasta el día que a la pequeña Laura le sucedió lo inimaginable: le creció el cabello. Un cabello lacio como una cinta recién planchada. Para una madre, eso implica una sola cosa: rizadores. Le eché una mirada al rizador y supe que era momento de abandonar la escuela de siervo. «Un hombre debe conocer sus limitaciones», me dije. A Brenda, sencillamente le dije: «No hago peinados».

Aun así, pronto los domingos por la mañana volvieron a ser un lío. Para llegar a la iglesia a tiempo, teníamos que salir de casa a las nueve y cuarenta y cinco de la mañana. Había hecho todo lo posible por saludar la luz de la mañana bañando, alimentando y vistiendo a todo lo que se encontrara a la vista. De forma invariable, había logrado que todos estuviéramos listos para salir a la hora determinada. Sin embargo, Brenda no era una persona que funcionara bien de mañana, en especial los domingos, que para ella era el único día de la semana en el que se podía tomar su tiempo para salir de la cama. Por más temprano que pusiéramos el despertador, llegábamos a las nueve y cuarenta y cinco y Brenda andaba dando vueltas para rizarle el cabello a Laura. Me paraba en la cocina con los brazos cruzados, dando golpecitos con el pie, mirando el reloj y fulminando con la mirada a Brenda mientras enroscaba y rizaba.

Todos hemos pasado por lo mismo, ¿no es cierto? Muchas veces, salimos de la casa peleando y no estamos de humor para adorar cuando entramos a la iglesia.

Sabía que había llegado a una bifurcación en el camino: podía orar pidiendo paciencia… o podía aprender a rizar el cabello. Que yo encontrara la paciencia necesaria iba a ser difícil, hasta para Dios. Así que opté por los rizadores.

Con grandes manos y nudillos temblorosos, desde el primer día supe que me había metido en camisa de once varas. Laura estaba menos conforme que yo con el nuevo arreglo, ya que le enroscaba el cabello de manera antiestética *y* le quemaba las orejas. ¡Huy! Cada vez que me veía aparecer con el rizador en la mano, gritaba: «¡Quiero que eso lo haga mamá! ¡Quiero que eso lo haga mamá!».

Con el paso de los meses, chamusqué un poco de piel sobre las orejas de Laura, pero me sentía bastante satisfecho con el desarrollo de mis habilidades. Después de todo, era un tipo acostumbrado a tener en las manos martillos y cayos, no rizadores. Brenda mencionó un par de veces que mis esfuerzos no estaban a la altura de sus normas, pero yo no le presté atención. Me di cuenta de que mis padres ni siquiera se habían molestado en pasar un peine por los cabellos de sus hijas antes de ir a la iglesia. En los peores días, mis pobres habilidades podían colocar a Laura en el porcentual cinco.

Sin embargo, pronto se instaló un patrón molesto a las nueve y cuarenta y cinco. Jasen, Laura y yo estábamos de pie en la cocina, completamente vestidos de pies a cabeza, esperando a que Brenda terminara, así podíamos ir al garaje y subir al auto. Brenda entraba con rapidez a la cocina a las nueve y cuarenta y siete, miraba a Laura y lanzaba un grito ahogado. Luego la hacía subir corriendo las escaleras y comenzaba a arreglarle el cabello desde cero.

¡Qué fastidio! «¿Qué haces?», le preguntaba de manera enérgica. «¡Está bastante bien! Eres muy exigente. *Sabes* cuánto significa para mí llegar a tiempo a la iglesia».

Luego de un par de situaciones como esta, me enojé tanto que dejé de rizar el cabello por un tiempo. Me dije que solo un puñado de padres en el mundo sabían rizar el cabello, pero Brenda no lo apreciaba en lo más mínimo.

Dimos vueltas y vueltas alrededor de esta tonta cuestión del rizado durante algunas semanas. Entonces, algo que dijo Brenda me hizo reaccionar. «Quiero que mis hijos se vean lo mejor posible», dijo. «Honra a Dios y los honra a ellos. Eso es importante para mí».

Honra a Dios.

¡Ajá! Brenda metía a Dios en la conversación. ¿Qué otra cosa podía hacer sino honrar esta convicción? Tenía que poner la barra del promedio más alta y, aunque detestaba la idea, me hice un desafío. «Si todas las muchachas de catorce años de Estados Unidos pueden rizarse el cabello solas y quedar estupendas, no hay razón para que un hombre de treinta años no sea capaz de hacer lo mismo».

Para mejorar mis habilidades con el rizador, me inscribí en la Escuela de Belleza de Brenda. La práctica hace a la perfección. En pocas semanas, bajo la atenta supervisión de Brenda, mis habilidades aumentaron al punto tal que pude alcanzar de manera nominal sus normas. Supe que al fin lo había logrado, cuando un maravilloso domingo nos cruzamos en el vestíbulo de la iglesia con una amiga llamada Jeannie que exclamó: «¡Laura, qué bonito luce tu cabello! ¡Tu mami debe haberse pasado horas peinándote esta mañana!».

El orgulloso papi simplemente sonrió de oreja a oreja.

ELLA DICE Y DICE

¿Es justo que nuestras esposas establezcan las normas de rendimiento cuando ya hemos transitado la segunda milla y hemos puesto el hombro en la casa? ¿No deberían contar sus bendiciones y dar gracias por lo que tienen?

Debemos ponernos en los zapatos de nuestra esposa por un momento. En primer lugar, ¿por qué escogieron estas normas? Porque lo que ven como «lo debido» está arraigado en su esencia. Así lo explica Lisa:

> Tom ha aprendido a poner los pañales como a mí me gusta. Sé que suena gracioso, pero soy muy quisquillosa con la manera de colocarle los pañales a Bethany. No me gusta que las lengüetas de los pañales se le claven en las piernecitas. Además, el pañal también debe quedar lo bastante alto como para cubrirle la barriguita, pero no se la debe apretar abajo. Después de observarme varias veces, Tom puede hacerlo de la misma manera que lo hago yo.

No cabe duda de que uno de los dones de Lisa es cuidar, y ese don en particular se revela en los detalles para colocar un pañal. Ya sea que ricemos el cabello, cambiemos pañales o lavemos vasos frágiles a mano, con agua muy caliente, respetamos a nuestra esposa cuando realizamos estas tareas para su satisfacción. Es verdad que parecen cosas pequeñas, pero para ella no lo son. Todo lo que hace para cuidar a los demás es parte de ella misma, de su esencia. Si no hacemos las cosas a su manera, no la respetamos y atropellamos la unidad.

Lisa añadió este comentario con respecto a su esposo: «Tom ha aprendido que me gustan las toallas dobladas de cierta manera. Me permitió mostrarle cómo hacerlo, entonces cuando se ocupa del lavado, las toallas salen de la manera que a mí me gusta».

El hogar de Lisa es su nido y el centro de su universo. Esta madre desea que las cosas se hagan de determinada manera para sentir que está haciendo todo bien. Las esposas de todo el mundo aprecian lo mismo, y lo perciben por razones que quizá nosotros, los esposos, nunca comprendamos de manera objetiva. Eso es normal. Debemos tratar a nuestras esposas de tal manera que no solo hagamos el trabajo, sino que también las agrademos. (Ya sabes, como manejamos nuestros asuntos). Ilustremos este punto con la siguiente historia:

Mientras enseñaba en una clase de la Escuela Dominical para parejas jóvenes, desafié (Fred) a los padres de niños preescolares a que le dieran una noche libre por semana a sus esposas. Luego de varias semanas, pregunté si alguien había comenzado a ponerlo en práctica. Bill levantó la mano con orgullo, pero pronto deseó no haberlo hecho. Después que lo felicité, me dirigí a su esposa, Cindy, y le pregunté cómo se sentía al tener una noche libre. Me imaginé que su respuesta inspiraría a otros esposos a poner en práctica el desafío.

—Bueno, está bien que tengo una noche libre por semana, pero no parece que así fuera —comenzó. Pude ver que el tema le aceleraba los motores—. Cuando regresé a casa aquella primera noche, Bill estaba sentado en el sofá, mirando un partido por televisión. Los niños corrían por toda la casa. No solo era una hora más tarde de lo que habitualmente se van a la cama, sino que ni siquiera estaban bañados ni con sus pijamas puestos. La casa era un desastre. ¡Estaba segura de que tendría otra hora de trabajo para limpiar a continuación de "mi recreo"!

Varias parejas comenzaron a ponerse nerviosas, pero Cindy no había terminado.

—Luego, Bill me sonrió ampliamente y me preguntó: "¿Disfrutaste de tu noche libre?". Lo dijo de esa manera maliciosa que demostraba que esperaba recibir su recompensa en la cama más tarde. Sentí deseos de llorar porque todo lo que en realidad quería era irme a la cama a dormir. En cambio, tuve que bañar a los niños, llevarlos a la cama y recoger la mitad de la casa.

—¿Hablaste con Bill y le contaste cómo te sentías? —sondeé.

—Sí, hablé con él al respecto, pero las cosas no cambiaron en las semanas siguientes. Al llegar a casa, seguí encontrando un desastre con los niños sin bañar. Piensa que yo debería valorar lo que hace, pero me parece que debemos dejar de hacerlo. Creo que mi vida sería más sencilla si nos quedáramos en casa.

—Gracias, Cindy, por contar tu historia —le dije.

Más tarde aquella mañana, me di cuenta de que no comprendía cabalmente lo que quería Cindy. Es verdad, Bill hubiera podido pasar un poco más de tiempo fuera del sofá y con los niños, pero se merecía un diez por el esfuerzo. Al menos, el tipo lo estaba intentando.

Entonces, algunos meses más tarde, Brenda y yo contratamos una niñera. Al menos los niños estaban en la cama cuando regresamos bastante después de la hora en que debían irse a dormir, pero estaban bien despiertos y hablando entre ellos de una habitación a la otra. Los juguetes estaban diseminados por todas partes y en la cocina había platos sucios al por mayor. A Brenda y a mí nos llevó media hora poner la casa en orden otra vez, y para entonces, yo había perdido esa sensación emocionante que traen las citas. De repente, lo que dijo Cindy se me hizo comprensible a la perfección.

Su esposo, Bill, tenía la idea de que solo hacía su trabajo. Estuvo de acuerdo en darle a Cindy la noche libre porque supuso que debía hacerlo después que lo escuchó en la clase de la Escuela Dominical. No obstante, si Bill hubiera tenido una mente de siervo, inclinada del todo a complacer a su «ama», hubiera puesto a los niños a dormir y hubiera ordenado la casa de tal manera que Cindy no tuviera que «pagar» por la noche libre. Como un regalo extra, hubiera podido lavar un par de cargas de ropa a fin de hacerle un poco más sencillo el día siguiente.

Cuando implementas esta mente de siervo, hay una advertencia que deseo (Steve) hacerte a partir de la experiencia: Asegúrate de que tu cuerpo refleje las intenciones que expresas con palabras. Las mujeres presienten cuando andas a medias. Mi esposa, Sandy, me señaló que escuchaba mis palabras de preocupación por ella y mis deseos de ayudarla y de conectarme con ella. Apreciaba cómo había dejado de estar siempre apurado y cómo había comenzado a escuchar y a conversar de verdad con ella.

Sin embargo, añadió Sandy, pasó bastante tiempo antes de que mi cuerpo reflejara mis palabras. Tal vez estaba allí, pero la impresión que daba es que estaba listo para cualquier escape, para cualquier salida fácil. Cuando al fin junté mi cuerpo con mi mente, ella se sintió más cerca de mí. Nuestra relación cambió para mejor.

Así que no le digas simplemente a tu esposa que la amas; refleja ese amor con tu cuerpo. Siempre es más fácil hablar de un buen partido que jugar un buen partido. Asegúrate que tu amor sea más profundo y rico que tus palabras.

Muchachos, una mente de siervo puede impulsarlos mucho más allá del aprendizaje de nuevas habilidades a fin de llegar a obtener *un enfoque del todo nuevo*. Tina nos dijo que aunque ella y Tim no reciben mucha gente, hay una cosa que él hace cuando vienen amigos. «Si se trata de mis amigas, ofrece su servicio haciendo pequeñas cosas con el propósito de que yo pueda concentrarme en la conversación con mis amigas. Se ofrece a servir la bebida, a quitar los platos, a limpiar la cocina y a poner todo en el lavaplatos. Esto me permite disfrutar de los momentos con las amigas». Puedes estar segura de que Tina se siente más cerca de Tim, siente mayor intimidad con él, cuando lo ve renunciar a sus cosas para hacerle a ella la vida más sencilla.

¿Qué sucede contigo y tu esposa? ¿Pones el hombro como corresponde?

Preguntas para la reflexión y la discusión

1. ¿Cuáles son las cosas más significativas que has descubierto que puedes hacer para aligerar la carga de trabajo de tu esposa en el hogar?

2. ¿En qué aspectos te parece que quizá estés violando de forma innecesaria sus preferencias en cuanto a cómo le gusta que se hagan las cosas en la casa?

Disfruta del servicio con pasión

Me puedo imaginar de manera vívida que el siervo que amaba a su amo no solo servía, sino que lo hacía con un corazón alegre. Sabía que servía al amo que amaba. Le encantaba ver cómo se le iluminaba el rostro cuando entraba en su presencia. Los mejores momentos de su vida eran aquellos en los que su amo le decía: «Querido hermano, no sé qué haría sin ti».

Y su amo era asimismo insustituible en el *propio* corazón del siervo. Estudiaba a su amo, hacía planes para él y procuraba ser su gran gozo. Aunque tenía unos pocos derechos, estaba satisfecho con ellos. Su pasión más profunda era su trabajo y pasaba seis días a la semana haciendo lo que amaba. Su servicio no era trabajo; era su alegría.

¿TE DELEITAS?

¿Es tu matrimonio un deleite para ti o tu carrera es lo único que carga tus motores? ¿Existes en el matrimonio para tu esposa o ella existe para ti? ¿Cuál es en la vida el centro de tu mayor pasión?

En la víspera de su boda, Brad le dijo a su esposa: «Quiero que algo quede muy claro entre nosotros. Mi trabajo siempre estará en primer lugar y debes meterte eso en la cabeza». Esa declaración revelaba con claridad dónde se encontraba la pasión de Brad.

La siguiente prueba a libro abierto tiene el propósito de darte algo para pensar durante los próximos días. Pregúntate:

- ¿Se ilumina el rostro de tu esposa cuando entras en la habitación? ¿Se levanta a recibirte con un beso?
- ¿Te ha dicho últimamente: «Si murieras, nunca podría volverme a casar. ¿Quién te sustituiría? Nadie igualaría el amor que me prodigas»?
- ¿Anhela tu abrazo y le encanta conversar contigo?
- Cuando sus sueños se hacen añicos, ¿te busca a ti o se vuelve a su mejor amiga?
- ¿Guardas sus convicciones y los tesoros de su alma incluso cuando ella no se encuentra presente?

¿Cuáles son las respuestas con las que te encuentras? ¿Es tu esposa tu primer amor? ¿Es la unidad tu pasión? Si le hicieras estas preguntas a tu esposa, ¿concordarían sus respuestas con las tuyas? Para una mayor puntuación, prueba con esta: Imagínate que Dios te ofrece las dos opciones que se encuentran a continuación, ¿cuál elegirías?

___ **Opción 1:** Trabajar doce horas diarias durante dos años en el negocio de tus sueños, compromiso que cuadruplicará tus ingresos.

___ **Opción 2:** Trabajar doce horas al día durante dos años a fin de manifestar con pasión un corazón de siervo cuando estás en casa, esfuerzo que cuadruplicará el gozo de tu esposa.

Sé sincero, o al menos disponte a considerar cada opción. Si estás persiguiendo la próxima oportunidad para ascender por la escalera profesional, tu pasión está mal dirigida. Si estás dispuesto a convertirte en el siervo de tu esposa, eres digno de la hija de tu Señor.

Seamos realistas. Si la pasión no se encuentra centrada en tu matrimonio, no encontrarás mucha unidad. Por supuesto, te sientes cómodo con tu esposa y ella es la mejor amiga que tienes.

Puedes pensar que como madre no tiene igual. Es probable que todavía te deslumbre cuando la ves deslizarse dentro de un traje de playa. Ya no imaginarías lo que sería la vida sin ella. Entonces, ¿qué muestran estos sentimientos? Muchos hombres sienten estas cosas, pero tales sentimientos no necesariamente revelan que hayas hecho alguna otra cosa en el matrimonio que amarte a *ti* mismo.

Tanto tu pasión por la unidad como tu pasión por el servicio muestran que la amas a *ella*. Estas cosas le traen gozo a su travesía. (¿Cómo actúa con exactitud? Lo que trato de decir es que debes amar a tu esposa como a ti mismo de una manera diferente, desde un ángulo distinto, desde el ángulo de las motivaciones). Si la pasión no está presente, debes encontrarla. Y si está allí, tus motivaciones para servir a tu esposa serán verdaderas.

¿Sin esperar elogios?

Barry y yo conversábamos sobre la sumisión mutua cuando admitió:

—Fred, trato de llevar el servicio a mi matrimonio, pero tengo problemas. Ayer, por ejemplo, preparé la cena, cambié un pañal y limpié los baños.

—Me parece muy bien.

—¡Pero Shelley no dijo nada! Cuando le pregunté si era mucho pedir que me diera las gracias, terminamos teniendo una tremenda pelea. ¿Qué sucedió?

Lo que sucedió es que Barry le preguntó a su esposa si se había dado cuenta de lo que había hecho. Claro, a todos nos gusta que nos den una palmada en el hombro, pero algunas veces, no sucederá eso. ¿Puedes hacer cosas por tu esposa sin recibir ningún «crédito extra», una palmada de aprecio o siquiera un «gracias» al pasar?

¿Cuál es tu motivación al ayudarla?

Recuerdo cuando nació Rebeca, nuestra tercera hija. Hacía poco que había tenido un choque con el auto y tenía la mano fracturada. Como resultado, me encontraba en medio de una batalla con una compañía de seguros. El nacimiento de Rebeca cayó justo en la parte más ajetreada de mi año fiscal, pero sin embargo, trabajé de manera incansable para ayudar a Brenda con todos los pañales de Rebeca, los baños y la alimentación. Todo este trabajo extra me dejaba cansado, muy cansado. Me dolía la mano y los dos niños mayores necesitaban atención extra de mi parte ya que mamá estaba ocupada con Rebeca.

Con todo, me lo tragué y ayudé a Brenda todo lo que era humanamente posible. El problema es que llevaba mi trabajo como una insignia y casi exigía sonidos de trompetas y que Brenda me hiciera la venia. Por lo que recuerdo, la Medalla de Honor nunca llegó.

Tuve que recordar que ayudaba a Brenda *solo por el fin de ayudarla*. Tuve que decirme que el propósito primario del siervo es liberar a su esposa a fin de que viva y florezca por completo. Era lo adecuado, aunque ella no se diera cuenta. Hacía todas estas cosas por amor, ¿no es cierto?

Tom cuidó a su pequeña hija, Bethany, mientras su esposa, Allison, salía con unas amigas para tener un poco de distracción: compras y almuerzo. Allison estuvo afuera hasta el comienzo de la tarde.

Cuando llegó a casa, invitó a una amiga a pasar. Descubrieron que Bethany estaba durmiendo tranquila su siesta y luego de inspeccionar con mayor atención, Allison pudo oler que Bethany había recibido un baño mientras ella estaba afuera. Mientras la niña continuaba durmiendo, Allison y su amiga Paula se sentaron en la sala a conversar. De vez en cuando Tom se unía a la charla e hizo que la amiga de Allison se sintiera bienvenida al no encender la televisión para ver un partido de fútbol.

Cuando Bethany se despertó de la siesta, mientras Allison y Paula conversaban, Tom enseguida dio un salto y la tomó en brazos. La llevó abrazándola contra su cuerpo hasta la cocina para calentar un biberón.

«Aquel día fue muy refrescante para mí», dijo Allison. «Tom renunció al sábado completo para que yo pudiera pasar tiempo con mis amigas. Fue más allá de sus obligaciones cuando le dio ese baño a Bethany. Me sentí muy orgullosa delante de Paula por tener un esposo que me ama y que está dispuesto a hacer muchas cosas por mí». Cuando el amor es nuestra motivación, ir más allá de nuestras obligaciones se convierte en la norma.

Pagar el precio por algo grande...

Un año, cuando se acercaba el fin de semana del día del trabajador, Brenda escuchó que nuestra oradora cristiana favorita estaría nada más y nada menos que en la zona rural de Hazelton, Iowa. Era misionera encubierta en un estado represivo de África y oraba seis horas al día. Como es de esperar, sus historias sobre la misericordia y la gracia de Dios siempre eran fascinantes. A Brenda le encantaba escucharla hablar, y cuando esta mujer oraba por ti, parecía que se abrían mundos nuevos por completo.

Casi siempre habíamos cruzado las fronteras de los estados y habíamos conducido muchos kilómetros para escuchar hablar a esta misionera, así que al saber que se encontraba en el campo, en Iowa, nos pareció demasiado bueno para ser verdad. El sábado era un día dedicado por entero a un seminario para mujeres; el programa del domingo incluía reuniones por la mañana y por la noche, abiertas para todos.

Trazamos un plan. Como su madre había estado enferma, Brenda deseaba asistir a las sesiones del sábado, luego volver a casa y recoger a nuestros dos hijos más pequeños antes de conducir hasta Moline para cuidar de su madre. El domingo, yo planeaba tomar a nuestros dos hijos mayores, Jasen y Laura, para ir a escuchar a esta gran mujer. Nos reuniríamos en nuestro hogar en Des Moines el lunes por la noche antes de comenzar la semana de trabajo y de escuela. No vería a Brenda durante este fin de semana de tres días.

Si imaginas un triángulo equilátero, Des Moines estaría en el punto de abajo a la izquierda, Moline en el punto de abajo a la derecha y Hazelton en la punta. Entre un punto y otro había un viaje de dos horas y media. Era evidente que sería una tontería conducir hasta Moline luego de la reunión del domingo a la noche. Llegaría a la una de la madrugada, solo para dormir y partir por la tarde en el viaje de vuelta a Des Moines. No tenía sentido manejar cinco horas de más para pasar seis horas en Moline el lunes. Además, a los niños les costaría más hacer sus deberes en la casa de la abuela.

Aunque pensaba que ese era el plan lógico, con todo arrojé la tarea de los niños al auto el domingo por la mañana, por si acaso. Había aprendido a mantener todas las opciones abiertas. Nunca sé qué es lo que mi amor por Brenda me puede obligar a hacer.

El domingo por la tarde llamé a Brenda y le dije lo hermosa que había sido la reunión de la mañana con la misionera de África. ¿Y Brenda? Me extrañaba. A ella le encantan los días feriados y la familia. Sabía que el viaje extra desde Hazelton hasta Moline para verla a ella y a su madre convaleciente no era sensato, pero a pesar de todo, deseaba estar el lunes conmigo. Sin mucha esperanza, lanzó un débil argumento: «Sé que no vamos a estar mucho tiempo juntos, pero es mejor que nada. A mamá le encantará verte y a los niños también. Sin embargo, por sobre todas las cosas, te extraño».

Yo también la extrañaba, pero no deseaba ir. ¿A quién le gustaría manejar doscientos cincuenta kilómetros después de la reunión del domingo por la noche? ¿Y luego otros doscientos cincuenta kilómetros el lunes, con el tránsito de los días feriados? Cuanto más lo pensaba, más me gustaba la idea de dormir en mi cama hasta las nueve de la mañana. Tendría el resto de la jornada para ponerme al tanto con algunas cosas que tenía que hacer en la casa. Quería que Jasen y Laura hicieran bien sus tareas escolares y no quería gastar veinte dólares de más en combustible y otros veinte dólares en comida por el camino. Podía pensar en muchas razones...

La reunión del domingo por la noche comenzó tarde. Luego nos quedamos conversando, conversando y conversando con amigos, y antes de que me diera cuenta, eran las once de la noche. Hora de regresar a casa.

Entonces, me encontré propiamente en una encrucijada en la ruta: Un giro me llevaría de vuelta a mi cómoda cama en Des Moines, el otro, me llevaría a Moline en dos horas y media. Como dijo Yogi Berra: «Cuando llegues a una bifurcación en el camino, tómala».

Al aproximarme a la bifurcación, tomé mi teléfono celular para llamar a Brenda y desearle buenas noches. Su voz sonaba cansada y somnolienta, pero no dejó de decir: «Pero, te extraño mucho».

Tomé el camino hacia Moline. No lo pude evitar, pero incluso entonces me censuré por ser tan tonto, hasta el punto de desviarme dos veces para volver a Des Moines. ¿Qué fue lo que me llevó a Moline? Sencillamente lo siguiente: ¿Cuántas esposas que llevan veinte años de casadas siguen extrañando a sus esposos de esta manera? Un amor semejante exige más que una respuesta sensata.

Exige una respuesta alocada.

Cuando entré a Moline, alrededor de la una y media de la madrugada, estaba molido y los niños rezongaban. Hacía rato que Brenda se había desconectado de este mundo. Sin embargo, de algún modo, mi muñeca con apariencia de zombi apareció tambaleante en la sala y se arrojó en mis brazos para suspirar: «Ay, te extrañaba. Qué bueno es tenerte de vuelta». ¡Todo vale la pena en momentos como este! ¿Que si lo haría otra vez? ¡Claro que sí!

Este es el deseo de cada mujer. *Puedes acostumbrarte a la mediocridad o puedes pagar el precio por algo grande.* Si pagas el precio y cumples con los requisitos, una gran intimidad inundará sus vidas.

Algunos pensamientos tristes para terminar

Una vez, recibí un boletín de Enfoque a la Familia que me llega hasta lo más profundo cada vez que lo leo. En este boletín en particular, James Dobson extrajo porciones del diario de su madre. En el texto que reproducimos a continuación, Myrtle Dobson reflexiona acerca de su soledad después de la muerte de su esposo, también llamado James Dobson:

> Un día, me di cuenta de que ya él no existía. Quitaron su nombre del registro de la iglesia. El banco quitó su nombre de nuestros cheques. La dirección de nuestro hogar se modificó para incluir solo mi nombre. Invalidaron su licencia de conductor. Entonces me di cuenta de que también había cambiado mi nombre. Orgullosa, había llevado el nombre de Sra. James C. Dobson. Ahora era solo Myrtle Dobson. Ya no éramos *nosotros*. Pasé a ser yo o mí. Y estoy sola. En mi interior me encuentro deshecha, triste, aturdida, sola. Mi casa perdió su alma. Él no está aquí.
>
> La gente me ha dicho que el primer año es el más difícil. Hace un año y tres días que moriste, y esta noche me siento *desesperada* por tenerte a mi lado. ¡Ah, querido Dios! Es más de lo que puedo soportar. Los sollozos hacen que mi corazón pase por alto algunos latidos. No logro ver el papel. La cabeza me va a estallar. La casa está solitaria y silenciosa. Te veo en visiones tan reales como si estuvieras aquí y no me hubieras dejado. Hoy le di gracias a Dios por permitir que un ángel cuide de mí, ¡pero cuánto te extraño!
>
> Hoy me mudé al dormitorio más pequeño. Desearía que estuvieras aquí para compartir esa habitación conmigo. Hay preciosos recuerdos allí. Cuando estuve enferma, hace cuatro años, orabas por mí en esa habitación durante las horas de la medianoche. Yacías en el suelo, agonizando en oración por mí. Los dos sabíamos

que el Espíritu oraba a través de ti. Más tarde, el Señor nos condujo a un médico que me ayudó a encontrar el camino para recuperar la salud. Ah, cuánto te amaba. Hoy amo el recuerdo de ti.

La primera vez que leí estas palabras en la Escuela Dominical, dije: «Quiero que mi corazón se parta en dos y nunca se recupere cuando muera Brenda. Entonces sabré que la pasión por mi matrimonio era total, y sabré que obtuve del matrimonio todo lo que Dios tenía preparado para mí».

Al cabo de un rato, esa tarde, un amigo de la clase me llamó para decirme: «Fred, recibí la misma carta la semana pasada de Enfoque a la Familia. Cuando leí esas citas de la Sra. Dobson, recuerdo que pensé: "Espero no estar nunca tan pegado a mi esposa como para quedar así de herido". Ahora veo que estaba equivocado».

Cuando me vaya, quiero que Brenda extrañe nuestras oraciones, quiero que extrañe nuestra risa. Quiero que no descubra secretos en los cuales yo haya comprometido sus valores en privado. Quiero que extrañe los momentos que pasamos en la cama y que extrañe a la persona que defendió su alma. Quiero que esté segura de que los años de casada fueron los más felices de su vida, no los más solitarios. Quiero que disfrute de este viaje y voy a entregar mi vida antes de que me la quiten.

Preguntas para la reflexión y la discusión

1. A esta altura de tu vida, ¿cómo calificarías el nivel de gozo y de pasión por tu matrimonio?

2. Asegúrate de hacerte las preguntas que mencionamos antes en el capítulo:
   ___ ¿Se ilumina el rostro de tu esposa cuando entras en la habitación? ¿Se levanta a recibirte con un beso?
   ___ ¿Te ha dicho últimamente: «Si murieras, nunca podría volverme a casar. ¿Quién te sustituiría? Nadie igualaría el amor que me prodigas»?
   ___ ¿Anhela tu abrazo y le encanta conversar contigo?
   ___ Cuando sus sueños se hacen añicos, ¿te busca a ti o se vuelve a su mejor amiga?
   ___ ¿Guardas sus convicciones y los tesoros de su alma incluso cuando ella no se encuentra presente?

3. ¿Es tu esposa en verdad tu primer amor? ¿Es tu pasión la unidad en el matrimonio?

4. De las dos opciones presentadas en este capítulo, ¿cuál elegirías con sinceridad?
   ___ **Opción 1:** Trabajar doce horas diarias durante dos años en el negocio de tus sueños, compromiso que cuadruplicará tus ingresos.
   ___ **Opción 2:** Trabajar doce horas al día durante dos años a fin de manifestar con pasión un corazón de siervo cuando estás en casa, esfuerzo que cuadruplicará el gozo de tu esposa.

5. ¿Te preparas para la mediocridad en tu matrimonio o pagas el precio por algo mayor? ¿Cuál es con precisión ese precio en tu matrimonio?

El servicio como líder espiritual

El siervo en Israel no dudaba un instante en defender la fe de su amo, la fuente de su fuerza. ¿Qué mejor manera de mostrar su amor que defender el amor de su amo hacia Dios?

Nosotros también debemos defender la fe de nuestra «ama». Como siervos devotos, podemos proporcionar algunas defensas prácticas para la fe de nuestra esposa. Como hemos visto, al servir, ella puede ejercer sus dones con libertad. Cuando no lo hacemos, es probable que no encuentre siquiera diez míseros minutos al día para leer la Biblia.

Como líderes y siervos, creemos que podemos hacer mucho más de lo que un siervo jamás habría soñado. Tenemos el llamado a separarnos para Dios, como nos lo recuerdan las palabras de muchos himnos y cantos de alabanza: «Tuyo soy», «Ya pertenezco a Cristo», «Salvador, a ti me entrego».

Si movemos los labios pronunciando estas palabras (fíjate, no escribimos cantando), la mayoría de nosotros mentiría. Cuando nos separamos para Dios, nuestras vidas no nos pertenecen en verdad. Si vivimos y respiramos para Dios, deberíamos vivir y respirar para ella. ¿No fue ese el ejemplo que nos dejó Jesús?

> [Jesús], siendo por naturaleza Dios, no consideró el ser igual a Dios como algo a qué aferrarse. Por el contrario, se rebajó voluntariamente, *tomando la naturaleza de siervo* y haciéndose semejante a los seres humanos. Y al manifestarse como hombre, se humilló a sí mismo y se hizo obediente hasta la muerte, ¡y muerte de cruz! (Filipenses 2: 6-8)

Cristo vino para hacer la voluntad del Padre, no su propia voluntad. Vino en busca de la justicia y vino en favor de la justicia. Debemos conducir en nuestros hogares de manera espiritual, como Cristo, ya que el deseo de cada mujer es la unidad espiritual con su esposo. Sin embargo, muy a menudo, escuchamos a las mujeres que se lamentan con nostalgia por la unidad que nunca han tenido:

> Soy constante y ferviente en mi búsqueda de Dios. La carencia de Brian en esta esfera me entristece. Deseo que ame al Señor tanto o más de lo que yo lo amo. Quiero que lleve la delantera. Ansío que llegue el momento en el que me diga: «Oremos juntos».

El liderazgo espiritual: lo que se necesita

Cuando pensamos en hacer algo para nuestras esposas, muchos de nosotros preferimos cambiar el piso del baño antes que volcar nuestro corazón en oración delante de ella. Sabemos cómo cambiar un piso, ¿pero la dirección espiritual? Ni siquiera sabemos por dónde comenzar.

¿Qué debe hacer un esposo para tener en su hogar un liderazgo espiritual como el de Cristo? Debes comenzar dando estos seis pasos en tu vida:

1. Desarrolla el conocimiento más profundo de la Palabra de Dios

En una de nuestras primeras citas, Brenda y yo nos juntamos una noche con sus primos para cantar y jugar a las adivinanzas bíblicas. Estos no eran primos comunes. Como el padre de Brenda y sus tres hermanos se instalaron dentro de un radio de un kilómetro y medio el uno del otro, estos nueve primos crecieron como hermanos y hermanas. Como lo hacen a menudo las hermanas menores, la prima menor de Brenda, Lyni, se interesó mucho en observar con atención a este nuevo pretendiente.

Lyni se reía tontamente cuando me equivocaba con las líneas de las canciones más comunes en el cancionero cristiano. *¡Es un verdadero ganador!*, pensaba. Supongo que tenía razón.

No conocía las palabras, y como si esto no fuera lo suficiente humillante, no era capaz de seguir una melodía aunque me la señalaran con reflectores. En cuanto a las adivinanzas bíblicas, ¡necesitaba que alguien me diera una mano para acertar alguna! Como esposos, no podemos dejar las cosas así. ¿Qué me dices si cada vez que tu esposa desea hablar de algo que leyó en la Biblia, le contestas: «Mejor pregúntale al pastor Rick»? Lo más importante que hice en mi vida fue leer la *Biblia en un Año* (una versión de la Biblia que toma algunos versículos de aquí y otros de allá para que puedas leer toda la Biblia en un año). No comencé a captar las cosas hasta la mitad del segundo año, cuando las ventanas del entendimiento se abrieron, de repente, de par en par. Oseas 4:6 me recordó: «Por falta de conocimiento mi pueblo ha sido destruido». No iba a permitir que eso me sucediera a mí ni a mi matrimonio.

El conocimiento bíblico trae seguridad y establece tu liderazgo en el corazón de tu esposa. Patty me dijo: «El conocimiento mayor que Derek tiene de la Palabra de Dios me hace sentir segura. Trae un versículo adecuado a la situación que estamos viviendo y me produce una "paz que sobrepasa todo entendimiento"».

Brenda dice que el conocimiento que tengo de la Escritura le eleva el nivel de respeto que siente hacia mí. «Me alegra que seas tú el que conoce más la Palabra porque me ayuda a respetarte y a respetar tus decisiones. Sé que puedo confiar en que harás lo mejor que sea posible por mí y por nuestros hijos. Cuanto más lo pienso, no sé cómo es posible que una mujer vea a su esposo como líder espiritual si no lee la Biblia. ¿No se supone que un líder debe dar el ejemplo?»

Sí, señora, la respuesta es sí, y esa es mi respuesta definitiva. He hablado con mujeres que sentían un profundo dolor en el corazón debido a la falta de conocimiento bíblico de sus esposos. Megan me dijo: «Supongo que yo soy la que tengo el liderazgo espiritual ya que sé mucho más acerca de la Biblia que Dan. Eso me duele. Anhelaría seguir el liderazgo espiritual de él».

La pereza en el campo del estudio bíblico creará un lugar de separación en tu matrimonio, como lo atestigua la historia de Arnette:

> Durante los primeros ocho años de nuestro matrimonio, fuimos a una clase de la Escuela Dominical para parejas casadas. En aquel entonces, Brian y yo crecíamos juntos espiritualmente. Volvíamos a casa de la iglesia tan incentivados a buscar a Cristo que nos sentábamos en la entrada y conversábamos acerca de lo que habíamos aprendido y nos olvidábamos por completo del almuerzo. Ya dejamos de hacerlo. En realidad, ya no vamos a la Escuela Dominical y lo extraño. Parece que nuestras vidas espirituales están separadas.

Las vidas espirituales separadas hacen que la unidad sea imposible en el matrimonio.

2. Debes llegar a ser el mejor a la hora de someterte a la Escritura

Nadie en tu hogar debería ser mejor que tú a la hora de someterse a la Escritura. Una vez, pregunté en una clase para casados: «¿Qué es lo que más te impresiona de tu esposo?».

Betsy respondió: «Mark se somete muy bien a la Escritura. Si ve que está actuando mal, se endereza y cambia de dirección». ¿Hay algo que sea más adecuado? Debes liderar con el ejemplo.

Ofni y Finés, los dos hijos de Elí, eran sacerdotes, pero también eran hombres perversos que no tenían temor del Señor. No se apartaban de sus pecados, ni siquiera cuando los enfrentaban a la Escritura. A Dios no le agradan los líderes espirituales, ni los esposos, que esconden pecados:

> Ese día llevaré a cabo todo lo que he anunciado en contra de Elí y su familia. Ya le dije que por la maldad de sus hijos he condenado a su familia para siempre; él sabía que estaban blasfemando contra Dios y, sin embargo, no los refrenó. (1 Samuel 3:12-13)

Jill dijo: «Allen se somete mucho más rápido a la Escritura que yo. Enseguida arregla cualquier cosa en su vida que le parezca que no está de acuerdo con la Escritura. Siempre se ha sometido a las normas de Dios, y esto hace que yo confíe en él y me sienta una con él». Nota de nuevo la seguridad que esta sumisión a la Escritura trae a tus dominios. Por otra parte, no tratar al pecado trae desorden, confusión y temor. Atropella las convicciones de tu esposa y coloca una piedra de tropiezo en el camino hacia la unidad.

Cuando sometes tu carácter a la Escritura, construyes la confianza que tu esposa siente hacia ti. Esta confianza te recompensará con la misericordia. Te dará el beneficio de la duda cada vez que tu liderazgo se encuentre tambaleante. «Dan siempre se ha sometido de manera asombrosa a cambiar las fallas de carácter», dijo Lisa. «En este sentido, es mucho mejor que yo. Si le he pedido que corrija algo y sigue cometiendo el mismo error, sé que no lo hace para molestarme. Sencillamente doy por sentado que no comprende lo bastante bien el mandamiento de la Escritura. Si puede comprender la lección espiritual, siempre lo intenta».

Cuando mi relación con Sandy (Steve) comenzó a mejorar, nos sentimos en libertad para hablar acerca de los días en los que nuestro matrimonio era cualquier cosa menos un matrimonio. Me dijo que, a lo largo de esos tiempos difíciles, siempre tenía la esperanza de un gran futuro juntos debido a una razón: sabía que me levantaba temprano para leer la Escritura y tener un tiempo de meditación. Esto le aseguraba que estaba intentando conectarme con Dios y que algún día respondería de una manera piadosa. Te animo a que te levantes un poquito más temprano para comenzar tu día con Dios. Él te estará esperando, y quizá, alguien aquí en la tierra te estará observando.

3. Debes ser el que se sienta más cómodo con la adoración en el hogar

Fuimos creados para adorar. La adoración y la alabanza traen intimidad con el Señor y nos guían con rapidez a su presencia.

Sin embargo, algunos sujetos se ponen tensos con solo dar las gracias antes de la cena. A otros se les traba la lengua cuando les piden que cierren un estudio bíblico con una oración. Cuando quedan bajo los reflectores para orar en público, se ponen tan tiesos como el jugador que tiene que hacer un tiro con el que define el partido.

Yo (Fred) lo he experimentado, y le echaba la culpa a mi falta de experiencia de orar en público. No obstante, la verdadera razón que trataba de ahogar era que no tenía la suficiente práctica de orar en privado. La clave para profundizar tanto en mi vida privada como pública de oración era la adoración. Comencé a memorizar algunos coros e himnos. Luego, empecé a levantarme temprano todos los días y me dirigía al sótano, donde cantaba en voz baja al Señor. (De ninguna manera quería que mi esposa ni mis hijos me escucharan o me vieran).

Al principio, me sentía muy incómodo, aunque sabía que estaba solo. Seguí adelante, recordándome que al Señor le encanta escuchar canciones de amor dirigidas a Él, y en poco tiempo descubrí que estas canciones abrían mi corazón a una oración más profunda. A medida que me sentía más cómodo al orar y cantar en privado, comencé a sentirme más cómodo al orar en cualquier parte. Con el tiempo, hasta llegué a convertirme en líder del ministerio de intercesión de la iglesia. Si pienso en el comienzo que tuve, me asombra lo que ha hecho Dios.

Si eres un líder espiritual, nadie en tu hogar debería sentirse más a gusto con la adoración y la oración que tú. Se me conoce por cantar a grito pelado una canción o dos por los pasillos de mi casa. No tengo pasta de cantante melódico, pero parece que a mis hijos les gusta. Tal vez sea por eso que parecen adorar con tanta libertad. Tu familia necesita que te sientas cómodo al guiarlos en oración y canto, lo cual es «de gran estima» a los ojos de Dios. Decir que nos sentimos ridículos al hacerlo no es una excusa válida.

Tal vez debas comenzar a cantar en el sótano o en el auto mientras vas de casa al trabajo, pero no puedes acobardarte cuando todos te miran esperando que seas su líder espiritual. El Espíritu Santo espera que entres a la cancha y Él estará allí para ayudarte. Esa es una promesa.

4. Debes ser el más constante en tu vida de oración y devocional

No solo debes ser el que se sienta más cómodo con la oración, sino que debes ser también el más constante. La constancia trae intimidad, y la intimidad con el Señor trae vida y verdad. Sin ella, tendrás poca revelación fresca con la cual guiar a tu familia.

¿Cuánta constancia tienes a la hora de orar? ¿Cuánta constancia tienes para conducir a tu familia en un breve estudio bíblico y un tiempo de oración (lo que en la mayoría de las casas se llama «el devocional»)? Claro, nadie está más ocupado que tú, pero debes sacar tiempo de tu ajetreado día para liderar a la familia en este aspecto.

Tus hijos observan tu ejemplo. Si no oran juntos como familia, todas tus palabras acerca de que Dios es el centro de tu matrimonio y de tu familia no son más que eso: palabras. Haz de la oración familiar una prioridad. Sé disciplinado para seguir con constancia. Da ejemplo de tu fe con pasos de acción y dale a tu familia alguien a quien respetar y algo con lo cual conectarse. Como sucede con los pasos que ya mencionamos, la constancia trae confianza, como lo demuestra Deena en su historia:

> Por lo general, soy más regular en mis tiempos devocionales que Gene, pero eso forma parte de mi temperamento orientado y disciplinado. Sin embargo, esta esfera es, sin lugar a dudas, un factor significativo en nuestra unidad. Cuando Gene se dispone al Espíritu de Dios a través de la oración, confío más en él y me siento más dispuesta a brindarme a él.
>
> Me siento en realidad segura cuando sé que Gene está en contacto con el Señor con regularidad. No sé si comprende de verdad lo vital que es esto para mí, pero estoy muy agradecida.

El deseo de crear una conexión a nivel del alma con el esposo se encuentra en el corazón de cada mujer. Las mujeres *sufren* si sus esposos abandonan esta responsabilidad. Liza dice que después que ella y Bob se convirtieron, su pastor los alentó una y otra vez a orar y leer la Biblia juntos. Bob se negaba, diciendo que para él era demasiado empalagoso. Ella puede recordar solo unas pocas veces que oró con él en su matrimonio, y eso sucedió solo después de fastidiarlo.

Liza tenía un vacío en el corazón y lo llenó participando en un ministerio de oración en la iglesia. Está bien, pero es probable que empeoren las cosas en casa porque sabe que ni Bob ni ella se encuentran trabajando en su relación de oración. «Es probable que por eso hemos terminado como compañeros de habitación», dice Liza, «antes que esposo y esposa. Siento que a él le molesta mi amor por el Señor. En casa por las noches, siempre hace sus cosas y me excluye. No me queda otra cosa que aprender acerca de Cristo por mis propios medios».

Interrumpimos este capítulo para hacer una prueba de popularidad: ¿Alguna remota vez te sucede que el tiempo de oración con tu esposa te parece más codiciable que la relación sexual? Si no es así, tu vida de oración con ella necesita atención. Como líder, la meta no es ser su opción más cercana para orar, sino su opción *favorita*, aquella que le trae la mayor fuerza y consuelo.

En la Biblia, cuando Ana se encontraba profundamente angustiada y desesperada por su esterilidad, ¿en qué lugar le gustaba más orar? En el templo, donde podía orar con el sumo sacerdote o recibir su bendición:

> Una vez, estando en Siló, Ana se levantó después de la comida. Y a la vista del sacerdote Elí, que estaba sentado en su silla junto a la puerta del santuario del SEÑOR, con gran angustia comenzó a orar al SEÑOR y a llorar desconsoladamente [...]

—No, mi señor; no he bebido ni vino ni cerveza. Soy sólo una mujer angustiada que ha venido a desahogarse delante del SEÑOR. No me tome usted por una mala mujer. He pasado este tiempo orando debido a mi angustia y aflicción.

—Vete en paz —respondió Elí—. Que el Dios de Israel te conceda lo que le has pedido.

—Gracias. Ojalá favorezca usted siempre a esta sierva suya.

Con esto, Ana se despidió y se fue a comer. Desde ese momento, su semblante cambió. (1 Samuel 1:9-10, 15-18)

Ana se fue con fe, satisfecha desde lo más profundo por el aliento que le dio Elí. Dios te llama para que desempeñes el papel de Elí en tu hogar cuando tu esposa está muy desesperada. Tú debes ser la persona con la cual anhele orar.

Hace poco, Brenda y yo renunciamos a nuestro liderazgo de un grupo de intercesión, luego de cuatro años. Teníamos la seguridad de que Dios nos había pedido que lo dejáramos, pero aun así, Brenda se sentía solitaria y conmovida por la duda, se veía alejada y le parecía que le habían cortado el ancla. En años anteriores, Brenda siempre se había volcado primero a mí, sencillamente porque «se supone que debes orar con tu esposo». Con todo, para buscar de verdad a Dios y para levantarse de la oración satisfecha, se volcaba a su madre o a sus amigas. Ya no era así. Esta vez, vino a mí con sus dudas, y eso fue todo lo que necesitó. Encontramos la respuesta juntos, y como Ana, el semblante de Brenda cambió.

5. Debes ser el más rápido en la familia para perdonar y pedir perdón

Nadie en la familia debe ser más rápido para perdonar que tú. El perdón es la piedra angular del cristianismo.

Sin embargo, a mí no me sale con naturalidad. Prefiero una política menos sutil, ¡la Destrucción Mutua Asegurada! Si alguien me lanza diez misiles, yo le lanzo treinta en represalia por si acaso. ¿Misericordia? ¡Olvídalo! Prefiero colgarte en la pared hasta el amanecer. Si eres como yo, debemos cambiar. Hebreos 5:1-2 dice: «Todo sumo sacerdote [...] puede tratar con paciencia a los ignorantes y extraviados, ya que él mismo está sujeto a las debilidades humanas».

Mary Beth me dijo que su esposo, James, siempre ha sido el más rápido para perdonar en la familia. «Muchas veces, ni siquiera me deja que termine de pedirle perdón», dice. «He aprendido a pedir perdón siguiendo su ejemplo. Cuando James pide perdón, me hace sentir humillada y enseguida derriba cualquier pared. Cuando esto sucede, siento que soy un tesoro para él».

Soy anfitrión de un programa de radio (Steve) llamado *New Life Live* [Nueva vida en vivo] con los doctores Paul Meier, Henry Cloud y John Townsend en el que se reciben llamadas telefónicas. Como recibimos muchas llamadas por día, es fácil encontrar un tema común que pueda surgir. Uno que escuchamos con mucha frecuencia es el de culpar y juzgar a la esposa porque «no es lo suficiente» para un hombre. Es asombroso escuchar los giros mentales que dan los hombres con tal de no asumir la responsabilidad. Un día comentamos que la camiseta candidata al fracaso que podíamos lanzar al mercado era una que dijera: «Fue mi culpa». ¡Ni un solo hombre la compraría! Con todo, una camiseta así tendría un gran impacto si el que la lleva puesta creyera en su leyenda.

Aquí tenemos otra idea para un mensaje escrito en una camiseta: «No tienes la culpa de mis problemas». En lugar de esperar que esas camisetas lleguen a los negocios, necesitamos creer lo que dicen. Cuando creemos estas verdades, nos humillamos y estamos listos para hacer lo debido, que es pedir perdón.

Es probable que sepas que toda computadora tiene una tecla para reiniciar que te permite comenzar todo de nuevo. Todo arranca como si lo hiciera por primera vez. Para los individuos, la tecla de reiniciar se llama confesión. La confesión vuelve a alinear a la persona con Dios y quita la mancha de la negación. La tecla de reiniciar en una relación es pedir perdón. Hace volver la relación al punto cero. No significa que el perdón se otorgará, pero al menos, desde el punto de vista del perdón, la relación tiene la oportunidad de florecer. Si tú y tu matrimonio se encuentran atascados, considera la opción más humilde, que es pedirle a tu esposa que te perdone.

6. *Debes determinar cuál es el termostato espiritual en tu hogar*
De manera consciente o inconsciente, tú determinarás la temperatura espiritual de tu matrimonio. Aun así, hay algo extraño en el termostato. Solo se te permite elevarlo. Te lo explicaré (Fred).

La herencia cristiana de Brenda era profunda, forjada a lo largo de muchas generaciones. Su familia vivía de acuerdo con la Palabra de Dios aunque doliera. ¿Y yo? Iba a la iglesia y a la Escuela Bíblica de Vacaciones cuando era pequeño, así que no estuve del todo privado de un entorno cristiano, pero en nuestro hogar, no había un respeto rotundo por el Altísimo Dios. Algunas veces, solo por placer, mi padre cantaba «Hosanna, banana, hosanna en las alturas» cuando estaba en la iglesia. Mis padres les compraban píldoras anticonceptivas a sus hijas, a pesar de que tenían conciencia de la ética bíblica.

Luego, incluso después de profesar una sólida conversión a Cristo, papá se me acercó durante mis días de noviazgo y me dijo: «Hijo, no te puedes casar con Brenda si primero no te acuestas con ella. La relación sexual es demasiado importante en el matrimonio como para arriesgarte a cargar con una muchacha frígida». No, papá no iba a permitir que la Palabra de Dios entorpeciera nuestro estilo de vida. El cristianismo era una filosofía, no una forma de vivir. Nuestra cultura estadounidense tenía un impacto mucho mayor en él en cuanto a los difíciles asuntos morales del momento.

Por lo tanto, tenía que tomar una decisión. O me elevaba al nivel de Brenda o la arrastraba hacia abajo, al mío. Decidí elevar mi termostato espiritual.

Sin embargo, aquí tenemos lo que sucede cuando bajamos el termostato. Pete y Mary me detuvieron una vez luego de una clase para discutir un problemita que tenían. Parece que la primera esposa de Pete alquilaba películas pornográficas y le parecía «divertido» mirarlas juntos antes de tener relaciones sexuales. Como consecuencia, Pete estaba acostumbrado a mirar películas incitadoras.

Mary, su prometida, dijo que esto había ocasionado una grieta en su relación. Pete aparecía por su apartamento para mirar un vídeo que acababa de salir en Blockbuster, pero hasta las películas más populares tienen algunas escenas bastante subidas de tono en el aspecto sexual. «Me siento cada vez más incómoda con esta situación», dijo Mary. «Cuando la película se pone caliente, le digo a Pete que debemos apagarla o adelantarla, pero él se enoja y pone como argumento que hemos invertido buena cantidad de dinero en el alquiler y que sería un desperdicio de dinero no ver la película entera. Entonces, me voy a la cocina a hacer algo mientras él termina de mirarla».

Las lágrimas le afloraron a los ojos y bajó la mirada. «No me parece que estas películas sean buenas para nosotros», dijo. «Le he pedido que deje de hacerlo por amor a mí, pero no quiere. Por lo general, tenemos la costumbre de orar juntos antes de que se vaya a su casa, pero después de ver estas películas, me siento sucia y vil. Las películas se están interponiendo entre nosotros».

Por supuesto, Pete se sintió incómodo cuando le pedí que me contara su parte de la historia. Lo que tuvo a su favor es que me preguntó qué debía hacer. Le dije que siguiera la dirección de Mary y que no alquilara vídeos incitadores, y estuvo de acuerdo en hacerlo. Subió al nivel de ella. ¿Qué hubiera sucedido si no lo hubiera hecho? Habría bombardeado la fe y las convicciones de Mary cada vez que alquilaban una película.

Es fácil ver por qué Dios les prohíbe a los esposos que bajen la temperatura espiritual. Si lo hacen, atropellan la unidad. Pablo enseñó que cuando las convicciones personales están en conflicto, el líder debería someter sus derechos por amor a la unidad y al crecimiento cristiano. Pete tomó la decisión sabia en esta categoría de su matrimonio.

Aumentar el termostato espiritual es aun más importante en un caso como el mío, ya que la temperatura espiritual de Brenda era más elevada en casi todas las categorías. Si yo no me elevaba, cada vez que ella quisiera sanear su vida, se hubiera visto forzada por mi liderazgo a quebrantar sus convicciones. La unidad habría muerto antes de empezar.

¡CUIDADO CON EL ENFRIAMIENTO!

Cuando bajamos el termostato se produce un enfriamiento en el matrimonio, un enfriamiento que puede tener efectos devastadores. Hace algunos años, mi amigo Jorge pasó a ser el chef principal en un caro club privado de Des Moines. Las cosas iban bien. El número de miembros aumentaba debido a sus habilidades culinarias, y su familia echaba raíces más profundas en la iglesia. Me di cuenta de que sus adolescentes tomaban parte activa en el grupo de jóvenes. Sin embargo, mientras la temperatura espiritual de los miembros de su familia burbujeaba, la de Jorge permanecía tibia.

Sin aviso previo, anunció que se mudaba a otro gigante culinario. Cuando le pregunté por qué lo hacía, contestó:

—En mi profesión, es importante mudarse más o menos cada cinco años. Es una regla tácita. Estuve buscando y me ofrecieron un puesto en el Cloister Resort en las Islas Doradas de Georgia.

El corazón me dio un vuelco.

—Jorge, no puedes hacerlo. De tanto en tanto fui allí de vacaciones durante quince años. No hay iglesias como la nuestra en Brunswick para tu familia. Lo sé. He buscado. Tus hijos se encuentran integrados en este grupo de jóvenes y crecen fuertes en el Señor. Tu esposa está más feliz que nunca. ¿Qué me dices de sus vidas espirituales?

—Estarán bien —dijo encogiéndose de hombros—. Además, como dije, es importante para mi carrera. No es bien visto que uno se quede en un lugar demasiado tiempo.

—Dios no se encuentra limitado por una tonta regla —luché al responder—. Si lo pones en primer lugar y te quedas aquí, harás lo debido. Ya estás haciendo lo debido.

Seguimos discutiendo, pero fue en vano. Jorge se mudó y bajó su termostato en el proceso. A los pocos meses, su esposa nos llamó por teléfono llorando. Se encontraba atrapada en un desierto espiritual, muriendo de sed. No encontraban un grupo de jóvenes decente y temía que sus hijos anduvieran con algunos personajes cuestionables. Al poco tiempo, a su hijo lo pusieron en prisión por haber cometido un delito. Tiempo después, su hija murió en un accidente automovilístico. Supuse que había estado bebiendo con unos amigos.

Los esposos somos líderes, y la gente cuenta con nosotros. ¡Mantengamos alta la temperatura! Después de todo, el Señor detesta a los creyentes tibios. Dijo que los vomitaría de su boca (Apocalipsis 3:16). Podemos elegir muchas formas de ser, pero la tibieza nunca debería ser una opción para un hombre que desea liderar.

Preguntas para la reflexión y la discusión

1. ¿Identificas algún aspecto en el que aún no le perteneces del todo a Dios?

2. ¿Cómo evaluarías el conocimiento de la Palabra de Dios?

3. ¿Cómo evaluarías tu obediencia constante a la Palabra de Dios?

4. ¿Cómo evaluarías tu constancia en la oración y en la adoración personal a Dios?

5. ¿Cómo evaluarías tu capacidad de perdonar y de pedir perdón en tu familia?

6. ¿Qué compromisos sinceros harías que te convertirían en un mejor líder espiritual en tu hogar?

18

La preocupación por el crecimiento espiritual de tus hijos

> *Grábate en el corazón estas palabras que hoy te mando. Incúlcaselas continuamente a tus hijos. Háblales de ellas cuando estés en tu casa y cuando vayas por el camino, cuando te acuestes y cuando te levantes.*
>
> **Deuteronomio 6:6-7**

En definitiva, los hombres y las mujeres se casan porque desean tener hijos. Es verdad, algunas parejas se casan por el compañerismo y les informan a sus amigos y familiares que no albergan ningún deseo de tener personitas que anden por allí esparciendo migas. Algunas parejas se casan por lo que llamamos «contribución». Ya sea a través del tiempo, del dinero o del trabajo, estas parejas hacen una contribución conjunta a este mundo y al reino de Dios. Con todo, al fin y al cabo, la inmensa mayoría de las parejas se casan porque desean tener hijos, y los que somos padres no podemos imaginar lo que sería la vida sin nuestros hijos dando vueltas alrededor. No podemos siquiera pensar en lo que sería remar por el río de la vida sin tener a dos o cuatro niños sentados en nuestra canoa.

Como padre del hogar, ¿de qué manera criarás junto a tu esposa a la siguiente generación? ¿Qué normas escogerás, las del Dr. Dobson o las del Dr. Spock?

Por supuesto, existe más de una manera de criar a un niño, por lo tanto, ahorraremos mucho tiempo si tú y tu esposa se encuentran en la misma página del libro de James Dobson *Atrévete a disciplinar*. Así que, en lugar de darte nuestras respuestas en cuanto a la crianza de los hijos, preferimos hablarte de la manera de pensar como siervo cuando escoges las normas para criar a tus hijos en el hogar. Con este modo de pensar, les resultará fácil encontrar juntos esa misma página.

El peligro de la arrogancia

Las responsabilidades que tienes en la crianza de tus hijos son fundamentales para ti como líder espiritual de la familia, y constituyen una esfera muy susceptible a la arrogancia y a la ceguera, en parte, debido a su importancia. Por ejemplo, recuerda la respuesta que le di a Brenda cuando cuestionó la manera en que reclutaba a Jasen y Laura en mi Campamento de Entrenamiento Cristiano. De esta manera ecuánime manejé las cosas: «Escucha, yo tengo la responsabilidad de enseñarles a mis hijos todo acerca de Dios, así que lo voy a hacer a mi modo. A los ojos de Dios, la responsabilidad es mía, por lo tanto no creo que tengas derecho a decir nada».

Vamos a ponernos de acuerdo en que, a pesar de que me movía por el buen camino, estaba actuando como el proverbial toro en el negocio de porcelana. Rompí unos cuantos platos en mi agresivo intento por inculcarles valores espirituales a mis hijos, pero lo hacía por un buen *motivo*. Sabía que a la hora de criar a mis hijos en «disciplina y temor» del Señor, la responsabilidad recaía sobre mí.

Y como la responsabilidad recae sobre nosotros, no existe otra esfera en tu matrimonio en la que te sientas más seguro de decidir el voto como Jefe del Desempate. Es probable que debieras hacerlo algunas veces, en especial si tu temperatura espiritual es superior a la de tu esposa. Cristo nunca se apartó de la verdad en pro de la paz, aunque sabía que sus convicciones lo llevarían a la cruz. Vino en busca de la justicia y en favor de la verdad. Ese es, también, nuestro llamado.

Dicho esto, tampoco existe otra esfera en la que sientas que tienes más justificación al obviar a tu esposa o al ser menos sensible ante su esencia. Esta posición es peligrosa porque, a la hora de decidir cómo criar a los hijos, el papel de Jefe del Desempate empleado en el momento indebido, puede dejar imposibilitada a la unidad con más severidad que cualquier otra cosa. ¿Por qué es así?

En primer lugar, para Dios hay mucho en juego en estas decisiones en particular. Desea que críes hijos temerosos de Él y sabe que el mensaje de la salvación pasa a ellos con más facilidad cuando los padres son uno. Al hablar de los esposos y las esposas a través de su profeta Malaquías, Dios dice: «¿Acaso no hizo el SEÑOR un solo ser, que es cuerpo y espíritu? Y ¿por qué es uno solo? Porque busca descendencia dada por Dios. Así que cuídense ustedes en su propio espíritu, y no traicionen a la esposa de su juventud. "Yo aborrezco el divorcio —dice el SEÑOR, Dios"» (Malaquías 2:15-16).

Es difícil pasar el bastón de la verdad de Dios después del divorcio en la familia. Aunque amaba a papá y lo idolatraba de muchas maneras, en lo profundo sabía que había cambiado su vida familiar por una amante. Me había traicionado.

Más tarde, luego de que fue salvo, papá intentó hablarme del Señor. ¿Te parece que tenía algún tiempo para él o para su Dios? Me había hecho pedazos el corazón. Había perdido el derecho a que lo escuchara, y lo que me decía entraba por un oído y salía por el otro. Tal fue la fuerza con la que me afectó su divorcio.

En segundo lugar, en estas decisiones hay mucho en juego para tu esposa. Criar y alimentar hijos temerosos de Dios es algo muy cercano a su corazón, lo cual quiere decir que cualquier clase de arrogancia de tu parte en este aspecto traerá como resultado el más severo atropello. Como líder espiritual, eres tanto un siervo de Dios como un siervo de tu esposa. La esencia santa de Dios establece los términos de la unidad con Él. La esencia de tu esposa establece los términos de la unidad con ella. Nunca deberías ser más diligente en descubrir los términos y cumplirlos que cuando se trata de escoger cómo criar a los hijos.

¡NADA DE LLANEROS SOLITARIOS!
A los hombres siempre les parece que tienen la autoridad para tomar solos estas decisiones en la crianza de los hijos. A nosotros no nos parece que sea así. Los términos de la unidad deben restringir nuestros derechos. Escucha lo que dice Susie al contar su historia:

> Cuando mi hijo Jimmie tenía tres años, llegué a casa tarde una noche después de hacer algunas diligencias y de comprar una tonelada de provisiones en *Albertson*. Mi hijo vino corriendo a la puerta a saludarme y a contarme todo acerca de la película *Rambo*. Había pasado las dos horas anteriores con su padre (mi esposo, Rick) mirando cómo Silvester Stallone mataba gente.
>
> Fruncí el ceño. Luego, a la semana siguiente, llegué a casa y me enteré de que Jimmie había visto *Duro de matar*. Pocos meses antes, Rick me había preguntado a boca de jarro por qué Jimmie tenía, a las claras, un problema con la violencia. Luego me culpó por haberlo dejado mirar *Peter Pan*.
>
> ¿Cómo? ¿Rick me culpaba por *Peter Pan* y le permitía a Jimmie mirar estas películas de violencia no aptas para menores? Escuché sin querer que Rick le decía a Jimmie: «No importa lo que mires porque no tiene efecto en tu relación con Dios».
>
> Cuando cumplió nueve años, Jimmie atravesó un tiempo difícil en particular. Algunas veces, con lágrimas en los ojos, me contaba cómo luchaba «por ser bueno, pero es muy difícil ser cristiano con papá porque quiere que mire televisión con él y siempre ve cosas que a ti no

te gustan, mamá. Siempre se enoja conmigo si no veo estos programas con él».

Rick, por su parte, se burlaba y lo presionaba para que fuera «normal». Si le pregunto a Rick sobre estas cosas, se vuelve más duro con Jimmie la próxima vez que están solos. Al estar al borde de la adolescencia, veo que a mi hijo se le hace cada vez más difícil seguir mis reglas, en especial porque Rick no tiene ninguna.

Es evidente que Rick no cree que ver películas violentas sea perjudicial para su propia fe cristiana. Le parece que tiene derecho a establecer sus normas espirituales como se le ocurre.

Sin embargo, no lo tiene. Tal vez, antes de casarse, para él no significaba nada mirar películas restringidas (aunque tendría que haber significado algo), pero esa práctica se convirtió en pecado dentro del contexto de su relación con Susie. Recuerda lo que dijo el apóstol Pablo:

> Por tanto, dejemos de juzgarnos unos a otros. Más bien, propónganse no poner tropiezos ni obstáculos al hermano. Yo, de mi parte, estoy plenamente convencido en el Señor Jesús de que no hay nada impuro en sí mismo. Si algo es impuro, lo es solamente para quien así lo considera. Ahora bien, si tu hermano se angustia por causa de lo que comes, ya no te comportas con amor. No destruyas, por causa de la comida, al hermano por quien Cristo murió [...]
>
> Por lo tanto, esforcémonos por promover todo lo que conduzca a la paz y a la mutua edificación. No destruyas la obra de Dios por causa de la comida. Todo alimento es puro; lo malo es hacer tropezar a otros por lo que uno come. Más vale no comer carne ni beber vino, ni hacer nada que haga caer a tu hermano. (Romanos 14:13-15, 19-21)

Al sentar a su hijo para que viera *Rambo* y *Duro de matar*, Rick pecaba contra Susie porque atropellaba sus convicciones.

También pecaba contra Dios al hacer alarde de su posición de autoridad a expensas de su llamado celestial a buscar la unidad. Para nosotros los esposos, siempre hay cosas más importantes que ejercer nuestra autoridad, como crecer en esa tierna y frágil relación llamada matrimonio.

Y cuando se trata de los hijos, hay dos cosas que los ayudan a florecer y a convertirse en los individuos que Dios quiere que sean. Una es la constancia. Hay pocas cosas peores que un padre aplique un conjunto de valores en tanto que el otro sabotea esos principios. Deben ponerse de acuerdo en los valores fundamentales y deben presentárselos a sus hijos desde un frente unido.

El segundo concepto importante para criar hijos es el trabajo en equipo. Renuncia a tus derechos individuales y a la ejecución ostensible de autoridad y conviértete en el compañero de equipo de tu esposa. Ayúdala. Comparte las obligaciones. Pon el hombro. Nunca socaves la posición de ella haciéndote ver como el más importante. Ayuda a que tus hijos aprendan a honrar a su madre y a apreciar el valor de una mujer. Este principio firme como la roca de los cimientos tendrá un tremendo impacto en el futuro de tus hijos, sobre todo en sus matrimonios.

En mi matrimonio (el de Steve), hay una cosa que he hecho bien. Jamás he tenido un secreto con mi hija que le haya pedido que no se lo cuente a su madre. Nunca le pedí que no le contara a su mamá cuando le permitía comerse un dulce justo después de haberse comido un helado con chocolate caliente en *Ruby*. Nunca permití que me viera echarle a mi esposa una mirada fulminante a sus espaldas. He tratado de honrar a Sandy y a su posición.

Tú puedes hacer lo mismo. Si no has llegado a este punto, puedes comenzar admitiendo el problema delante de tus hijos y asegurándoles que de ahora en adelante tú y su mamá son un equipo sólido. Luego, permíteles verte vivir esto frente a ellos.

Cuidado con las visiones dobles

Brenda y yo (Fred) comenzamos a enseñar en clases prematrimoniales hace unos quince años, y Jordan y Kim asistieron a una de nuestras primeras sesiones. En aquel entonces, no estábamos tan ocupados como ahora, así que, algunas veces, nos encontrábamos con las parejas fuera de clase. Nos interesamos de manera especial en ellos (en mi caso, porque Jordan había sido el defensa central en el equipo de fútbol americano de la Universidad de Kansas, y en el caso de Brenda, porque Kim era hija de una familia respetada en nuestra iglesia).

Como es de esperar, a Kim la criaron con altas normas cristianas. Su familia no bebía alcohol, veía poca televisión y estaba en la iglesia cada vez que las puertas estaban abiertas. Cuando su padre hablaba, estábamos pendientes de cada una de sus palabras por el respeto que le teníamos al ver cómo crió a sus hijos.

Una noche, Brenda y yo fuimos a cenar con Jordan y Kim. Nos acomodamos en nuestra mesa con un plato de patatas fritas y queso, y Jordan me agasajó contándome historias de los buenos días de la Universidad de Kansas. Había sido el presidente de la Comunidad de Atletas Cristianos y uno de los que guiaba a otros atletas cristianos en un estudio bíblico todos los martes por la noche.

Casi como una acotación al margen, se rió al decir: «Vaya, jugar al fútbol me ayudaba, pero era mucho más popular como organizador de nuestra fraternidad de barrilitos que celebrábamos todos los sábados por la noche. En realidad, quedábamos hechos una piltrafa aquellas noches». Siguió hablando, pero mi mente quedó atascada en el desconcierto mientras meditaba en las imágenes contradictorias que acaba de pintar.

Una vez que rellenamos nuestros vasos de bebidas y de pedir un nuevo tazón de patatas fritas, comenzamos a hablar de la crianza de los hijos. Luego de que Brenda y yo comentamos algunos pensamientos acerca de nuestros propios hijos, Jordan se volvió hacia Kim, le palmeó la mejilla y dijo: «Por supuesto, cariño, nunca mantenemos a nuestros hijos tan acorazados como te tuvieron a ti. Quiero que ellos tengan un buen equilibrio».

A Jordan le parece que tiene la autoridad de tomar esta decisión de manera unilateral, pero no es así. Se deben satisfacer los términos de la unidad definidos por la esencia de Kim o sus convicciones serán atropelladas cada día durante el resto de los años de crianza de los hijos. Los términos de la santa esencia de Dios también deben restringir a Jordan o también sufrirá su unidad con Dios.

Las palabras de Dios son simples

Tenemos una pregunta para ti, el líder espiritual de la familia: ¿Desde cuándo el buen equilibrio es la carta de triunfo de la santidad en el reino de Dios? ¿Se nos olvida algo? La última vez que revisamos, vimos que a Dios no le importa un ápice lo que nosotros vemos como normal. Las palabras que les da a sus líderes son sencillas y siempre son las mismas: «Ahora, pues, este mandato es para ustedes, los sacerdotes. Si no me hacen caso ni se deciden a honrar mi nombre —dice el SEÑOR Todopoderoso—, les enviaré una maldición, y maldeciré sus bendiciones. Ya las he maldecido, porque ustedes no se han decidido a honrarme» (Malaquías 2:1-2).

Entonces, ¿qué quiere Dios de nosotros? Quiere pasión en nuestro servicio como padres con los hijos que Él nos confió. «Conozco tus obras; sé que no eres ni frío ni caliente. ¡Ojalá fueras lo uno o lo otro! Por tanto, como no eres ni frío ni caliente, sino tibio, estoy por vomitarte de mi boca» (Apocalipsis 3:15-16). Su actitud aquí es bastante clara, así que no podemos ser tibios en nuestros esfuerzos por criar a nuestros hijos a fin de que conozcan y sirvan al Señor. Si como líderes vamos a agradar a Dios, debemos guiar a nuestras familias de acuerdo con esta pregunta: *¿Cuán santos debemos ser?* El solo hecho de hacérnosla honra la esencia de Dios.

Criar a nuestros hijos para que sean «normales» o «bien equilibrados» no debería ser nuestra principal preocupación porque estas metas no son la preocupación básica de Dios. Es más, Dios nos dijo que era de *suponer* que para el mundo fuéramos un poco raros:

> Por tanto, ya que Cristo sufrió en el cuerpo, asuman también ustedes la misma actitud; porque el que ha sufrido en el cuerpo ha roto con el pecado, para vivir el resto de su vida terrenal no satisfaciendo sus pasiones humanas sino cumpliendo la voluntad de Dios. Pues ya basta con el tiempo que han desperdiciado haciendo lo que agrada a los incrédulos, entregados al desenfreno, a las pasiones, a las borracheras, a las orgías, a las parrandas y a las idolatrías abominables. A ellos les parece extraño que ustedes ya no corran con ellos en ese mismo desbordamiento de inmoralidad, y por eso los insultan.
> (1 Pedro 4:1-4)

Cuando decidimos cómo criar a nuestros hijos, aquí tenemos una sencilla regla general. Si tienes la temperatura espiritual más alta, tu esposa debe subir a tu nivel. Si ella tiene la temperatura espiritual más alta, tú debes subir al suyo. Al hacerlo, la unidad florecerá y tus hijos recibirán un cuadro constante de las normas que ustedes requieren.

Una nota final: Tus hijos tienen poderes secretos que pueden desatar a fin de combatir contra las cosas de este mundo. Tú también los tienes, pero tal vez los has pasado por alto porque nadie te ayudó a desarrollarlos. De todas maneras, ayuda a tus hijos a desarrollar el poder secreto del Espíritu Santo en sus vidas. Ayúdalos a descubrir el poder en los dones, talentos, habilidades y capacidades espirituales. Ayúdalos también a entender el poder que tienen a su disposición en la verdad de la Escritura.

No permitas que estos poderes permanezcan en secreto. Trabaja en forma de equipo con tu esposa para ayudar a tus hijos a convertirse en las personas increíbles que Dios espera que sean.

Preguntas para la reflexión y la discusión

1. ¿Hasta qué punto tú y tu esposa trabajan juntos en la crianza de sus hijos? ¿Practican bien lo que es ser un equipo?

2. ¿De qué manera te parece que podrías ayudar a tus hijos a desarrollar el poder secreto del Espíritu Santo en sus vidas? ¿De qué manera específica los ayudarías a desarrollar el poder de sus dones espirituales? ¿Cómo los ayudarías a descubrir el poder secreto que tienen a su disposición a través de la verdad de la Escritura?

Quítate de encima esos pecados

Como líder espiritual de tu hogar, ¿cuál es tu actitud hacia tu posición? Muchísimos hombres piensan que su título de líderes espirituales los sitúa por encima del escrutinio, y se niegan a cualquier clase de enfrentamiento con sus esposas. Compara esta actitud con la del siervo.

El siervo una vez estuvo en el sector de la vergüenza en la subasta, debido a su propia estupidez y pecado. Por gracia, su amo restauró con amor los pedazos rotos de su vida. Ahora, el siervo detesta el pecado, en especial el propio, pero cuando afecta al amo que renunció a tantas cosas por él, lo detesta aun más. Sabe que su amo tiene todo el derecho de inspeccionarlo y enfrentarlo porque su pecado afecta la fortaleza de la casa de su amo y a todos los que viven allí.

¿Cuál es tu modo de pensar? ¿Cuál es tu actitud hacia tus pecados, incluyendo cualquier cosa que atropelle las convicciones y la esencia del alma de tu esposa? Antes, hablamos de la libertad de tu esposa para expresar opiniones en general, pero acerquémonos más al hogar y hablemos de una situación diferente. ¿Ella tiene derecho a cuestionar tus acciones o estás por encima de todo cuestionamiento?

UNA CUESTIÓN DE RESPONSABILIDAD

El apóstol Pedro dijo que tu esposa es coheredera de la gracia, y de esta forma sugiere que el matrimonio no elimina la responsabilidad cristiana entre ustedes dos. El apóstol Pablo enseñó que la sumisión mutua es algo que se espera que exista entre todos los cristianos, y que alcanza su forma más alta en el matrimonio. Además, enseña que los cristianos no solo tienen el derecho de inspeccionar a sus hermanos en cuanto al pecado, sino que también tienen la *responsabilidad* de hacerlo porque el pecado oculto lastima a todos en la comunidad. Nos dice: «¿Acaso me toca a mí juzgar a los de afuera? ¿No son ustedes los que deben juzgar a los de adentro? Dios juzgará a los de afuera. "Expulsen al malvado de entre ustedes"» (1 Corintios 5:12-13).

La responsabilidad de rendir cuentas debe establecerse sobre todo en el matrimonio, ya que las consecuencias del pecado afectan en forma inmediata a la otra parte. Somos una carne, por lo tanto, mi pecado, en realidad, se convierte en su pecado. Sin embargo, como líderes de nuestro hogar, muchas veces nos negamos al escrutinio. Como los fariseos, nos interesan más los beneficios de nuestra posición, de nuestro respeto, prestigio y poder que las consecuencias de nuestro pecado. Como señala la Escritura, estamos equivocados por completo:

—Resulta que ustedes los fariseos —les dijo el Señor—, limpian el vaso y el plato por fuera, pero por dentro están ustedes llenos de codicia y de maldad [...]

»¡Ay de ustedes, fariseos!, que dan la décima parte de la menta, de la ruda y de toda clase de legumbres, pero descuidan la justicia y el amor de Dios. Debían haber practicado esto, sin dejar de hacer aquello.

»¡Ay de ustedes, fariseos!, que se mueren por los primeros puestos en las sinagogas y los saludos en las plazas.

»¡Ay de ustedes!, que son como tumbas sin lápida, sobre las que anda la gente sin darse cuenta [...]

—¡Ay de ustedes también, expertos en la ley! Abruman a los demás con cargas que apenas se pueden soportar, pero ustedes mismos no levantan ni un dedo para ayudarlos. (Lucas 11:39,42-44,46)

Nos encanta esa posición importante de liderazgo en el hogar, pero al igual que el esposo de Amy, Brant, desviamos el escrutinio como los mejores fariseos. Amy nos contó el reciente descubrimiento que hizo al enterarse de que Brant, su esposo de veinticuatro años, había visitado sitios pornográficos en Internet. La noticia la dejó deshecha. Brant le aseguró que solo sucedió una vez, pero mintió ya que había vuelto a visitar esos sitios al menos una vez más. Le prometió de nuevo mantenerse alejado de esos sitios pornográficos, pero ahora hay una pared muy densa entre ellos.

Ah, y otra cosa: ella no desea tener intimidad física con él, al menos por ahora. Dice que sigue comprometida con su matrimonio, pero que es un camino solitario por el cual debe transitar. «Creo que lo peor es que no puedo compartir esta carga con nadie», dice Amy. «A Brant lo respetan mucho en la iglesia y en la comunidad y no quiero destruir su reputación. Me parece que no puedo contarle este oscuro secreto a nadie. El Señor ha sido mi fortaleza y mi amigo más cercano, pero esto ha sido una carga muy pesada».

Brant destruyó la intimidad de ellos al usar Internet para bajar imágenes de mujeres desnudas. ¿De quién ve el rostro cuando se encuentra acostado junto a su esposa? ¿Los pechos de quién acaricia? A ella, esos pensamientos la dejan pasmada. Además de dañar la relación de Amy con él, Brant también le prendió fuego a la relación de ella con su apoyo cristiano. Por fuera, es una personalidad tal en la comunidad cristiana que ella no tiene a nadie a quien recurrir. Mientras tanto, él hace todo lo posible para que nadie más se entere. En lugar de arrepentirse, la ha presionado para que no le diga nada a nadie, como si con blanquear su imagen arreglara todo.

Si el pecado no tuviera poder cuando se encuentra escondido y si solo afectara la posición social que tenemos, las acciones de Brant serían buenas. Su pecado no sería otra cosa más que una pelota anulada sin importancia en el gran partido de las relaciones públicas que jugamos. Con todo, el pecado, como las aguas residuales sin tratar, contamina todo lugar donde surge.

Descubrí un pecado dañino (escribe Steve) frente al que me sentía reacio a renunciar. Era el pecado de no revelar ciertas cosas. Mantenía un pequeño mundo privado en mi cabeza adonde reinaba la fantasía y gobernaban los «y si» y los «si tan solo». No recurría a Internet porque no lo necesitaba. En mi mente tenía suficiente cantidad de imagines descargadas como para que me duraran toda la vida. Mientras me encontraba sentado en la oficina de un consejero una vez, me enfrentó a mi insinceridad. No, yo no decía mentiras descaradas, pero vivía una mentira al no contar toda la historia o al dejar afuera de manera conveniente detalles que hubiera tenido que contar.

Tal vez piensas que eres un tipo bastante sincero, pero en realidad puedes ser un hombre engañoso debido a lo que escondes de tu esposa. Uno de los desafíos más difíciles que tenemos los hombres es convertirnos en libros abiertos frente a nuestra esposa. Deseamos ser un diario cerrado con llave en el cual nuestros secretos no están disponibles para ella. Yo era así. Y durante el tiempo que seguí de esa manera, nos privé a Sandy y a mí de conectarnos como hubiéramos podido. Para ser sincero, todavía no he llegado a la apertura total. Sé que tengo puntos débiles, pero comenzar a vivir de manera más transparente nos ha permitido a Sandy y a mí conectarnos en un nivel del todo diferente y mucho más rico.

¡NADA DE ASUNTOS PRIVADOS!

Más cartas sobre la mesa (escribe Fred): Quiero contarte una verdad acerca de mí mismo que no revelé cuando escribí *La batalla de cada hombre*. Solía levantarme temprano los domingos para examinar la sección de lencería del periódico y miraba durante muchísimo tiempo y fantaseaba pensando qué habría debajo de esos sostenes y de esas ajustadísimas bragas. Dos horas después, todos me tenían en alta estima como un joven líder creciente de nuestra iglesia. Nadie lo sabía, ni siquiera Brenda, pero una tranquila mañana, mientras estaba sentado en mi cómoda silla echando una mirada, Brenda bajó corriendo de nuestro dormitorio llorando aterrorizada.

«¡Acabo de tener el sueño más espantoso!», exclamó. «Satanás me perseguía, jugaba conmigo y se reía de mí. Corría para todas partes, buscando en todas las puertas y pasillos pidiéndote a los gritos que me protegieras. No te pude encontrar por ningún lugar». Cayó en mis brazos sollozando.

Ya sea que tuviera conocimiento de mi pecado en ese momento o no, el poder de este era real en su vida, y parecía que le había quitado la protección espiritual que yo le daba. Experimentó estos aterradores sueños con frecuencia hasta que, por la gracia de Dios, crucifiqué este pecado. Desde entonces, no volvió a soñar más. Y aunque nadie más lo sabía, mi pecado dominical estaba lastimando a la comunidad cristiana también. Nunca llegaba a la iglesia listo para ministrar porque siempre estaba desesperado por alguien que me ministrara a mí. No tenía fe en mis oraciones porque sabía que escondía un pecado y rompía el pacto con la mujer de mi juventud.

¡Qué tontos somos al dudar de si nuestra esposa tiene derecho a enfrentarnos con nuestro pecado o a cuestionar quién debería enterarse de él! El pecado lastima a todos los que nos rodean. Desde el modo de pensar del siervo, los únicos cuestionamientos que importan son los siguientes: ¿Sigue operando en mi vida el poder del pecado? ¿Sigo viviendo una mentira a pesar de ser cristiano? ¿Sigo todavía enojado? ¿Sigo amargado todavía? ¿Tengo aún ese espíritu crítico gracias al cual todo parece estar mal? ¿Existen esferas en mi vida sobre las cuales no le permito a mi esposa que hable conmigo?

Y cuando el poder del pecado opera en nosotros, ¿qué nos aconseja Cristo? ¿Que le digamos a nuestras esposas que se callen? ¿Que nos crucemos de brazos de manera desafiante sobre nuestro corazón endurecido para protegerlo cada vez que alguien se acerque? ¿Que le digamos a nuestra esposa que se acostumbre y que se una a nosotros tapándolo... por el bien de los niños?

Difícilmente. Aquí tenemos el consejo de Dios: «Por lo tanto, sé fervoroso y arrepiéntete» (Apocalipsis 3:19). ¿Te ha rogado tu esposa por alguna razón seis, ocho o diez veces, pero tú sigues rechazándola? Si es así, eres cartón pintado.

El marido de Tracy, Pete, era dominante, mordaz e inconverso. El esposo de su vecina era igual que él, entonces, estas dos esposas cristianas hicieron un pacto para orar juntas por la salvación de sus esposos. Cuando los creyentes están casados con inconversos, Dios les enseña a vivir de manera piadosa y a orar precisamente de esta manera. En el caso de Tracy y de su amiga, su obediencia se vio recompensada trece años después cuando sus esposos aceptaron a Cristo el mismo día. Las lágrimas me corrían por las mejillas cuando escuchaba su historia desde mi banco.

A muchos hombres cristianos les parece que sus esposas no deberían enfrentarlos con sus pecados sino que, en cambio, deberían orar por ellos en silencio, como lo hizo Tracy. Sin embargo, ¡ese es el plan de Dios para tratar con los corazones endurecidos de los esposos *inconversos*!

Portémonos como hombres. ¿No se supone que nuestros corazones deben ser más sensibles hacia el pecado o hacia nuestra esposa que el corazón de un incrédulo? ¡Seguramente podemos portarnos mejor que ellos!

¡LOS EFECTOS SÍ IMPORTAN!

¿Cuáles son los daños que vienen como resultado si los esposos cristianos no somos mejores que los inconversos? Cuando escuché la historia de Tracy, Jasen tenía cinco años. Hice un poco de números y pensé: *Hombre, si hubiera hecho sufrir a Brenda durante trece años de oración, Jasen tendría dieciocho y estaría a punto de irse de casa. ¡Para él sería demasiado tarde!*

Una vez más, puedes pensar: *Bueno, mi esposa no tiene derecho a tratar de cambiarme*. ¿Estás loco? Tiene todo el derecho de cambiarte cuando los bordes ásperos de tu pecado la lastiman a ella y a los niños. ¡Por favor, tú eres el pecador! No estás en una posición como para dictar nada. Además, ¿es eso lo que quieres en verdad? Cuando atropellaba a Brenda todos los días, una y otra vez, amigos bien intencionados le aconsejaron «quédate quieta y deja que Fred conduzca». Los cristianos de todas las tendencias le dijeron que se quedara tranquila y orara. Si pienso en lo que seríamos hoy de haber escuchado estos consejos, tengo pesadillas, y seguiría atropellando mi hogar en mi ceguera.

Muchas personas (creyentes y no creyentes por igual) dicen que las esposas no deberían tratar de cambiar a sus esposos. Es comprensible porque una persona no puede cambiar a otra. En realidad, mientras más tratas de cambiar a tu cónyuge, más se afirmará sobre sus talones y defenderá su territorio. Aunque una mujer no puede cambiar a un hombre, debe sentirse libre para señalarle los problemas y las esferas problemáticas. Si tu esposa no tiene libertad para hacer esto, debes darle el permiso.

Cuando Sandy desea que trabaje en algo (Steve), siempre comienza diciendo: «Bueno, necesito estar segura de que quieres que te diga un problema que puedo ver».

«Claro», respondo, pero luego comienzo a repetirme una y otra vez en la cabeza: «No te pongas a la defensiva. No te pongas a la defensiva». Al darle a Sandy la oportunidad de «mejorarme», he eliminado algunos malos hábitos y hasta he perdido el derecho al argot de Texas. Soy mejor por lo que ella hace por mí. Tú también lo serás, si le das libertad a tu esposa.

Aunque *técnicamente* es imposible que tu esposa te cambie, permítenos recordarte algo. Cuando se trata de comportamientos pecaminosos, atropelladores, es del todo contrario a la Biblia que un esposo declare: «Mi esposa no tiene derecho a cambiarme». Es más preciso decir: «Me casé con mi compañera, sin vuelta atrás, y ella cambió su libertad por casarse conmigo. Tengo una responsabilidad delante de Dios y de mi esposa de ser transformado a la imagen de Cristo. No voy a descansar hasta que mis pecados estén bajo control. No voy a ser un desertor ni voy a eludir el bulto».

¡Se trata de su actitud! Tal vez podría soportar que me señale con el dedo, pero no puedo soportar su actitud. Comprendo, pero mira con cuidado al otro lado, como cuenta Heather: «Tengo un método de tolerancia cero hacia las explosiones de mal genio de Andy. No tanto por mí, sino por los niños. Estas explosiones crean un daño permanente que afecta en lo más hondo la autoestima de ellos. Solía pensar que no me quedaba otro remedio que soportarlo, pero no puedo hacerlo cuando se trata de algo tan destructivo. Andy se queja de que no hablo del asunto con una buena actitud. Tal vez sea cierto, pero él tampoco lo hace. Pienso que, con todo, debe escuchar, sea cual sea la forma que lo digo».

¿Podemos argumentar de verdad en contra de lo que dice? No. Tengo que estar de acuerdo con Heather. Andy puede eludir el problema mientras se esconde detrás de su «indignación» frente a la actitud «irrespetuosa» de Heather. Aunque no hay dudas con respecto a que la actitud respetuosa es la preferible, ¿la manera de expresarse de la esposa hace que nuestro pecado sea menos atroz? ¿El estilo que usa reduce la urgencia que debemos sentir en abordar el asunto? Estamos atropellando la unidad y a Dios no le agrada.

A pesar de la actitud de la esposa, ella tiene todo el derecho de esperar que te arrepientas de corazón. Si tienes dudas, Jesús tiene que hacerte una pregunta: «¿Por qué me llaman ustedes "Señor, Señor", y no hacen lo que les digo?» (Lucas 6:46).

Nos sentimos ofendidos cuando nuestras esposas nos enfrentan y, por lo general, respondemos: «¿Quién eres tú para señalarme? ¡Tú tampoco eres perfecta!». Sin embargo, sé que cuando Brenda me señala mis fallas, no me mira por encima del hombro como una santurrona. Sabe que también es pecadora.

No se trata tanto del pecado, sino de la ruptura de la unidad. No me señala tanto mis fallas, sino la herida que producen en nosotros.

Es por eso que cuando tu esposa te ha presentado seis veces lo mismo y sigues sin hacer nada, le parece que ella no te importa. No arreglas algo que lastima la relación.

Cuando el amo le hacía frente al siervo, este arreglaba las cosas de inmediato porque lo amaba desde lo más profundo. Entonces, ¿qué anda mal con nosotros los esposos? ¿Qué anda mal con nuestro amor?

¿CUÁNTO TE IMPORTA A TI?

¿Hay algo doloroso en tu pasado que no estás dispuesto a entregar? ¿Hay algo por lo cual tu esposa y tus hijos tienen hoy que pagar el mismo precio que tuviste que pagar años atrás? Por ejemplo, ¿tu padre nunca te aceptó de verdad y entonces lastimas una y otra vez a los demás y nunca resuelves eso? ¿Abusaron de ti y ahora tu vida hogareña o tu vida sexual no es lo que debe ser por culpa de lo que algún pervertido te hizo tiempo atrás?

Muy bien, yo sé lo que es eso. No obstante, ¿cuándo lo superarás? ¿El problema te importa lo suficiente como para hacer un cambio significativo?

Cuando llegué a los treinta y cinco años de edad, la falta de aceptación de mi padre de repente me estremeció desde lo más profundo. El dolor favoreció un regreso a mis días violentos, que afectó con severidad la relación con mi familia. Brenda trató de explicarles mi comportamiento a los niños, pero después de un año se sintió frustrada. Un día me dijo: «¡De acuerdo! Está bien. Solo dinos cuánto tiempo planeas seguir de este modo, así podemos prepararnos». Luego salió furiosa de la habitación.

Me quedé allí sentado y mudo durante algún tiempo. ¿Hasta cuándo seguiría así? ¿Diez años? ¿Por qué diez? ¿Por qué no cinco? Si podía decidir cambiar al final de los cinco años, ¿por qué no hacerlo al final de uno? Y si podía decidirlo luego de uno, ¿por qué no... hoy?

Después que su pregunta en forma de estilete me señaló el corazón, supe que había llegado el momento:

Hagan todo esto estando conscientes del tiempo en que vivimos. Ya es hora de que despierten del sueño, pues nuestra salvación está ahora más cerca que cuando inicialmente creímos. La noche está muy avanzada y ya se acerca el día. Por eso, dejemos a un lado las obras de la oscuridad y pongámonos la armadura de la luz. Vivamos decentemente, como a la luz del día, no en orgías y borracheras, ni en inmoralidad sexual y libertinaje, ni en disensiones y envidias. (Romanos 13:11-13)

Para comenzar de inmediato, busqué un consejero. Al poco tiempo, asistí a una conferencia de Cumplidores de Promesas en Boulder, Colorado. Aquella primera noche, Dios me habló a través del orador y me reveló un aspecto de su amor que nunca había entendido. Sentado aquella noche en las tribunas del campo de Folsom de la Universidad de Colorado, sentí que el dolor que tenía a causa de mi padre comenzaba a disiparse. Había actuado con decisión y estaba recibiendo sanidad.

Eres el yerno de Dios, ya que te has casado con su amada hija. Quiere ayudarte, y ella quiere ayudarte. No bloquees sus inspecciones escondiéndote detrás del precioso título de «Hombre de la casa». Permite que los dos te hablen con libertad. Sé sincero y arrepiéntete. Quítate de encima tu pecado.

CUATRO CAMINOS PARA ESCOGER

Hay cuatro caminos separados que puedes tomar para realizar los cambios necesarios. El primero es el más fácil (aunque siempre termina siendo el más difícil): *Sencillamente toma la decisión y haz el difícil esfuerzo para cambiar.*

El segundo camino es la intervención. Es posible que no veas el problema o que no estés dispuesto a admitirlo hasta que un tercero te lo señale. Si este enfrentamiento llega a suceder, no te defiendas ni lo desestimes.

El tercer camino es aun más doloroso: el camino de la desesperación. En este camino, pierdes la capacidad de seguir negando tu problema, casi siempre porque has hecho algo que te avergüenza a ti o a tu familia (chocar con el auto después de pasar la noche en un bar o que te arresten por evasión de impuestos). Si te encuentras en este camino, siempre puedes saltar al camino número uno y tomar la decisión de que tu mal comportamiento debe terminar.

El camino final para cambiar es... la muerte. ¡Tu muerte! En tanto que el tercer camino (la desesperación) te puede haber llevado a matar a alguien, en este cuarto camino vas tú mismo hacia el viaje sin retorno. Te guste o no, cambiarás. El polvo volverá al polvo. Al dejar este mundo, dejas atrás todas las consecuencias de tu comportamiento. La gente a la que se suponía que amabas queda cargando con un paquete lleno de dolor, vacío y desesperación. No les hagas eso.

En esta vida, nunca es demasiado tarde para tomar el primer camino hacia el cambio. Tampoco es demasiado temprano. Toma la decisión, y cuando lo hagas, darás un paso gigantesco para cumplir los deseos del corazón de tu esposa.

Preguntas para la reflexión y la discusión

1. Este capítulo pregunta si tu esposa tiene el derecho de cuestionar tus acciones o si estás por encima de todo cuestionamiento. ¿Cómo responderías a eso?

2. ¿Qué secretos, si los hay, escondes de tu esposa?

3. ¿Existe algo doloroso en tu pasado que te resistes a entregar?

4. ¿En qué esferas de la vida te parece que el Espíritu de Dios quizá te esté llamando a que te arrepientas? ¿Qué debes hacer de manera específica para arrepentirte y cambiar?

QUINTA PARTE

Disfruta de una relación resucitada

¡Vive la diferencia!

La mayoría de las parejas cristianas derraman su corazón en oración de gratitud antes del matrimonio, creyendo que Dios los ha unido. Esperamos que nuestro amor «único» garantice la unidad matrimonial. A raíz de esto, entramos con confianza al matrimonio y esperamos que nuestras fantasías sexuales se satisfagan, y quizá se sobrepasen, solo porque nos amamos profundamente el uno al otro. Esperamos que la relación sexual sea tan buena que nuestras esposas deseen todo lo que desean nuestros corazones y nuestras mentes en el lecho matrimonial.

En las clases prematrimoniales, Brenda y yo siempre damos vueltas por la habitación y preguntamos: «¿Qué esperas obtener del matrimonio que no obtendrías si permanecieras soltero?». Las respuestas deberían darle a cada hombre un presentimiento de lo que le espera justo a la vuelta de la esquina en su nuevo matrimonio. La mayoría de los hombres comienzan a hablar haciendo ostentación sobre el compañerismo y de perseguir juntos los sueños. Los más sinceros mencionan la relación sexual como una gran razón para dejarse amarrar. En los doce años de dirección de estas clases, no recordamos a ninguna mujer que haya respondido de esta manera. Sin embargo, muchos muchachos esperan que sus esposas estén tan entusiasmadas con la relación sexual como ellos. Al, que nunca se casó, dijo: «Solía sentirme engañado cuando conocía a una pareja casada que daba la impresión de que todo era perfecto entre ellos, y luego me enteraba por boca de otros amigos que no habían tenido relaciones sexuales durante meses. Ni siquiera puedo comenzar a entenderlo».

Los solteros no lo entienden, pero los hombres casados sí. En tanto que la mayoría de los hombres esperan que la unión sexual sea como encestar directamente junto al aro, se parece más a un tiro de media cancha. La incompatibilidad sexual es tan común como los días de pago quincenales. Marcos dijo: «No quiero parecer un adicto a la relación sexual ni nada por el estilo, pero tal vez tenga tantos deseos sexuales sin satisfacer ahora como antes de casarme. Para colmo, cualquier exploración sexual, a ella le parece vergonzosa o impúdica. Algunas veces, hasta dice que mis intentos son "retorcidos". Me parece que es un poco mojigata, ¿pero qué voy a hacer?».

Luego, nos encontramos con la pesadilla de la frecuencia. Esta carta se la enviaron a la columnista Ann Landers haciendo referencia a lo que había afirmado con respecto a que las parejas deberían tener relaciones sexuales tres veces a la semana:

> Muchas gracias. Mi esposo leyó eso y anunció en tono triunfal: «Ann Landers dice que deberíamos tener relaciones sexuales tres veces a la semana». Lo miré a los ojos y le dije: «Qué amable de parte de Ann. ¿Cuándo viene por aquí?».
>
> Si piensa que mi marido debería tener relaciones sexuales tres veces a la semana, será mejor que pase por aquí dos veces a la semana porque a mí con una me basta.

Todos quizá nos riamos (tal vez porque pasamos por lo mismo), pero para muchos de nosotros, la risa parece un poquito forzada. Déjame enfatizar esta idea repitiendo una historia que conté antes. Después de una charla sobre *La batalla de cada hombre*, advertí la presencia de un hombre que se había quedado atrás. Cuando todos ya se habían ido, se me acercó y dijo: «Mi esposa vino esta semana y me dijo: "Jim, tengo algo que decirte, pero, en realidad, no sé cómo exponerlo. Te lo diré directamente. No me gusta la relación sexual y en verdad me gustaría no tener que hacerla más"». Entonces, Jim le preguntó si era por algo que hacía mal. Su esposa le respondió que no, que cada una de sus amigas sentía lo mismo.

Asombrado, le conté esta historia a uno de mis pastores mientras conversábamos en su oficina.

—¿Ves esa silla allí? Es la silla que uso en la consejería. ¿Sabes cuál es la queja que escucho con más frecuencia de parte de los hombres casados?

—No, ¿cuál es?

—"No tengo ninguna relación sexual".

¡Es alarmante!

UN PRESTIGIO ESPECIAL

Los matrimonios cristianos deberían tener unidad sexual. ¿Cómo hemos llegado desde ese diseño original a esta realidad actual? No es que Dios no se haya expresado con perfecta claridad sobre el asunto:

> El hombre debe cumplir su deber conyugal con su esposa, e igualmente la mujer con su esposo. La mujer ya no tiene derecho sobre su propio cuerpo, sino su esposo. Tampoco el hombre tiene derecho sobre su propio cuerpo, sino su esposa. No se nieguen el uno al otro, a no ser de común acuerdo, y solo por un tiempo, para dedicarse a la oración. No tarden en volver a unirse nuevamente; de lo contrario, pueden caer en tentación de Satanás, por falta de dominio propio. (1 Corintios 7:3-5)

Dios le dio a las relaciones sexuales en el matrimonio un prestigio especial. Hizo de ellas uno de los pocos derechos matrimoniales que se otorgan de manera específica en la Escritura. Tenemos el mismo derecho de negarnos sexualmente a nuestro cónyuge que el de negarnos a alabar y adorar a Jesucristo. El término griego original que aquí se traduce como «cumplir», en realidad significa «pague sus deudas». Podríamos decir que nuestro cónyuge nos lo debe. De manera similar, el mandamiento de «no se nieguen el uno al otro», en realidad significa «no estafes», reforzando el concepto de la deuda.

Dios se toma en serio los derechos. En Malaquías 3:8, declara que los judíos le robaban. Cuando le preguntaron qué quería decir, les dijo que no pagaban los diezmos (la ofrenda del diez por ciento) de sus ingresos. Parafraseando, Dios dijo: «Miren, el diezmo no es un regalo que das a tu antojo. Me pertenece por derecho. Ya es mío. Cuando se lo guardan para ustedes, me roban lo que por derecho es mío».

Este principio también es cierto con respecto a la sexualidad matrimonial. Ninguno de los esposos tiene el derecho de negarle la satisfacción sexual al otro. Por supuesto, la verdadera clave de este versículo se encuentra en esta pregunta: ¿Qué significa «satisfacción sexual»? El pasaje de 1 Corintios no lo define, y como no lo hace, se requiere de nosotros, como líderes espirituales de nuestro hogar, que indaguemos como es debido en el resto de la Palabra de Dios para descubrir qué quiso decir. ¿Te parece que nuestros versículos que se relacionan con la sumisión masculina, el sacrificio y la manera en que debemos honrar la esencia sexual de nuestra esposa tienen lugar en esta discusión? Tal vez la idea te ponga incómodo.

A la mayoría de nosotros nos importa más la relación sexual que la Palabra de Dios y nuestra esposa, así que, a propósito, descuidamos el manejo de la Palabra de Dios en nuestro dormitorio. Cuando Dios escribe: «Ya no tiene derecho sobre su propio cuerpo», nosotros leemos: «Es mi juguete sexual. La serviré en cualquier otro aspecto, ¡pero en este ella me sirve a mí!». La tratamos como si fuera una prostituta a la cual le pagamos, una máquina del amor que está siempre a nuestra entera disposición.

Sin embargo, tu esposa no es tu juguete sexual. Este torcido liderazgo espiritual en nuestro dormitorio es la principal razón de que muera la unidad sexual en los matrimonios cristianos. Muchas esposas humilladas se han visto obligadas a retraerse sexualmente porque Dios nunca pretendió que llevaran la carga de la satisfacción sexual que les imponen sus esposos. (Hablaremos de esto con detenimiento en el siguiente capítulo. Por ahora, dejaremos sin definir lo que es la satisfacción sexual, así que, lectoras femeninas, sepan que más tarde nos dirigiremos a sus esposos).

Así y todo, la verdad permanece. La esposa no tiene derecho a negarle la satisfacción sexual a su esposo. Si la tuya lo hace, te está estafando. Como sabes, eso quizá sea frustrante y desmoralizador porque te aplasta el espíritu y te golpea contra las paredes de tu pureza sexual. Tu esposa no solo te roba un poquito de recreación, te atropella en un aspecto importante de tu persona, lo cual le da un giro oscuro a estas afirmaciones comunes entre las esposas:

- «Muy bien, ¡así que te crees tan perfecto! Bueno, ya veremos lo perfecto que eres si te quedas sin relación sexual durante las dos semanas siguientes».
- «Estoy muy cansada. Vamos a apurarnos, ¿eh?»
- «¡Ah, apuesto a que querrás relación sexual otra vez esta noche! Me voy a la cama antes de que llegues a casa, así que no me despiertes ni me lo pidas».
- «No es que no te ame ni que no te encuentre atractivo, solo que no me interesa tanta frecuencia. Supongo que así es como me hizo Dios».

Dios desea la pureza sexual en sus hombres. Es vital para su obra en ellos. Dios hizo el matrimonio como una vía de escape para quienes luchan por la pureza, y espera que las esposas desempeñen el papel de ayudantes en el terreno sexual: «Pero si no pueden dominarse, que se casen, porque es preferible casarse que quemarse de pasión» (1 Corintios 7:9).

LA UNIDAD SEXUAL A TRAVÉS DEL SACRIFICIO PERSONAL

La esposa es el único vehículo legítimo que existe sobre la faz de la tierra para que un hombre se satisfaga sexualmente. Es el río de misericordia y gracia de Dios en el camino de la pureza sexual de su esposo. Cuando hace una represa en ese río, lo condena para siempre a la misma lucha de la cual él ha tratado de escapar con desesperación. Antes de casarse, al menos tenía la esperanza de que el matrimonio lo liberara. Ahora, la única vía de escape de Dios está bloqueada. En algunos sentidos, puede encontrarse en una situación peor que la de antes de casarse. Como soltero, al menos podía huir de la tentación sexual. Ahora tiene una esposa que se ducha delante de él, que se contonea por allí casi desnuda y que se acuesta a su lado con camisones de seda al alcance de su mano. Le enciende los motores de un millón de maneras, y sin embargo, nunca lo ayuda.

Robert escribió esta carta (las cursivas las agregamos nosotros).

¡Por favor, ayúdenme! Soy un hombre de treinta y siete años, llevo trece años de casado, soy padre de dos varones y hace doce años que soy pastor. Leí el libro de ustedes *La batalla de cada hombre*, y Dios lo ha usado para liberarme. He luchado contra la pornografía desde que tenía unos trece años. La vergüenza, la culpa y la oscuridad de mi pecado son abrumadoras y afectan mi matrimonio, aunque mi esposa no conoce todos los detalles. Como resultado, mi ministerio también ha sufrido mucho. Al fin, me encuentro en el camino de la recuperación y he podido contarle algunas de mis luchas a mi esposa, Marissa.

Necesito su ayuda. Marissa es muy atractiva y me resulta muy estimulante en el aspecto sexual. Ella es consciente de que necesito un alivio sexual regular, pero hace muy poco por ayudarme en este aspecto. No la culpo por mi falta de pureza sexual, pero para ella pueden pasar semanas sin que hagamos el amor o sin proporcionarme alivio. Hace poco, pasé casi un mes sin masturbarme, lo que en un tiempo era un hábito diario, pero ahora comienzo a justificar por qué debo retomar la práctica.

Ella dice: «Lo siento. Sé que necesitas alivio», *pero nunca llega*. Tengo suerte si hacemos el amor dos o tres veces al mes. Por primera vez desde que era adolescente, siento que Dios puede librarme de esta perversa garra del pecado, pero me parece que puedo volver atrás si no encuentro un equilibrio mejor con mi esposa. En verdad me produce dolor físico pasar cinco o seis días sin encontrar alivio, y ella es conciente de esto. Debido al dolor, no logro dormir de noche, como sucedió anoche. Una vez más me sentí tentado a mirar la perturbadora pantalla del canal pornográfico y hasta de venir a la oficina en medio de la noche para volver a las salas de conversación en la computadora como lo hice una vez.

No quiero volver a ser lo que era, ni quiero perder la batalla. Amo a Marissa con todo mi ser. Es solo que estoy muy confundido, desanimado y *hasta me enojo con ella a veces*, debido a este asunto. Tengo mucho miedo de seguir esclavizado por más tiempo, de perder a mi esposa, de herir a mis maravillosos muchachos, de perder mi testimonio y destruir esta maravillosa iglesia de más de mil miembros.

A los dos meses, recibí (Fred) un segundo correo electrónico de Robert, en el que decía que había vuelto a caer en el pecado sexual. Antes de decir cualquier otra cosa, quiero recordarte que Robert sigue siendo, en definitiva, el responsable de su pureza sexual delante de Dios, sin tener en cuenta las acciones de Marissa. Dejamos esto bien en claro en *La batalla de cada hombre*.

Sin embargo, debido a esa responsabilidad, para algunos es demasiado fácil justificar a las esposas al decir: «Dios puede darle a un hombre en la posición de Robert la gracia para soportar». Es verdad. Dios puede hacerlo. Puede hacer muchas cosas. Puede hacer que todos los hombres sean asexuados con solo chasquear los dedos. Puede detener el tiempo. Hasta puede hacer que la luna se vuelva azul si lo desea.

Sin embargo, nada de todo esto es su perfecta voluntad, su plan, y ni siquiera su vaga preferencia. El plan de Dios es que la esposa entregue su cuerpo a su amigo. Su plan es que ella aprenda lo que es la unidad sexual a través del sacrificio y el amor, así como la iglesia aprende la unidad espiritual con Cristo a través del sacrificio y el amor. Su objetivo es que tanto el esposo como la esposa crezcan dentro de este plan. Los otros planes nos marchitan, y si no me creen, pregúntenle a Robert.

Como marido y mujer, somos una sola carne. Nuestra propia impureza le afecta al otro. Es verdad, la pureza sexual de Robert es, en definitiva, su responsabilidad, pero Marissa es la esposa de un pastor, un líder en el reino de Dios. De manera consciente escogió la hipocresía en lugar de la obediencia a la Palabra de Dios en cuanto a la satisfacción sexual.

¿Es justo que Robert se enoje y se sienta confundido frente a la pared de piedra de Marissa? Por supuesto. ¿Se siente satisfecho como hombre y como cristiano? Ni siquiera se acerca a ese estado. Marissa está en pecado y no hay vuelta que darle.

Cuando nuestra esposa se retrae sexualmente a este extremo, para nosotros puede ser devastador. Recibimos esta carta de un lector de *La batalla de cada hombre*:

> Soy un hermano cristiano que ora para obtener victoria sobre la necesidad de tener relaciones sexuales con regularidad. Mi esposa no está disponible, así que me masturbo. Cuando lo hago, mis pensamientos se dirigen a ella. Al menos, este parece ser el centro de atención adecuado, pero no estoy seguro. ¿Qué opinan?

Opinamos que los cristianos se han extraviado y se han apartado tanto de la Escritura que uno se queda atónito. La norma de Dios es clara. El cuerpo de la esposa no le pertenece, y ella es el único vehículo legítimo de satisfacción sexual que existe sobre esta tierra para su esposo. Como sucede casi siempre, cuando las normas de Dios se vuelven difíciles, preferimos mezclarlas con nuestras propias normas de conducta sexual a fin de crear una mezcla más cómoda: algo nuevo, algo mediocre. No es para menos que tengamos vidas mediocres en las que las mujeres toman el control de sus cuerpos y los maridos se ven «obligados» a masturbarse.

Nuestras esposas pueden llegar a tener el descaro de pedirles a sus esposos que busquen alivio sexual en cualquier otra parte.

A mi esposa le gusta que me masturbe con regularidad para que la deje tranquila en el aspecto sexual. Creo que no debo masturbarme porque considero que está mal. Ella piensa que no es malo. Lucho con esto, pero sobre todo lucho contra el dolor que me produce la pregunta de por qué ella quiere que haga esto. Hace veintiún años que estamos casados y hemos tenido un buen matrimonio, pero esto duele de verdad. ¿Cómo debería tratar esta situación?

¿Por qué preguntarnos a nosotros? Dios ya hizo referencia a esto en 1 Corintios. ¡Tus manos no son las que tienen la obligación de la satisfacción sexual! Es la obligación de tu esposa. La relación sexual representa el mismo papel de intimidad profunda e interpersonal en el matrimonio humano que el que representa la adoración en el matrimonio de Cristo con su esposa. Cuando una esposa le pide a su esposo que se masturbe para que la deje en paz, es lo mismo que si la iglesia le pidiera a Cristo que se pusiera un espejo frente a su trono y se alabara a sí mismo.

Los hombres como Justin se quedan sin aliento:

Debo admitir que estoy perdiendo toda esperanza. Siento como si Dios me hubiera hecho un ser sexual y ahora me pidiera que fuera asexual. Sé que esto no es excusa para la impureza sexual, pero en realidad no sé qué hacer. Sé que mi pecado sexual impide que sea el esposo y padre temeroso de Dios. Como me siento derrotado, casi nunca paso tiempo leyendo la Biblia y orando.

Justin se encuentra en un estado de confusión y de ira. Su esposa, cuyo papel como ayuda idónea tiene como objetivo elevarlo a la grandeza cristiana, lo ha relegado, en cambio, a la mediocridad y a la derrota.

Esto debería aterrarnos, pero hemos mezclado nuestras normas durante tanto tiempo que ya dejamos de darnos cuenta. No obstante, si tuviéramos un par de ojos nuevos nos sentiríamos horrorizados. Al principio de volver a Cristo, me sorprendí al ver que tantos cristianos parecían llevar una vida que no se diferenciaba en nada de las de sus vecinos. En la actualidad, los hombres cristianos, por lo general, no se diferencian de los que no son cristianos en la práctica de la impureza sexual. Es por eso que escribimos *La batalla de cada hombre*.

PREGUNTAS Y DIFERENCIAS

De manera similar, las mujeres cristianas se diferencian muy poco de las que no lo son a la hora de satisfacer sexualmente a sus esposos. Dios les hace esta pregunta a las esposas cristianas actuales: «¿Por qué me llaman ustedes "Señor, Señor", y no hacen lo que les digo?» (Lucas 6:46).

Frustrados y enojados, los esposos nos ponemos del lado de Jesús cuando hace esta pregunta y señalamos a nuestra esposa con un dedo rígido, apretando los dientes y exclamando: «Eso es, ¡estamos con Jesús! ¡Él tiene razón! ¿Por qué no respondes a su pregunta, eh?».

Y entonces, con serenidad, Jesús se da vuelta y nos echa una mirada penetrante mientras nos pregunta: «Hermanos, ¿por qué me llaman ustedes "Señor, Señor", y no hacen lo que les digo?».

Absortos y pasmados, cada uno de nosotros responde: «¿A qué te refieres? ¡No le he negado nada a ella!».

Con precisión, Jesús dice: «Les pido mucho a las mujeres en el matrimonio, pero la sumisión sexual es una de las peticiones más difíciles de todas. ¿Le has facilitado las cosas para que te ayude en este aspecto? Amigo mío, mira la viga en tu propio ojo antes de señalar con el dedo a tu amada».

Tal vez sea hora de que nos miremos en el espejo y nos hagamos una pregunta diferente por completo, con misericordia: *¿Por qué hay tantas mujeres que en otros aspectos son piadosas y pecan contra sus maridos de esta manera?* La relación sexual es algo tan natural como la respiración, por lo tanto, no es natural que se retraigan de este modo. ¿Por qué les cuesta tanto a nuestras esposas la sumisión sexual? Por una razón: porque somos líderes espirituales pobres, aunque también les cuesta porque son diferentes a nosotros. Consideremos brevemente tres de las diferencias más importantes.

Primera diferencia: Ante todo, los hombres brindan intimidad durante el juego amoroso y la reciben durante el acto sexual

A diferencia de ellos, las mujeres experimentan intimidad a través de las caricias, de los abrazos y de la comunicación, pero no necesitan el acto sexual para recibir intimidad. ¿Nos debe asombrar que la frecuencia de la relación sexual sea menos importante para las mujeres que para los hombres? A decir verdad, las mujeres muchas veces ven la relación sexual como una forma muy inferior de comunicación interpersonal. Les molesta que siempre corramos hacia esta forma de comunicación. Cuando deseamos expresar nuestro amor, automáticamente sentimos deseos de tener relaciones sexuales. Así nos hicieron. Cuando nuestras esposas desean expresar amor, quieren sentarse y compartir sus sentimientos.

Segunda diferencia: La ignición sexual del hombre está conectada con la estimulación visual

Es ese camisón de seda azul con los hombros descubiertos que apenas le cubre los pechos. Es esa inclinación seductora de la cintura mientras se lava los dientes que deja al descubierto la parte superior del muslo que desaparece detrás de la puntilla de su ropa interior. Es esa mirada en sus ojos cuando regresas de un viaje de negocios de cuatro días y oprime sus labios con suavidad pero con firmeza contra los tuyos.

Las mujeres no comprenden esto en lo más mínimo porque se encienden a través del contacto físico y de la relación. Muchas veces, ven el aspecto visual de nuestra sexualidad como hueco y sucio, hasta detestable. Cualquier intento de parte de los esposos por darle un giro positivo a este «factor visual» al sugerirles a nuestras esposas que pueden sacar ventaja de él en el dormitorio, se recibe con una burla despectiva. Lisa, por ejemplo, dijo: «¡Así que se supone que debo comprarme una de esas prendas interiores baratas y que me contonee por allí como si fuera una chica de cabaret!».

Puesto que les parece tan extraño, les molesta formar parte de «la vía de escape». Al poco tiempo de que Brenda y yo nos casáramos, el evangelista Rich Wilkerson visitó nuestra iglesia y, durante su mensaje, describió lo que representa permanecer en pureza mientras viaja sin su esposa. «Algunas veces», dijo, «me quedo acostado de espalda, mirando el cielo raso con los ojos fijos y bien abiertos, y puedo sentir una ola tras otra del enemigo que trata de bombardearme con la tentación sexual».

Cuando lo conversamos más tarde con Brenda, ella respondió de manera cortante: «¡Así que supongo que *tu* pureza descansa por completo sobre *mis* hombros! Supongo que debo tener relaciones sexuales cada vez que se te antoje».

Tercera diferencia: Los hombres tienen una necesidad biológica de liberación sexual

Esta tercera diferencia, la necesidad regular de liberación física, es la que en verdad pone a prueba a nuestras esposas. Hay un respaldo bien documentado que dice que debido a la producción de esperma y a factores hormonales relacionados, el hombre desea de manera natural una liberación sexual cada cuarenta y ocho o setenta y dos horas. ¡Imagina qué poco romántico les parece esto a las mujeres, cuya excitación está ligada con tanta fuerza a la relación amorosa! En una clase para casados, una joven esposa bramó en tono de burla: «Ah, son iguales a los perros en celo». Otra espetó: «¡Ay, qué cruz tenemos que soportar!». Y en verdad, es una cruz que deben soportar porque las esposas rara vez tienen este mismo deseo de tener relaciones sexuales en forma regular, y sin embargo, deben de alguna forma seguir como si lo tuvieran.

Cuando ponemos estas tres diferencias juntas, nuestra credibilidad frente a nuestras esposas puede sufrir un revés: «Ah, ¿así que en verdad sientes amor por mí esta noche y quieres hacer el amor, eh? Bueno, ¿tú que sabes? Han pasado setenta y dos horas desde nuestra última relación sexual. ¡Huy! A mí no me suena tanto como amor. Me parece más bien una especie de baño hormonal. ¡Vete a empinar papalotes!». No les parece que esta clase de relación sexual tenga ni el menor aire de relación, entonces, nuestras esposas, que desean que el acto sexual esté inseparablemente entremezclado con la relación y el deseo mutuo, de repente se encuentran con que se les pide que participen con regularidad en el acto sexual aunque no tengan deseos.

Someterse a la relación sexual cuando no tienes deseos no es fácil, ni siquiera para los hombres. Hace bastante tiempo, Brenda y yo tratábamos de concebir a uno de nuestros hijos. Yo sabía que sería un tiempo encantador de recreación y gozo. Sin embargo, luego de una semana de intentos, Brenda se arrimó a mí una noche y susurró: «¿Estás listo?». Gruñí de manera miserable. Fue como si me hubiera dicho: «¿Estás listo para comerte ese plato de ojos de pescado crudos?». En mi mente, no podía, y me llevó algún tiempo hasta lograr que mis motores se encendieran.

DE HUMOR

Esa es la cuestión, ¿no es cierto? Debido a nuestras diferencias, las esposas típicamente no estarán de humor con tanta frecuencia como sus esposos. ¿Qué hacemos para encenderles los motores incluso cuando no tienen deseo? Parte de la responsabilidad descansa sobre sus hombros: las esposas deben tener la voluntad de obedecer a Dios; pero otra parte descansa sobre nuestros hombros. Los esposos debemos, al menos, ser atractivos en lo sexual.

Y es probable que esta frase quiera decir con exactitud lo opuesto a lo que estás pensando. La atracción sexual de una mujer hacia un hombre se basa en la relación, no en la vista. Una cosa que siempre te hará sexualmente atractivo para ella es la unidad.

¿Por qué hay tantas mujeres que evitan las relaciones sexuales con sus esposos? Recuerda las estadísticas que citamos antes:

- Ochenta y cuatro por ciento de las mujeres siente que no tienen intimidad (unidad) en su matrimonio.
- Ochenta y tres por ciento de las mujeres tiene la sensación de que sus esposos ni siquiera saben cuáles son las necesidades básicas que una mujer tiene de intimidad (unidad) ni cómo proporcionárselas.

Sencillamente no les resultamos atractivos en lo sexual, y no se debe a que no levantemos pesas ni a que no nos pongamos la parte de abajo de un bikini de piel de leopardo. Se debe a que no hay unidad. No hemos permitido que la esencia del alma de nuestras esposas sea honrada, amada y se exprese junto con la nuestra. No les hemos proporcionado lo que desea cada mujer. Cuando pasamos por alto la sumisión masculina fuera del dormitorio, nuestras esposas se sienten poco o nada atraídas a nosotros dentro de él. La carta de Raymond nos ayuda a comenzar a entender este problema:

> Me pregunto si tienen algún consejo que darme ya que mi esposa no está interesada en satisfacer mis necesidades. Creo que las necesidades sexuales de un hombre son muy reales, pero mi esposa no está de acuerdo. Por alguna razón, piensa que todos los hombres no somos más que unos pervertidos. Esta situación hace que sea más difícil

resistir la tentación sexual. Con la ayuda de Dios, me las he ingeniado para evitar bastante el pecado sexual en este punto, pero como la relación entre mi esposa y yo continúa deteriorándose, cada vez se hace más difícil.

Los dos participamos en la iglesia y trabajamos de forma activa. Toco la guitarra en la iglesia y soy miembro de la junta. Siento la presencia de Dios en mi vida a diario y dependo de Él para todo. Mi esposa trabaja en el ministerio con los niños. Es una madre maravillosa y en verdad ha dedicado su vida a nuestros hijos.

El verdadero problema aquí es nuestro matrimonio. Hace dieciséis años que estamos casados y amo mucho a mi esposa. Ella me dice una y otra vez que no me ama y que me dejaría si no fuera por los hijos. He intentado que escuche programas de radio cristianos cuando se habla de temas del matrimonio, pero simplemente no le interesa. Me dice que no soy un buen esposo y que no me esfuerzo lo suficiente, pero eso no es cierto.

Raymond está confundido. Su matrimonio le parece bueno. Tiene hijos obedientes y una esposa dedicada a ellos y a la iglesia. Sostiene bien a su familia y, como Jefe del Desempate, tiene paz en su reino.

Aunque tienen la imagen, no tienen unidad. A las claras, esta esposa está reprimida, se le ha impedido vivir a plenitud en su matrimonio y esto la ha dejado amargada y enojada. Y aunque se puede someter a su esposo por amor a Cristo y por salvar las apariencias, no es capaz de llegar a encontrar la fuerza para someter también su cuerpo a él. Los Jefes del Desempate no tienen atracción sexual. Veamos este pasaje una vez más: «La mujer ya no tiene derecho sobre su propio cuerpo, sino su esposo. Tampoco el hombre tiene derecho sobre su propio cuerpo, sino su esposa. No se nieguen el uno al otro».

Para nosotros los hombres, este versículo es un consuelo. Para nuestras esposas, se parece más a la punta de un revólver que las obliga a tener relaciones sexuales, cuando no tienen deseos, con alguien que no tiene atractivo sexual. Debe abrir su lugar más íntimo, más privado, a un hombre que no solo le ha impedido florecer en el matrimonio, sino que se ha ensañado con su debilidad y de manera egoísta ha hecho valer sus derechos en todo momento. Esta persona se parece más a un carcelero que a un esposo, lo cual quiere decir que la relación sexual se puede sentir de manera perturbadora más como una violación perpetrada por el guardia de la prisión. Después de todo, no tiene derecho a decir que no, y el guardia entra con frecuencia a su antojo y placer. Por lo tanto, cuando se les pide a nuestras esposas que sometan sus cuerpos a nosotros, Dios sabe que las está llamando a que hagan algo que puede resultarles demasiado difícil. Como esposo, tu tarea es hacer que la relación sexual le resulte más fácil al construir la unidad con un corazón de siervo.

¡Espera un momento! Ella tiene la responsabilidad de satisfacerme sexualmente, a pesar de mi forma de actuar. Soy su esposo.

En otras palabras, deseas que ella cumpla este difícil llamado de Dios sin tu ayuda, ¿eh? Muy bien. Aun así, veamos primero otro difícil llamado de parte de Dios: «Entre ustedes ni siquiera debe mencionarse la inmoralidad sexual, ni ninguna clase de impureza» (Efesios 5:3).

Como estás tan ansioso de que tu esposa responda por sí misma al llamado que Dios le hace, estoy seguro de que no te importará manejar *tu propio* llamado a la pureza sexual por ti mismo. Después de todo, Dios dice que la responsabilidad de permanecer puro es tuya, con o sin la ayuda de ella. Eso no debería ser un problema, ¿no es cierto?

Es arrogante de tu parte pensar que el decreto de Dios para las mujeres debería asegurar la unidad sexual entre tú y tu esposa. ¿De verdad piensas que el mandamiento de Dios le hará más fácil a ella entregar su cuerpo a pesar de que la relación entre ustedes sea tan débil? Dios te manda que seas puro sexualmente.

¿Su decreto hace que te resulte más sencillo? ¿Cómo puedes esperar más de tu esposa que de ti mismo?

Esperas que ella los guíe a ambos a la unidad sexual satisfaciendo tus más salvajes sueños, hasta el último jadeo y gemido. ¿Qué me dices de sus sueños más salvajes? ¿Y por qué esperas que ella sea la que lleve la relación sexual de ustedes a la unidad? ¡Pensábamos que Dios te había dado esa tarea a ti!

La conclusión es la siguiente: Si no estás dispuesto a someterte a la unidad fuera del dormitorio, ¿cómo puedes esperar que ella se someta sexualmente dentro de él? Ocúpate primero de la viga en tu ojo y entonces estarás en condiciones de ver con claridad para ayudarla.

SER DEL MISMO PARECER

Permíteme (Steve) cerrar este capítulo con un relato personal de mis primeros años de matrimonio con Sandy. Es una historia que no me gusta que la vayan contando por allí, pero quiero transmitirla aquí porque deseo que sepas que no estás solo en la lucha con las diferencias sexuales entre tú y tu esposa.

Cuando Sandy y yo éramos novios, intenté tomarla de la mano una noche. Se echó hacia atrás y dijo que la idea de tomarme de la mano la descomponía. Lo dijo de la manera más amable posible, pero por lo que fuera, yo no le resultaba atractivo. Estuve tentado a lamerme las heridas y alejarme. En cambio, le dije que no estaba en esta relación para tomarle la mano a alguien ni para hacer ninguna otra cosa que no fuera estar con ella. Bueno, es evidente que eso le produjo un impacto porque al final nos tomamos de la mano. Más aun, al final nos casamos.

Es asombroso cómo Dios diseña ciertas cosas en nuestras vidas que solo cobran sentido años después. Esta fue una de esas cosas extrañas. Es probable que Sandy fuera la mujer más atractiva en lo sexual que jamás conociera. La deseé desde el momento en que la vi. Sin embargo, como había tenido un pasado promiscuo, me lanzaba con precipitación a repetir mis relaciones desastrosas.

Sandy tenía algo diferente, y yo deseaba que esta relación fuera mejor que las anteriores. Si a esto le añadimos el hecho de que ella además estaba consagrada a las normas de Dios, entenderás cómo un hombre como yo pudo salir con alguien como ella sin tener relaciones sexuales antes de casarnos. Era un fuera de serie, gracias a su fuerza y a mi nuevo deseo de hacer bien las cosas.

Cuando al fin nos casamos, quedé consternado al descubrir que la relación sexual era una experiencia dolorosa para ella. No quería saber nada de esto. Me sentí humillado, fracasado y no tenía idea de qué hacer. Entonces, recordé el incidente de las manos. Volví a ese sitio y me di cuenta de que debía ser del mismo parecer ahora. No podía estar en este matrimonio solo por la relación sexual. Traté de entender, de ser paciente y traté de comportarme lo mejor posible en la situación.

Nos llevó años resolver los problemas, pero el final de la historia es que hemos tenido algunas experiencias sexuales maravillosas en los últimos años que nunca tuvimos al principio. Valió la pena esperar y aprender algunas cosas nuevas sobre ella: que la relación sexual sería algo que ella desearía de verdad en lugar de temerla.

Si te encuentras en una lucha larga e interminable, debes saber que no te encuentras solo. No eres la primera persona que se enfrenta a este problema. Dios está contigo y puedes ganar la batalla.

Existen muchas otras razones por las cuales un hombre quizá no tenga relaciones sexuales con su esposa. Algunas son la enfermedad, la distancia, los problemas emocionales y hasta la torpeza sexual de parte de él. Si te encuentras en alguna de estas situaciones, no tienes justificativo para hacer otra cosa que no sea trabajar en ti mismo, pedir la ayuda de Dios, apoyar a tu esposa con amor y aceptación, y esperar con paciencia que ella comience a cooperar. Si los dos están dispuestos, tal vez quieran hablar con un especialista en el campo. Si la distancia sexual causa tensión en la relación al punto de querer separarse, debes buscar ayuda antes de que se deteriore más.

Para terminar, si estás casado, tienes el llamado a hacer de tu cuerpo un sacrificio vivo y entregarlo por tu esposa. Creo que no hay una manera más clara de decirlo que esta: *tú* debes estar a disposición de tu esposa aunque ella no esté a tu disposición en lo sexual. Incluso si su falta de disposición es resultado de un pecado de su parte, eso nunca es una justificación para que tú peques.

La expresión quizá parezca trillada en momentos como este, pero es verdad: «Solo haz lo debido».

Preguntas para la reflexión y la discusión

1. ¿Qué entiendes de la enseñanza bíblica sobre la unidad sexual? ¿Qué le preocupa más a Dios en este aspecto del matrimonio?

2. ¿De qué manera has malinterpretado, si es que lo has hecho, la enseñanza bíblica sobre la unidad sexual en el matrimonio?

3. ¿Qué sacrificios crees que Dios te pida por el bien de la unidad sexual en tu matrimonio?

4. ¿De qué manera la unidad sexual en tu matrimonio requiere tu propia pureza sexual? ¿Cómo ves que se enseña esto en la Escritura?

No dejes la sexualidad librada a tus sentimientos

A primera vista, hablar de derechos y deudas respecto a la relación sexual tal vez parezca muy poco romántico y hasta fuera de lugar por completo. No nos asombraría que algunas mujeres se irritaran cuando se les dice que están «estafando» a sus esposos cuando les niegan la relación sexual porque les «pertenece». Por otra parte, no nos asombraría que los esposos se irritaran, y rechinen un poco, cuando se les dice que no deberían esperar tener relaciones sexuales con regularidad si no honran de forma consecuente a sus esposas como coherederas en el reino de Dios.

Todo esto nos lleva a una pregunta que los esposos y las esposas a ambos lados de la cama deberían hacer: «¿Qué tienen que ver las reglas y la obediencia con una fabulosa relación sexual?».

Todo. Al fin y al cabo, ¿para qué Dios nos dio estos mandamientos? ¿Para torturarnos? ¿Para ponernos a prueba?

No, nos los dio para completarnos.

Desde el principio, Dios conocía nuestro deseo de intimidad y cómo podíamos obtenerla. Sabía que las mujeres dan y reciben intimidad a través de la conversación, de los abrazos y del contacto físico. Después de todo, las creó para que los hombres no estuvieran solos. Estos rasgos resultan perfectamente adecuados para ese propósito.

Sin embargo, Dios también sabía que los hombres son muy duros de corazón como para apreciar estas sutilezas y que pasan por alto las necesidades de sus esposas. Cuando lo hacen, las mujeres se marchitan emocionalmente o se vuelven amargadas e independientes. La unidad nunca crece. Dios jamás hubiera dejado algo tan importante librado a los cambios de humor.

También sabía que los esposos reciben y dan intimidad interpersonal a través del acto sexual y que a las mujeres les cuesta comprender o respetar esta diferencia. ¿Dios se sorprendió al escuchar por primera vez a una esposa que comparaba en forma grosera a su esposo con un perro en celo? No. ¿Le pareció divertido? En absoluto, porque sabía que pronto, a partir de entonces, ella comenzaría a negarse sexualmente sin darse cuenta que así marchitaba a su esposo de la misma manera en que ella se marchita con su silencio.

¿Listo para la obediencia «poco romántica»?

Al saber que no amaríamos a nuestros cónyuges lo suficiente como para suavizar nuestros duros corazones y buscar la unidad, Dios tuvo la esperanza que lo amáramos lo suficiente a *Él* como para seguir unos pocos mandamientos. La obediencia nos puede llevar hacia la completa unidad sexual a pesar de nuestros corazones duros. Ni siquiera necesitamos entender las diferencias entre los hombres y las mujeres. Solo debemos obedecer las instrucciones del Creador. Si lo hacemos, cumplimos con los términos de la unidad sexual y florecemos en lo *emocional* y lo *espiritual*.

Volvamos a lo que sabemos en cuanto a la unidad. Antes aprendimos que alcanzar la unidad emocional tiene poco que ver con las emociones y tiene mucho que ver con las acciones. La unidad tiene términos que los establecen las convicciones personales de nuestra esposa y la esencia de su alma. Si cumples con los términos, a continuación tienes unidad emocional. De lo contrario, morirán sus emociones. Debemos actuar como es debido, o para ser más precisos, con justicia. Si lo hacemos, los sentimientos de intimidad de nuestra esposa vienen como consecuencia.

¿Recuerdas cómo murieron los sentimientos de Brenda hacia mí debido a mi liderazgo atropellador? Cuando llegó el momento de revivir esos sentimientos, tuve que hacer algo más que comprar un ramo de flores o invitarla a cenar en un restaurante a media luz. Tuve que hacer aquello para lo cual se me llamó desde el principio: tuve que amarla como a mí mismo y *actuar como si* fuéramos uno. Cuando lo hice, volvieron sus sentimientos de intimidad.

(No es por superar a mi amigo Fred en esto, pero en cuanto a mí [Steve], en un momento las cosas se pusieron tan mal con Sandy que dejó de usar el anillo de bodas. Lo más triste aun es que tal vez el anillo no estuviera en su dedo durante un mes antes de que me diera cuenta. La conclusión era que si no la iba a tratar como si estuviera casado, ella no iba a actuar como si estuviera casada conmigo. Cuando se cayó el anillo, se levantaron las paredes, y los dos fueron sucesos importantes que al final me llevaron a realizar cambios necesarios para alcanzar los términos de la unidad).

La unidad sexual no es diferente a otro tipo de unidad. También tiene términos. Si cumples con los términos, cobra vida la unidad sexual. Si los obvias, se muere. Debemos actuar con rectitud en el lecho matrimonial. Si lo hacemos, los sentimientos adecuados vienen como consecuencia.

Estas verdades quizá parezcan muy poco románticas en la superficie. Debido a las películas «sentimentales» que hemos visto a lo largo de los años y a nuestras propias experiencias sexuales prematrimoniales, es natural que creamos que el deseo emocional deba estar presente antes de que tenga lugar la relación sexual. De otro modo, cuando el deseo emocional no está presente, es natural que creamos que sea bueno retraernos en lo sexual o sigamos adelante y busquemos otra pareja con la cual sí nos sintamos bien.

Sin embargo, la unidad sexual en el matrimonio no se construye esperando que ocurran los debidos estados de humor y las emociones. Por el contrario, se hace añicos.

Volvamos a lo que hablábamos antes. Los hombres necesitan el acto sexual con regularidad para disfrutar la intimidad. Este es un término importante de la unidad. ¿Y si la esposa insiste en esperar hasta tener el estado de humor adecuado para tener relaciones sexuales? Para muchas esposas, esta casualidad se presenta dos o tres veces al mes. Ella, por supuesto, piensa que está bien. Él no.

Las acciones de ella aplastan la unidad porque él necesita, para su salud emocional, dar y recibir intimidad. Si ella le quita esto, le estará robando sus medios principales de expresar su amor y de satisfacer sus términos de unidad sexual.

¿Recuerdas la historia de Robert y Marissa? Ella no satisfacía los términos de unidad sexual. Con amabilidad, le decía: «Lo siento. Sé que necesitas alivio», pero casi nunca actuaba en consecuencia. Robert luchaba contra la culpa, la vergüenza y la frustración porque la unidad no viene a través de simples palabras. En cambio, viene a través de las acciones que deberían haber respaldado esas palabras. Repito, no podemos dejar la unidad librada a nuestros sentimientos.

Brenda y yo sí *tenemos* unidad sexual. No se debe a que seamos más románticos ni a que tengamos más carga sexual que las parejas promedio. Sin duda, no se debe a que seamos más compatibles que Robert y Marissa. Tenemos unidad sexual porque decidimos satisfacer cada uno las necesidades del otro. Por ejemplo, yo soy un típico ejemplar masculino. Por naturaleza, no necesito conversar ni compartir mucho en mis relaciones. Con todo, sí tengo un impulso sexual saludable y necesito expresar mi amor y compasión hacia Brenda a través del acto sexual.

Brenda también es una mujer típica. Necesita conversar y compartir mucho, de lo contrario, nuestra relación se debilita para ella. Su impulso sexual natural no es demasiado fuerte. Nuestro amor no trajo unidad, pero nuestras acciones sí lo hicieron. Nos sometimos y satisficimos estos términos de la unidad. Por mi parte, hice la regla de no meterme en la cama por la noche sin antes sentarme un rato en la «silla para conversar» que tengo en el dormitorio. Lo hice porque Brenda lo necesita, no porque esté de humor para hablar. En realidad, no entendía por qué era necesaria la conversación después de las diez de la noche. ¿No teníamos el resto del día para eso? No, no lo teníamos, por lo cual hice espacio para sus necesidades como si fueran las mías. Brenda hizo lo mismo por mí mediante la regularidad en el acto sexual, aunque algunas veces no lo desee en forma particular.

¿Qué sucedió? Yo tuve mis necesidades emocionales satisfechas en la cama, como Dios quiso. Al conectarme con Brenda en el nivel de la conversación desde mi «silla para conversar», esto satisfizo sus necesidades emocionales también. Y, además, sucedió algo inesperado. En tanto que en un tiempo yo necesitaba muy poca conversación, ahora he aprendido a apreciarla y hasta he aprendido a valorar nuestros tête-à-tête. Algo nuevo floreció en este corazón de deportista, y en verdad espero mi tiempo en la silla.

En cuanto a Brenda, las relaciones sexuales regulares también significaron tiempos regulares para tener contacto físico, acurrucarse y tener una comunicación física no verbal que valora. Hasta me animo a decir que ella espera las relaciones sexuales tanto como yo. A través de la obediencia, los dos hemos cambiado y somos uno. Ahora tenemos una relación romántica, cargada de sexualidad que no es en absoluto robótica.

¿Resultado final? La obediencia «poco romántica» tiene su lugar en el lecho matrimonial. No necesitas comenzar con los sentimientos adecuados. Estos sentimientos siempre seguirán a las acciones adecuadas. Si planeamos amar a nuestra esposa como nos amamos a nosotros mismos, debemos hacer lugar para su esencia y eso no tiene nada que ver con las emociones. Como señalamos en el capítulo anterior, para alcanzar la unidad sexual se necesita el sacrificio personal. Y uno se sacrifica por su esencia o no lo hace.

Los otros días (Steve), tuve una discusión con mi hija acerca de un problemita con la lectura. Es una lectora excelente y es muy brillante, pero una semana decidió no leer ni hacer su tarea. Resultado: un Reprobado en una prueba.

Sabía que debía encontrar algo que motivara a Madeline. Quería que esto fuera un hecho aislado y no un modelo de conducta. Cerré con llave la puerta de la casa a nuestras espaldas y sostuve la brillante llave en la mano.

«¿Cómo vamos a volver a entrar?», pregunté.

Madeline señaló la llave.

«Correcto, Madeline. La llave para tener todas las cosas que deseas y no quedar excluida de la universidad, de jugar al fútbol y de disfrutar de una buena vida es la lectura. La lectura abre todas las puertas. Debes leer y debes llegar al punto en que te encante hacerlo».

La obediencia no es el tema central de la relación sexual ni de la intimidad, pero es la llave que te abrirá la intimidad que anhelas. Debes usar la llave una y otra vez y entonces, al fin, le abrirás la puerta a las experiencias que has esperado.

LAS EXPECTATIVAS ABUNDAN

El simple magnetismo del amor y de la atracción física no construirá la comunión emocional y espiritual que hacen falta para una vida sexual satisfactoria. Sin embargo, la sumisión mutua sí lo hará: «La mujer ya no tiene derecho sobre su propio cuerpo, sino su esposo. Tampoco el hombre tiene derecho sobre su propio cuerpo, sino su esposa» (1 Corintios 7:4).

No te confundas: La sumisión mutua está arraigada en este versículo. Dios espera que esta sumisión se perfeccione en el lecho matrimonial.

¿Quieres decir que debo sacrificarme por la unidad sexual? ¿Qué otra cosa esperabas? ¿En verdad esperabas que la unidad ocurriera en forma automática al chasquear los dedos, siendo que no es automática en ninguna otra esfera del matrimonio?

¿Cómo esperabas hacer lugar para la esencia sexual de ella sin hacer sacrificios?

Nos guste o no, hay un lugar bien definido para la sumisión masculina en el lecho matrimonial. Existe la posibilidad de que no nos guste porque ningún sacrificio parece más costoso que el sacrificio sexual. Una cosa es someterse a *su* esencia y permitirle comprar la lavadora más cara, pero otra muy distinta es permitir que su esencia sexual establezca los términos de la unidad y defina *nuestra* satisfacción sexual. Aun así, su esencia debe representar un papel inmenso en la definición de los términos. Si no dejamos lugar para la esencia sexual de nuestra esposa, ella se verá obligada a retraerse sexualmente.

Volvamos a Richard, el compañero que se quejaba de que su esposa no estaba dispuesta a practicar el beso francés con él. Como esposo, Richard sentía que tenía justificación para exigir que ella le sometiera su cuerpo como a él le parecía, basándose en una indebida interpretación de 1 Corintios 7:4. ¿Te acuerdas de lo que dijo su esposa? «Richard es muy egoísta en este aspecto. Es muy degradante cuando empuja su lengua dentro de mi boca porque sabe que yo lo detesto. ¿Eso es todo lo que valgo para él?» El mismo acto de imponer sus formas en lo físico rompe la conexión emocional entre ellos.

Aquí se encuentra el lugar para la sumisión masculina. Pablo enseñó que debemos someter nuestros derechos como líderes en tales circunstancias. Parafraseando Romanos 14:15-21 diríamos: «Si tu esposa se angustia por causa del beso francés, ya no te comportas con amor cuando la obligas a hacerlo. No destruyas la obra de Dios [la unidad en tu matrimonio] por causa del beso francés. Todo beso es "puro", pero es pecado para ti si haces tropezar a tu esposa en la unidad contigo. Más vale no volver a darle un beso francés que romper la unidad en tu matrimonio».

No podemos tomar nuestras decisiones basándonos de forma exclusiva en nuestra chispa sexual. Debemos honrar la esencia de nuestra esposa y hacer lo que es debido, pero esto es difícil cuando se trata de la relación sexual. La relación sexual es algo personal y tu esposa es el único vehículo de satisfacción sexual. Si ella no te da un beso francés, no conseguirás esa clase de beso de ninguna otra manera.

Debido a mi antecedente promiscuo (Fred), al hablar de mis gustos sexuales, ¡todo venía bien! Me nombrabas el juego y yo estaba dispuesto a jugarlo. No sucedía lo mismo con Brenda. Tenía sus límites. En aquellos primeros meses de matrimonio, las preguntas me fastidiaban en mi interior. ¿Por qué Brenda tenía derecho a definir mis límites sexuales? ¿No podía ordenarle que expandiera sus horizontes? ¿No tenía derecho a obviar sus límites?

No. Y, por fortuna, no me llevó mucho tiempo darme cuenta de ello. La mayoría de nosotros nos hemos enfrentado a este mismo acertijo, precisamente lo que temíamos antes de subir a bordo de la nave *Matrimonio*. Al, un soltero, hace poco escribió lo siguiente:

> Tengo mucho temor de no sentirme satisfecho sexualmente en el matrimonio. No es justo evadir el matrimonio solo por eso, ¿pero y si casi todos los aspectos de la relación sexual son desagradables para ella y uno siente el ímpetu de intentar nuevas cosas? Pienso que, con mayor frecuencia, esta es la norma en lugar de la excepción, y de allí los problemas en muchas relaciones. ¿Cómo convences a un tipo de que sus creativos deseos sexuales no son importantes?

Al habla a partir de la suposición (equivocada) de que un esposo y una esposa son o no compatibles. Para él, el matrimonio es como acertar en la máquina tragamonedas de la relación sexual. Si las frutas no se alinean, puede aceptarla o divorciarse de ella, de ese modo puede probar suerte con alguna otra. A decir verdad, la satisfacción sexual no es en absoluto algo fijo y solo se puede definir dentro del contexto de dos personas. Cuando intentamos definirlo por nuestra cuenta, obligamos a nuestra esposa a llevar una carga sexual que Dios nunca pensó que llevara.

Dios dijo que una esposa debe cumplir con su deber conyugal con su esposo. Esta tarea no es una carga pesada siempre y cuando «cumplir» esté definido por los términos de su esencia sexual. En cambio, cuando el esposo define la satisfacción sexual sobre la base de otros términos, la unidad enseguida sucumbe bajo el peso.

Por lo general, estos otros términos se entretejen con sus propias fantasías y sus pecados pasados. Por ejemplo, ¿quién le enseñó a Al que «intentar nuevas cosas» es lo que le da el ímpetu sexual? ¿Esto se le fijó de manera genética cuando lo concibieron o lo aprendió durante las horas en que fantaseaba con su compañera de trabajo, Sally, que una vez le susurró que le encantaba que le dieran masaje con aceite tibio de hierbas antes de tener relaciones sexuales? Como hemos notado, Richard una vez explotó: «Mi esposa detesta el beso francés. Dice que le produce náuseas y que le arruina por completo la experiencia sexual. ¡Está loca! El beso francés a mí me excita mucho y me siento traicionado y del todo furioso cuando no lo quiere hacer». ¿Qué novia le enseñó a Richard que el beso francés lo excita? ¿La que ha definido la satisfacción sexual en su matrimonio durante años aunque no se hayan vuelto a ver desde que estaban en la universidad?

¿Y quién define la satisfacción sexual para ti? ¿Quién te dijo que la relación sexual oral no debe faltar en el matrimonio? ¿Fue Bárbara «B.J.» Jacobs, la joven que pasaba por todos los jugadores del equipo en las fiestas después de los partidos de fútbol? ¿Quién te dijo que la ropa interior compuesta por tangas negras y los conjuntos de encaje negro son necesarios para que las cosas sean «más picantes»? ¿Te lo dijeron en el apartamento de Lacy Edward, ya sabes, la muchacha con la que sigues soñando después de todos estos años de matrimonio?

¿Quién te enseñó a mirar pornografía antes de desvestir a tu esposa? ¿Fueron las incontables horas que pasaste solo en la oscuridad haciendo el amor con el monitor de tu computadora? Estas cosas no son requisitos fijos para la satisfacción sexual, pero estás tan retorcido por el pecado que crees que lo son. Si permitieras que la esencia sexual de tu esposa estableciera los términos de la satisfacción sexual, ella estaría en condiciones de responder al llamado de Dios con relación a ti. Sin embargo, la has obligado a satisfacer tus falsos términos definidos por experiencias sexuales pasadas y por lo que el mundo dice que es divertido.

PURA COMO LA ORACIÓN

Como líderes espirituales de nuestro hogar, tenemos la responsabilidad de proteger a nuestra esposa, no de marchitarla. Debemos honrar su esencia, no alimentar nuestra lujuria. La relación sexual con nosotros debería ser tan pura como la oración. No debemos traer la impureza de nuestro pasado al lecho matrimonial: «Honroso sea en todos el matrimonio, y el lecho sin mancilla; pero a los fornicarios y a los adúlteros los juzgará Dios» (Hebreos 13:4, RV-60).

En nuestro papel de líderes espirituales, no encontraremos otro lugar en nuestro matrimonio donde sea más importante pensar como Cristo, por el bien de *ella*. Sin embargo, no existe otro lugar en el cual estemos más deseosos de acomodar la Escritura a *nuestro* bien.

No somos los primeros líderes espirituales deseosos de torcer las Escrituras para obtener lo que queremos. Los líderes espirituales de los días de Jesús torcían la verdad para controlar al pueblo de Dios. No comenzaron de esta manera. Los primeros fariseos tenían corazones puros y un profundo compromiso con Dios y con su Palabra. Consagraban sus vidas al estudio y la protección de su Ley, y la gente los honraba por su devoción a Dios. Con el tiempo, la situación cambió porque los fariseos encontraron cosas que deseaban con todo el corazón: «¡Ay de ustedes, fariseos!, que se mueren por los primeros puestos en las sinagogas y los saludos en las plazas» (Lucas 11:43).

Todo lo que hacían estaba calculado para impresionar a los que los miraban: «Todo lo hacen para que la gente los vea: Usan filacterias grandes y adornan sus ropas con borlas vistosas; se mueren por el lugar de honor en los banquetes y los primeros asientos en las sinagogas» (Mateo 23:5-6).

De esta manera, descuidando el amor y el espíritu que había detrás de la ley, controlaban a la gente añadiendo cosas al peso de la ley:

> ¡Ay de ustedes, fariseos!, que dan la décima parte de la menta, de la ruda y de toda clase de legumbres, pero descuidan la justicia y el amor de Dios. Debían haber practicado esto, sin dejar de hacer aquello [...]
> ¡Ay de ustedes también, expertos en la ley! Abruman a los demás con cargas que apenas se pueden soportar, pero ustedes mismos no levantan ni un dedo para ayudarlos. (Lucas 11:42, 46)

Lo que hemos hecho como esposos es típico de los fariseos más extraviados. Hemos encontrado algo que deseábamos con todo el corazón: prácticas sexuales específicas que aprendimos de relaciones previas o de películas y de Internet. ¿Y acaso no hemos hecho lo mismo que hicieron los fariseos al controlar a nuestra esposa torciendo la Escritura y cargándolas de culpa? *Podríamos* honrar su esencia sexual a través de la sumisión masculina, pero no lo hacemos.

Por lo tanto, cuando la Escritura dice que «la mujer ya no tiene derecho sobre su propio cuerpo, sino su esposo», ponemos este versículo patas arriba para que quiera decir: (1) mi esposa debe someterse a la relación sexual cada vez que yo lo desee, y (2) mi esposa debe someterse y realizar cualquier acto sexual que yo desee.

Este versículo no quiere decir nada de eso y el contexto es claro. A Pablo le preguntaron si el celibato era una virtud espiritual válida. Solo dice que debería existir cierta frecuencia en contraposición a ninguna, a fin de que Satanás no nos tiente a causa de nuestra falta de autocontrol sexual.

¿Cuál era la intención de Dios? Respuesta: Ninguno de los dos debe tener control total de su sí o su no en el lecho matrimonial. La relación sexual bajo el control absoluto del esposo no es el plan de Dios. Si se obliga sin cesar a la esposa a tener relaciones sexuales en contra de su voluntad, algo anda mal en la relación. Al mismo tiempo, la esposa no puede tener control absoluto de su negación y esperar siempre a estar de humor. Si al esposo lo obligan siempre *a no tener relaciones sexuales* en contra de su voluntad, aquí también algo anda mal en la relación.

No obstante, en tanto que Dios solo pretendía quitarnos *un poco* el control sobre el no, nosotros lo hemos torcido para que quiera decir que nuestras esposas *no* tienen ningún control sobre su no. Como ahora su cuerpo nos pertenece, reclamamos que cualquier cosa sea válida, con tanta frecuencia como queramos, como si ella fuera nuestra cálida muñeca inflable interactiva. Nuestra autoridad espiritual, diseñada para proteger su fe y fortalecerla a ella, se usa, en cambio, para nuestros propios fines egoístas.

¿Qué les sucedió a los fariseos cuando dieron vuelta a la Escritura patas para arriba? Demos un vistazo:

> ¡Ay de ustedes, guías ciegos!, que dicen: «Si alguien jura por el templo, no significa nada; pero si jura por el oro del templo, queda obligado por su juramento». ¡Ciegos insensatos! ¿Qué es más importante: el oro, o el templo que hace sagrado al oro? También dicen ustedes: «si alguien jura por el altar, no significa nada; pero si jura por la ofrenda que está sobre él, queda obligado por su juramento». ¡Ciegos! ¿Qué es más importante: la ofrenda, o el altar que hace sagrada la ofrenda? (Mateo 23:16-19)

Las tradiciones de los fariseos sustituyeron la verdad de Dios y se torcieron tanto que Jesús dijo que eran una peligrosa generación de víboras. Muy a menudo nosotros también nos hemos torcido. Cuando nuestras esposas dejan de vivir de acuerdo con esta nueva «verdad» que hemos creado, podemos sentirnos justificados para abandonar el matrimonio y exigir nuestros «derechos» de satisfacción sexual. Honramos nuestra propia «verdad» por encima del verdadero llamado de Dios a la fidelidad. ¿Jesús también podría llamarnos víboras sin equivocarse?

¿Te acuerdas de los hijos de Elí, Ofni y Finés, que eran sacerdotes del Señor en Silo? Aquí tenemos su espantosa biografía:

> Los hijos de Elí eran unos perversos que no tomaban en cuenta al SEÑOR [...] Elí, que ya era muy anciano, se enteró de todo lo que sus hijos le estaban haciendo al pueblo de Israel, incluso de que se acostaban con las mujeres que servían a la entrada del santuario. (1 Samuel 2:12, 22)

Dios quería que sus sacerdotes fueran santos como ejemplo para el pueblo. Ofni y Finés decidieron, en cambio, entregarse a una vida libertina, teniendo relaciones sexuales hasta con las muchachas que servían en la misma puerta del templo.

¿Qué me dices de ti? ¿Has sido un ejemplo de santidad en el lecho matrimonial? ¿Tu esposa es el único vehículo de satisfacción sexual o absuelves cualquier medio a fin de obtener tus fines orgásmicos, por más oscuro o degradante que sea?

¿QUÉ PERSIGUES?
Los sacerdotes de los días de Ezequiel parecían bastante rectos por arriba. Con todo, Dios le dio una visión a Ezequiel para revelarle lo que sucedía de verdad detrás de las paredes del templo:

> Y él me dijo: «Hijo de hombre, ¿ves lo que hacen los jefes israelitas en los oscuros nichos de sus ídolos? Andan diciendo: "No hay ningún SEÑOR que nos vea. El SEÑOR ha abandonado el país"». (Ezequiel 8:12)

Permíteme descorrer las cortinas de nuestro dormitorio matrimonial por un momento. ¿Qué adoramos delante de nuestros altares, donde el orgasmo es el rey supremo? Albert y Linda se conocieron en la escuela primaria y asistían a la misma iglesia. En algún momento de su undécimo año de matrimonio, Albert convenció a Linda de que la pornografía reanimaría su vida sexual. Todo comenzó con algunos vídeos pornográficos blandos. Cuando al final se hundieron a un nivel en el que Linda dijo: «Basta», Albert había llegado al punto de colgar fotos pornográficas por toda la cabecera de la cama a fin de verlas mientras hacía lo suyo con Linda. Sabía que esto no era hacerle el amor a su querida esposa; simplemente la estaba usando como una especie de accesorio sexual. Linda quedó tan traumatizada por los efectos acumulativos de este abuso sexual crónico que tuvo que abandonarlo para poder sanarse.

Otro cristiano, Alan, tiene una compañera de fantasías a la que llama la Mujer de Plata. Es perfecta en todos los sentidos, algo parecida a la misteriosa rubia del Corvette blanco en *American Graffiti*. Se ve fabulosa y lo principal es que siempre quiere que él esté en la cama. Según Alan, Dios diseñó a la esposa para que cumpla este papel con su esposo, y se enoja con su esposa por no cooperar.

La mirada vidriosa en el rostro de Alan mientras se imagina a su Mujer de Plata mientras tiene relaciones sexuales con su esposa ha creado, por así decir, algunos problemas para Sherry. Muchas veces piensa: «No sé qué es lo que anda mal aquí, pero hay algo que no está bien. Debería sentir intimidad, pero de algún modo me siento sucia». Así es como debe ser porque, con toda seguridad, Alan no le estaba haciendo el amor a su esposa.

Tal vez no tienes una Mujer de Plata y piensas que Alan está bastante enfermo, pero hay muchísimos cristianos que sintonizan los viejos capítulos de *Baywatch* y fantasean con Pamela Anderson mientras están acostados con sus esposas. ¿Eso es menos perverso o enfermo? Ninguna esposa debería estar obligada a compartir la intimidad de su matrimonio con alguien cuyos pechos perfectos, gracias a la cirugía, al parecer establece las normas del encanto femenino.

¿Te has preguntado por qué tu vida sexual ya no es satisfactoria? Has notado que hay un punto vacío. Para llenarlo, has pedido más variedad, mayor frecuencia y más fotos desplegadas en la cabecera de la cama. Sin embargo, lo que en verdad necesitas es la comunión emocional y espiritual que proviene de la unidad sexual. Considera este correo electrónico de un lector de *La batalla de cada hombre*, un muchacho al que llamaremos Matt:

> Fui al baile de una comunidad estudiantil con un amigo mío. Ninguno de los dos pertenecíamos a estas comunidades y, en realidad, no estábamos seguros de por qué fuimos al baile. Con todo, poco después de llegar, mi amigo encontró una muchacha y desapareció en la pista de baile. Me dejó contra la pared, mirando distraídamente a los extraños o burlándome de las cómicas payasadas que hacía con esta muchacha. La noche transcurría y estaba a punto de irme cuando alguien dijo: «¿Te gustaría bailar?».
>
> En realidad no quería, pero estaba cansado de estar parado por allí y, aunque no era una muchacha deslumbrante, tenía una sonrisita muy seductora. Bailamos un poco, pero una cosa llevó a la otra y pronto nos encontramos solos en su habitación. Después que terminó conmigo, no podía sentir nada en los dedos de los pies, en las manos ni en los tobillos. Estaban entumecidos por completo, como si hubiera hecho saltar cada conexión en mi sistema nervioso. Salimos durante cuatro meses y me hacía volar los circuitos cada vez que nos encontrábamos solos, como en la primera ocasión.
>
> Desde entonces, jamás he experimentado algo igual, ni siquiera con mi esposa. Nuestra vida sexual es bastante insulsa en comparación. Sin embargo, ni se me ocurriría soñar con cambiar lo que tengo ahora por

aquello. Gracias a la pureza que obtuve al seguir los principios de Dios que se encuentran en *La batalla de cada hombre*, tengo una nueva comunión espiritual con mi esposa en la cama. En realidad, no logro definirlo, pero tiene tanto poder emocional que sobresale por encima de cualquier cosa que haya conocido en el plano físico. Y se me hunde en lo profundo del alma para encender algo maravilloso de verdad. Cambiar lo que tengo ahora por aquella relación sexual que me volaba los circuitos sería como cambiar oro por paja.

En tanto que tú has andado persiguiendo fantasías y relaciones sexuales que te vuelen los circuitos, Matt ha corrido detrás de la unidad con su esposa. Ha dado lugar a la esencia sexual de ella, en vez de la suya, a fin de que establezca los términos de su satisfacción. ¿Tiene algo Matt que tú no tienes? Si es así, no te desesperes. Sigue leyendo...

Preguntas para la reflexión y la discusión

1. Este capítulo habla de que la esposa debe establecer los términos para la unidad sexual en el matrimonio. ¿Cuáles son esos términos en tu matrimonio?

2. Este capítulo también dice que el concepto de sumisión mutua se encuentra arraigado en las palabras de 1 Corintios 7:4. ¿Qué verdades descubres sobre esta declaración al leer con detenimiento este versículo?

3. ¿Cómo se relaciona tu papel como líder espiritual en el hogar con la unidad sexual?

¡Nada de atropellos en esta cama!

Si vamos a comenzar a construir la unidad sexual y a disfrutar de la comunión emocional y espiritual que trae, necesitamos dejar de producir atropellos en el lecho matrimonial. Con todo, si la mayoría de nuestros problemas sexuales se deben a incompatibilidades en los gustos sexuales, ¿qué hacemos para lograr unidad de esas incompatibilidades y superar los dilemas en el dormitorio matrimonial?

Podemos hacerlo tal como en cualquier otra habitación: honrando las convicciones y la esencia de nuestra esposa.

Repasemos lo que Pablo dijo acerca de los conflictos entre cristianos. Dijo que para que exista unidad no es necesario que todos estén de acuerdo en las cuestiones discutibles. Los cristianos no se pondrán de acuerdo en todos los asuntos pertinentes a la vida cristiana porque Dios no analiza todas las cuestiones en la Escritura. En cuanto a los asuntos discutibles de conducta, lo más importante es reconocer la importancia de las convicciones personales. Pablo siguió diciendo: «Yo, de mi parte, estoy plenamente convencido en el Señor Jesús de que no hay nada impuro en sí mismo. Si algo es impuro, lo es solamente para quien así lo considera» (Romanos 14:14).

Esta afirmación reconoce que las convicciones personales traerán como consecuencia dilemas entre los creyentes, incluyendo a los esposos, pero estos desacuerdos no tienen por qué romper la unidad. Entonces, ¿cómo superamos los dilemas con amor? Como dijimos antes, en la manera tradicional, el líder llama a votación y desempata a su favor. Como recuerdas, eso no es lo que Pablo dice que debe hacer un líder cristiano:

> Más bien, propónganse no poner tropiezos ni obstáculos al hermano. Yo, de mi parte, estoy plenamente convencido en el Señor Jesús de que no hay nada impuro en sí mismo. Si algo es impuro, lo es solamente para quien así lo considera. Ahora bien, si tu hermano se angustia por causa de lo que comes, ya no te comportas con amor. No destruyas, por causa de la comida, al hermano por quien Cristo murió [...]
>
> Por lo tanto, esforcémonos por promover todo lo que conduzca a la paz y a la mutua edificación. *No destruyas la obra de Dios* por causa de la comida. Todo alimento es puro; *lo malo* es hacer tropezar a otros por lo que uno come. *Más vale no comer carne* ni beber vino, ni hacer nada que haga caer a tu hermano. (Romanos 14:13-15, 19-21).

Pablo hubiera podido exigir que todos hicieran lo mismo que él, pero no lo hizo. En cambio, se sometió a su hermano en Cristo. En otras palabras, renunció a sus derechos de hacer valer su autoridad para dejar espacio a las creencias de sus hermanos más débiles.

Pablo entendía que imponer sus derechos a expensas de los propósitos de Dios estaba mal, así que no iba a pecar contra Él al comer carne y hacer tropezar a un hermano. Sería especialmente importante seguir este principio en el aspecto sexual porque allí todo es muy personal. Cuando se trata de la relación sexual en el matrimonio, debes ser un líder con corazón tierno, un hombre que logre someter sus propios derechos por el bien de la unidad.

Al comienzo de mi matrimonio, luchaba con esta idea. Muchas cosas que a mí me parecían ingredientes básicos en la relación sexual, a Brenda le resultaban un poco pervertidas. Y algunas prácticas le parecían abiertamente malas. Yo estaba perplejo.

¿Por qué tenía derecho a declarar que hacer el amor en una duna de arena bajo el cielo estrellado era pervertido? A mí, hacer el amor bajo las estrellas no me parecía pervertido en absoluto.

Pensé en jugar al Jefe del Desempate, pero algo me decía que el desempate no daría buenos resultados (si es que, en todo caso, era una opción posible). ¿Obligaría a Brenda a hacer las cosas a mi manera aunque eso la degradara hasta lo más profundo de su alma? No. Aunque ganara, perdería.

Sin embargo, seguía deseando hacer una prueba en las dunas. Entonces, le llevé el asunto a Dios. Recuerdo con exactitud dónde estaba cuando me volví al Señor en oración y le dije: «Señor, no quiero equivocarme en la manera en que enfoco mi vida sexual. Sabes que en mi pasado he cometido suficientes pecados sexuales como para culpar a cuatro hombres y ya no quiero pecar más. Dime qué debo hacer con estas cosas que a Brenda le resultan extrañas».

Conducía hacia el oeste por la interestatal 80 entre las ciudades de Atlantic y Harlan en Iowa. ¿Por qué lo recuerdo con tanta claridad? Porque Dios me respondió de inmediato con este diagrama que anoté enseguida. También sentí que me daba una comprensión de lo que significaba aquel diagrama.

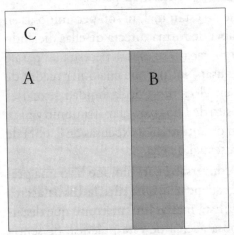

A partir de aquel día, y gracias a aquel diagrama, Brenda y yo hemos tenido completa unidad en nuestro lecho matrimonial. Este pequeño gráfico muestra cómo podemos honrar las convicciones de nuestra esposa y su esencia dentro del lecho matrimonial.

Área A: Prácticas sexuales con las cuales la esposa se siente cómoda.

Área B: Prácticas sexuales que para la esposa son pecado.

Área C: Prácticas sexuales con las cuales el esposo se siente cómodo.

Al mirar este cuadro con conjuntos y subconjuntos, ¿te sientes como si estuvieras de vuelta en la escuela? Bueno, yo necesité que me enviaran a la escuela y estaba dispuesto a permitir que Dios fuera mi maestro. A través de este diagrama, Dios me transmitió cuatro principios para que los siguiera si deseaba honrar siempre las convicciones y la esencia sexual de Brenda. Estos son:

1. El esposo nunca debería dar lata ni forzar las cosas que se encuentran fuera de las áreas A y B

Esta es el área blanca del diagrama. ¿Qué era lo que se encontraba en esta área para mí? La relación sexual en las dunas de arena. Para Richard, era el beso francés. Tal vez en tu matrimonio sea el acto sexual oral o hacer el amor en el piso de la cocina diez minutos después que despediste al último huésped del sábado en la noche. A lo mejor es tener relaciones sexuales con la luz prendida cuando ella prefiere que estén apagadas.

Estas son las cosas que no están mal, ni son pecaminosas en sí, porque la Biblia no habla de forma directa de ellas diciendo que están mal. Sin embargo, ¿acaso tu esposa necesita un pasaje bíblico que respalde su causa? No, porque cualquier piedra de tropiezo que pongamos en el camino de la unidad sexual es pecado. Debilita el propósito de Dios para el matrimonio y hace alarde de nuestra posición de autoridad a expensas de la obra de Dios. Atropella la esencia sexual de ella.

Hace poco, mientras conversaba con Jim, me hizo una pregunta que escucho con frecuencia: «¿Qué dice la Biblia acerca de la relación sexual oral? ¿Está mal?». Jim me contó que discutía a menudo con su esposa acerca de esta práctica. Se sentía justificado al pedir, demandar, que ella accediera, interpretando de manera indebida 1 Corintios 7:4 como hacemos tantos de nosotros. Aun así, estaba sucediendo algo llamativo y Jim comenzaba a preocuparse. Cuando comenzaron su matrimonio, a la esposa de Jim, Calley, le gustaba la relación sexual tanto como a él. Estaba deseosa de estar con él la mayoría de las noches cada vez que regresaba a casa del trabajo (Jim era pastor).

Ese entusiasmo languidecía a medida que Jim demandaba que el juego amoroso incluyera ya sabes qué. Calley se ponía pálida. «Jim, sabes que la relación sexual oral me resulta repulsiva», decía ella, «pero todo lo que le importa es su propia excitación. No puedo soportarlo más porque me resulta muy degradante. Me pone furiosa».

»Ahora me voy temprano a la cama con la esperanza de que no me despierte cuando llegue de trabajar. Evito la relación sexual a toda costa. No vale la pena que me degraden de esa forma».

¿Te parece que la relación sexual oral es una piedra de tropiezo entre Jim y Calley? ¡A nosotros nos parece que sí! Pablo enseñó que debemos someter nuestros derechos como líderes en tales circunstancias. Parafraseando Romanos 14:15-21: «Si tu esposa se angustia por causa de la relación sexual oral, ya no te comportas con amor cuando la obligas a hacerlo. No destruyas la obra de Dios [la unidad en tu matrimonio] por causa de la relación sexual oral. Toda relación sexual es "pura", pero es pecado para ti si haces tropezar a tu esposa en la unidad contigo. Más vale no volver a tener relación sexual oral que romper la unidad en tu matrimonio».

Cuando estaba en segundo grado, una regla del comedor nos obligaba a probar un poco de todas las cosas que nos servían en los platos. Yo tenía un estómago de acero, así que esto no me causaba problemas hasta un fatídico día de primavera. Aquel día, en mi bandeja había un seco bizcocho blanco con una salsa olorosa y pegajosa adonde habían cocinado unas delgadas rodajas de «carne» rojiza. Me producía náuseas mirarlo y olerlo. El estómago se me retorcía como loco mientras comía con parsimonia todo lo demás, con la esperanza de que la campana me salvara.

De repente, una maestra sustituta se acercó amenazadora y me exigió:

—Dale un mordisco al biscocho

Se hizo silencio en toda la mesa mientras mis amigos miraban.

—Debes dar un mordisco. Sabes que es una regla.

—No puedo. Voy a vomitar.

—Deja de dar excusas —dijo con frialdad—. No vas a vomitar. Muerde un pedazo.

—No puedo. Voy a vomitar —las lágrimas comenzaron a correr a raudales.

Se enojó mucho y dijo con brusquedad:

—No, no lo harás. Muérdelo en este mismo instante.

La oficina del director estaba cerca y en aquellos días blandía una paleta de buen tamaño. Tomé la cuchara. En el momento en que la salsa me tocó la lengua, el vómito salpicó hasta el otro lado de la mesa.

¿Qué sentí hacia esa maestra? Odio. Le dije que me producía náuseas y de todas maneras me lo hizo comer. ¿Las náuseas y la intimidad pueden coexistir luego de la relación sexual oral? Creemos que no.

Como en las otras esferas del matrimonio, debes estudiar la esencia sexual de tu esposa. Peter sabe que su esposa, por más que quiera, no puede responder a la relación sexual por la mañana. Es una persona nocturna, y si prueban un poquito de «estimulante» a la mañana, ella no puede bajo ningún concepto tener un orgasmo, por más que él haga lo que haga. Aunque la mañana es su momento favorito, él no la presiona porque esto no honra la esencia de ella y no estaría amándola como a sí mismo. Ahora, espera hasta la noche.

2. Al someterse a la unidad, el esposo debe sacrificar lo que se encuentra fuera de A pero dentro de C

Dicho de otra manera, el esposo debe ajustar sus límites sexuales para alinearse con los límites de su esposa. Entonces, juntos pueden tratar de descubrir y disfrutar cada rincón dentro de A.

¡Un momento! Eso es injusto. No tenemos el llamado a lo que es justo. Tenemos el llamado a la unidad, y esto es lo bueno que se debe hacer. Cristo nos llama a «promover todo lo que conduzca a la paz y a la mutua edificación» (Romanos 14:19). Con toda seguridad, un esposo debe estar dispuesto a ajustar su comportamiento sexual por amor a su esposa. Pablo dijo:

> No den lugar a que se hable mal del bien que ustedes practican, porque el reino de Dios no es cuestión de comidas o bebidas sino de justicia, paz y alegría en el Espíritu Santo. El que de esta manera sirve a Cristo, agrada a Dios y es aprobado por sus semejantes. (Romanos 14:16-18)

Pablo enseña aquí que los líderes fuertes deberían someter sus derechos por el bien de la unidad. Esta clase de sacrificio fomenta la paz, la alegría y la justicia. En cambio, cuando exigen que las cosas se hagan como a ellos les parece, no hay alegría ni justicia.

Volvamos a la historia de Jim y Calley. ¿Qué sucedería si Jim obligara a Calley a someterse? Obtiene su momento maravilloso, pero Calley siente náuseas y bulle de resentimiento. En cambio, ¿qué sucede si Jim renuncia a su inclinación a la relación sexual oral? Sencillamente renuncia a una clase de placer por otro, en tanto que Calley puede proporcionarle una vida sexual regular y disfrutar de ella.

¿Y de qué manera la reducción de la variedad mejora mi satisfacción sexual? Parece una paradoja debido a nuestro medio y a nuestra cultura, pero es así. Cuando te mantienes dentro de los límites de ella, quitas en sí tu pie atropellador de su esencia. El

aumento en la comunión emocional y espiritual compensa en abundancia la pérdida física.

Aquí tenemos otro argumento: Es probable que sobreestimes los efectos en el aspecto físico. En una canción que se hizo popular durante mi último año en la universidad, el cantante se lamentaba de cómo solía sentirse cuando un beso era algo especial. La letra me sonaba triste porque, a esa altura de mi vida, un beso no significaba nada. Era un triste requisito previo en el camino hacia la relación sexual.

Luego de la universidad, cuando me convertí a Cristo, tuve que retraerme en mis límites sexuales en obediencia a Cristo. No estaba casado, así que la mayoría de las prácticas sexuales no estaban indicadas para mí. Y entonces, el simple beso se convirtió en algo emocionante otra vez, sencillamente porque era todo lo que tenía a mi disposición. Fue algo del todo inesperado, pero me enseñó que el acto en sí, no es necesariamente lo que cuenta, sino la emoción y el espíritu que se encuentra detrás de él.

A esto lo llamo la Paradoja de la Obediencia. Muchas veces pensamos que la obediencia nos priva de toda la diversión, pero sucede todo lo contrario. Esta paradoja es clara en el Sermón del Monte que dio Cristo: «Bienaventurados los mansos, porque ellos recibirán la tierra por heredad [...] Bienaventurados los misericordiosos, porque ellos alcanzarán misericordia» (Mateo 5:5, 7, RV-60).

¡Esto parece una locura! ¡Los mansos no reciben nada, solo los fuertes sobreviven! Para los que obedecen, la Paradoja de la Obediencia derrama bendiciones en todos los aspectos de sus vidas. Hemos hablado con personas que llevan diez o quince años de casados y que se sienten frustrados por completo con sus vidas sexuales. ¿Cómo es posible? No han aplicado los principios bíblicos.

Muchos dicen que la completa satisfacción sexual viene de la total libertad, de la exploración de cosas nuevas y de toneladas de creatividad. No obstante, así como la libertad política florece dentro del contexto de contenciones y límites morales, la libertad y la satisfacción sexual pueden existir dentro del contexto de contenciones y límites amorosos.

¿Por qué son tan importantes los límites? Cuando permanecemos dentro de los límites, cumplimos con los términos de la unidad sexual. Cuando los cruzamos, no lo hacemos. Volvamos por última vez a Richard y su demanda del beso francés. Dijo: «Sencillamente no cede. De tanto en tanto, estamos en la cama y las cosas van tan bien que vuelvo a intentarlo; pero ella enseguida se pone rígida y pierde todo el interés». Al igual que Calley, la esposa de Richard ahora evita por todos los medios la relación sexual, solo por evadir esta batalla. ¿Quién puede culparla?

Es mucho mejor respetar los límites. Brenda reconoce que yo conozco con exactitud dónde están los límites. Richard también conoce de igual modo dónde están los límites con su esposa, pero prefiere tratar de cruzarlos una y otra vez. La diferencia es que Brenda sabe que jamás trataré de cruzar un límite para obtener una sensación a expensas de ella. Así que dentro de su compartimiento llamado A, puedo acercarme todo lo que quiera a cualquier límite y ella nunca se preocupa ni se pone nerviosa. Puede disfrutar a plenitud de su territorio y puede entregarse con entera libertad a mí el ciento por ciento dentro de los límites de A.

Y esta ganancia no es poco. Puedo tener menos variedad, pero dentro de esos límites Brenda puede brindar toda su creatividad e ingenuidad a la tarea. Esto es mucho más importante de lo que parece. Al fin y al cabo, la gente obtiene muy buenos resultados en cualquier esfera en la que practiquen mucho. Sus habilidades aumentarán de una manera espectacular al estar del todo entregada a la tarea.

Mike me dijo: «Hace años que dejé de pedir relación sexual oral y me imaginaba que perdía en realidad. Aun así, en agradecimiento, mi esposa se ha esforzado tan bien en otros aspectos que hasta el día de hoy nunca le faltan nuevas ideas. Debe haber un millón de maneras en las que puede seguir y yo, en realidad, no perdí nada».

3. Con el tiempo, la esposa debería sentir la responsabilidad de expandir sus límites hasta donde se sienta cómoda

Sin embargo, no hay ningún apuro, y si los límites no se expanden nunca, tampoco hay problema. Su esencia sexual establece los términos.

Brenda no ha expandido demasiado sus límites en veinte años de matrimonio, pero yo no me siento estafado en lo más mínimo. Te explicaré el porqué. En primer lugar, mi esposa es un regalo de Dios. En todos los regalos, debemos tomar lo bueno junto con lo malo. Tal vez te acuerdes del ejemplo del Día de los Padres en el cual tuve que aceptar la piedra pintada junto con la hermosa chaqueta. Así es el matrimonio. Dios escogió a Brenda para mí. En ese momento, Él sabía que ella tenía una zona de comodidad con límites más estrictos. En un sentido, eso se pudo parecer a una piedra pintada para mí, pero también pudo ser el regalo más precioso que Dios jamás me haya dado. ¿Cómo sé si no eligió a Brenda precisamente por esa razón?

Al fin y al cabo, Dios sabía que, debido a mi pasado sexual, tenía una visión torcida de la relación sexual. Tal vez sabía que la disciplina de mantenerme dentro de sus límites estrictos era exactamente lo que yo necesitaba para aprender las bendiciones del amor sacrificado. Quizá sabía que esto me liberaría de mi sexualidad egoísta a fin de experimentar la vida abundante que Él prometió.

En segundo lugar, no soy el único en el matrimonio. Dios también quería que Brenda tuviera una buena vida sexual. Y no solo en el aspecto físico, sino en el emocional y en el espiritual también.

Tomemos primero el espiritual. Atropellar su esencia es pecado, y recuerda que el pecado pone algo entre tú y tu esposa en el campo espiritual. Si tu pecado produce una ruptura en tu comunión con Dios, con seguridad romperá la unidad en la cama aunque ella no conozca tu pecado. Si fantaseas con alguna actriz bien dotada de *Baywatch* mientras tienes relaciones sexuales con tu esposa, eso es adulterio. ¿Tiene el adulterio «consideración para con tu esposa», o te parece que puede poner una traba a tu vida de oración y a tu vida sexual? Tal vez se sigan encontrando físicamente en la cama, pero no existe conexión entre sus espíritus en el campo espiritual. Allí no existen secretos.

Creemos que a esto se debe que recibamos tantos correos electrónicos de lectores de *La batalla de cada hombre* al respecto. Nos dicen que cuando desapareció la impureza sexual, sus vidas sexuales avanzaron como un tiro. Creemos que la razón es que se encontraron con sus esposas en el aspecto espiritual por primera vez en su lecho matrimonial.

Con todo, Dios también quería que Brenda tuviera una buena vida sexual en el aspecto *emocional*. Cuando atropellas sus límites, pones algo en medio de los dos, no solo en el campo espiritual, sino también en el emocional. Ya hemos dado muchos ejemplos, pero también pones algo entre tú y Dios en el campo emocional. Estás durmiendo con su hija y la estás atropellando sexualmente.

Imagina si tu propia hija viniera a ti llorando luego de unos pocos meses de casada porque su esposo la obliga a tener relaciones sexuales esposada. Le hace doler las muñecas en el plano físico y la degrada hasta lo más profundo de su alma. ¿La relación con tu yerno quedaría como si nada? La mía no. Cuando deshonras la esencia sexual de tu esposa, Dios se siente tan molesto como te sentirías tú con ese yerno, y no sonríe sobre tu lecho matrimonial.

No obstante, si honras la esencia sexual de tu esposa, Él sonríe. Y ella también. Has creado una conexión emocional que va junto con la conexión espiritual.

4. El Área llamada B está fuera de los límites para siempre y el esposo no debe sacarla a relucir nunca más

Al comienzo, conté la historia de mi intento de llevar a Brenda a «jugar» en el auto al poco tiempo de habernos casado. Brenda tenía la convicción personal de que esto estaba mal. Pablo dice que frente a estos dilemas, deberíamos ceder. En realidad, preocuparme por asuntos tan triviales como jugar en el auto a expensas de la preciosa fe de Brenda era perder la esencia de la vida cristiana.

Resultó ser que pude vivir sin esta práctica y tú puedes vivir sin la relación sexual oral, sin hacer el amor de pie o cualquier otra fantasía que tengas.

Olvídalo.

Siguiendo estas cuatro pautas se saca unidad sexual de nuestro mar de incompatibilidades. Cuando lidero de esta manera, Brenda se siente una conmigo. No le cuesta nada someterse a mi fuerte impulso sexual. La relación sexual nunca es motivo de peleas, sino que siempre es pacífica, considerada y excitante.

En ninguna otra esfera de tu vida recibirás un impacto tan grande e inmediato cuando apliques los principios del liderazgo de siervo. No es lento, como en otros aspectos de la vida cristiana. Ahora sirves al Señor y después que mueras, Él te llamará fiel. Sirves a tus hijos ahora, y en unos treinta años, te llamarán bienaventurado. Sirves a tu esposa en el dormitorio y, ¡AH!, recibes gratificación del más alto nivel al instante.

Ahora bien, esa es una gratificación instantánea que todos podemos apoyar.

Te haré (escribe Steve) una sola observación final acerca de la historia de Fred y Brenda. Tal vez necesites releer esto, pero préstame atención porque pienso que es más importante que los conceptos presentados. Es evidente que lo más importante es que Fred y Brenda se encuentran comprometidos en una relación, sexual y no sexual. Son dos personas que trabajan juntas para hacer que marche su matrimonio, para mejorar su vida sexual y para lograr que este recorrido que hacen juntos sea más satisfactorio. Están en el mismo equipo.

Permitamos que nos sirvan como un gran ejemplo, que nos recuerden que los esposos debemos estar de parte de nuestras esposas, no en contra de ellas. Si seguimos ese consejo, podemos encontrarnos comprometidos en una relación satisfactoria y divertida tal como la de Fred y Brenda.

Preguntas para la reflexión y la discusión

1. En este capítulo, Fred dice que cuando estaba recién casado luchaba con la idea de que cuando se trataba de la relación sexual en el matrimonio, debía ser un líder con un corazón tierno, un hombre que lograra someter sus propios derechos por el bien de la unidad. ¿Hasta qué punto luchas con este concepto?

2. ¿Cómo explicarías el diagrama en este capítulo en lo que se refiere a tu matrimonio? ¿Cuáles son las prácticas que se encuentran en el área B para tu esposa?

Una carta abierta a las esposas

(de Brenda Stoeker)

Querida amiga:

Una noche, cuando Fred quería hacer el amor, gemí en mi interior: ¡Tan pronto, otra vez no! Me sentía molesta, así que me las ingenié para decir: «Muy bien, puedo hacer algo rápido por tu bien, pero que sea pronto. Estoy cansada y quiero irme a dormir».

Fred hizo una pronunciada reverencia y dijo: «Gracias, oh grandiosa y noble mártir». Por lo que recuerdo, a partir de ese momento, las cosas fueron de mal en peor.

Aquella semana, me pregunté si estas experiencias breves, sin mucho entusiasmo, eran satisfactorias para él. En tanto que las mujeres obtienen la intimidad con sus compañeros sobre todo de los abrazos, el contacto físico y la conversación, he aprendido que los hombres la obtienen de las relaciones sexuales en sí.

Al meditar sobre esto, le di vuelta a la escena en mi mente. ¿Y si Fred reaccionara frente a mi necesidad de disfrutar y de abrazar de la manera en que yo reaccionaba con él? ¿Y si me decía: «Solo tengo deseos de abrazarte y de conversar contigo de una manera significativa solo una o dos veces al mes, pero puedo tener una conversación rápida antes de irme a dormir»? Entonces, se hizo la luz. Estas dos situaciones son exactamente iguales, pero debido a las diferencias de género, los hombres no se preocupan ni en lo más remoto por los abrazos como se preocupan por la relación sexual, y las mujeres no nos preocupamos ni en lo más mínimo por las relaciones sexuales como por los abrazos. No podemos esperar que nuestros esposos se interesen en los abrazos si no nos interesamos en la relación sexual.

Al comienzo, en los primeros años de mi matrimonio, la sexualidad masculina me impresionó, en especial por su orientación visual y por la regularidad. Me resultaba un tanto hueca y casi extraña, pero comencé a pensar en ello. Descubrí que, en realidad, no es hueca. Sencillamente es diferente. Y dada la evidente lucha que los hombres tienen con la pureza sexual cuando no tienen relaciones sexuales, comencé a entender por qué Dios me decía: «No tienes derecho sobre tu propio cuerpo». Puedo ver que, a veces, la relación sexual es vital para la pureza de Fred y para su intimidad emocional conmigo. Y en verdad puedo ayudarlo en ese sentido. En realidad, Dios espera que lo haga.

Aunque somos rápidas para esperar que nuestros esposos pisen la línea de pureza sexual de Dios, muchas veces somos lentas para pisar su otra línea y admitir que nuestros cuerpos no nos pertenecen. No tenemos derecho a esperar que nuestro esposo permanezca sexualmente puro si lo rechazamos sin cesar. Somos el único vehículo de satisfacción sexual que tiene, y los hombres necesitan satisfacer sus necesidades sexuales con regularidad, dos o tres veces a la semana.

Una amiga, Cindy, me contó la observación que hizo su esposo en cuanto a que ella tenía todo el poder en su relación sexual, hasta la última pizca. De forma invariable, él era quien tenía que cerrar la puerta con llave y pedírselo. Ella, por otra parte, siempre era un cubo de hielo o estaba cansada.

«Sé que no tienes verdadero interés», le dijo él. «Pero es difícil saber que noventa por ciento de las veces que tenemos relaciones sexuales ni siquiera puedes fingir que te parezco deseable. Todo lo que entiendes es que necesito algo que tú no necesitas, y solo cumples con tu deber. Cuando no muestras ningún deseo ni ninguna pasión, comienzo a sentirme como un niñito que depende de su mami para que le dé un caramelo».

El estado de nuestro humor no debería tener nada que ver con esto. Tenemos el llamado a ayudar, estemos de humor o no. Muchísimas veces he comenzado a tener relaciones sexuales con Fred cuando ambos sabíamos que yo no estaba de humor.

Todas las noches, cuando Fred entra al dormitorio, se sienta en su «silla para conversar» a fin de asegurarse de que no se quedará dormido antes de que tenga la oportunidad de conversar con él. Eso significa mucho para mí, en especial porque sé que Fred nunca está de humor para conversar a esa hora de la noche. Él es una persona de la mañana, así que está cansado de verdad cuando nos vamos a la cama, pero conversa conmigo porque sabe que lo necesito, esté de humor o no.

Si tu esposo es como la mayoría de los hombres, va a trabajar cuando no está de humor el cincuenta por ciento de las veces. Sé que si no fuera por nuestros hijos y por mí, Fred escogería un camino diferente para su vida. ¿Cuántas veces me encuentro cansada al final del día y Fred limpia la cocina para que yo pueda sentarme a leer un libro? ¿Cuántas veces juega al Nintendo para sacarme a los chicos de encima y darme un respiro? (Detesta el Nintendo. No sabe qué es lo que hace y siempre lo asesinan, hasta Michael, de nueve años).

¿No podemos hacer lo mismo por nuestros esposos cuando no estamos de humor? Además, el humor es algo extraño. Cambia con rapidez. Recuerda, parte de nuestra intimidad se basa en los abrazos y en el contacto físico. He descubierto que si me someto y sigo adelante por su bien, la mayoría de las veces todas las caricias y el contacto físico me cambian el humor y pronto me encuentro disfrutando tanto como él. A decir verdad, esto sucede tan a menudo que he comenzado a contar con estos momentos. Por lo general, recibo mi recompensa allí mismo.

He llegado al punto en el que le pregunto a Fred por sus necesidades con regularidad. Anoche, por ejemplo, cuando entró en la habitación, sencillamente le pregunté: «¿Podrías cerrar la puerta con llave?». ¡Él entendió!

Ando persiguiendo a cuatro hijos todo el día. La mayoría de las noches no estoy de humor para tener relaciones sexuales porque estoy demasiado cansada o porque mi inclinación natural es simplemente más débil que la de él. En esas ocasiones, puedo decir: «En realidad, no estoy interesada, pero me encantaría hacer algo por ti». Sé que, al menos, disfrutaré del acurrucamiento aunque no me incendie de pasión.

Y aunque en un hombre a dieta por largo tiempo no es deseable la relación sexual rápida, sin duda queda este recurso, ya que distiende el poder del ciclo de setenta y dos horas del mismo. Algunas veces, no tienes el tiempo ni la energía para todo el conjunto, pero si te preocupas por él, puedes encontrar la energía suficiente para salir del paso. Sea como sea, para el hombre es muy satisfactorio saber que su mujer se preocupa lo suficiente por él como para ayudarlo de esta manera, aunque en realidad, no sea «su noche».

No pretendo entender la sexualidad de Fred. Todo lo que sé es que la pureza sexual no es solo la batalla de cada hombre, sino también la batalla de cada *pareja*.

Dios te bendiga,
Brenda

Una última palabra

Hace poco un sábado, me detuve en la tienda de comestibles a fin de comprar algunas rosquillas para mis hijos. Uno de los dueños de la panadería asiste a la clase prematrimonial que doy cada domingo.

—¿Cómo va el libro? —me preguntó.

Antes de que pudiera responder, una mujer de cuarenta y cinco años que estaba detrás del mostrador metió la nariz.

—¿Está escribiendo un libro? —dijo—. ¿De qué se trata?

—Del liderazgo masculino en el matrimonio —respondí.

La expresión de rostro se le endureció y con los ojos entrecerrados dijo:

—¡Ah, bueno!

Solo sonreí. Una vez más me recordaron que la mayoría de los hombres no tenemos idea de cómo debería ser el matrimonio, y nuestros torpes esfuerzos por ser un «buen esposo» lo reflejan. Y cuando se trata de «liderazgo masculino», muchos de nosotros lideramos sencillamente asumiendo la dirección. Como has visto en este libro, a mí no me dio mucho resultado tomar con firmeza las riendas. Mi matrimonio con Brenda se marchitó, y mientras mi vida amorosa se venía abajo solo supe que, sin duda, Dios tenía una manera mejor de hacer las cosas. Y así fue.

Has leído nuestra exposición exhaustiva en este libro acerca del plan de Dios para un buen liderazgo matrimonial. Este libro representa verdades de parte de Dios que he anhelado expresar durante quince largos años... verdades que son la pasión de mi corazón y de mi vida... verdades que levantaron mi matrimonio de un montón de cenizas y lo ayudaron a prosperar más allá de mis sueños más ambiciosos. No cambiaría mi matrimonio por ningún otro de los que conozco. Ahora, al terminar, deseo expresar una vez más el plan de Dios para un buen liderazgo matrimonial, pero esta vez, lo reduciré a un solo versículo: «Sométanse unos a otros, por reverencia a Cristo» (Efesios 5:21).

Este es el sencillo plan de Dios para la unidad en el matrimonio. Dios permita que puedas seguirlo y que tu matrimonio cambie para siempre.

Puedes ponerte en contacto con Steve a través de su correo electrónico: sarterburn@newlife.com.

Puedes ponerte en contacto con Fred a través de su correo electrónico: fred@stoekergroup.com

Reconocimientos

Le doy gracias, en primer lugar, a mi compañero Stephen Arterburn. Recuerdo que lo escuché hablar en un programa radial a mediados de la década de los ochenta y que pensé: «¡Realmente me encanta el corazón de este hombre! Me gustaría conocerlo». Ni me imaginaba que Dios tenía planeado un ministerio para nosotros unos quince años más adelante. Steve, todavía me encanta tu corazón.

En segundo lugar, estoy agradecido por mi madre y mis hermanas. ¡Pasamos por tantas cosas y vivimos para contarlas! Las amo mucho.

También me gustaría agradecer a varias personas que siguen ejerciendo una profunda influencia en mi vida. Señor Campbell, usted me dijo que siguiera escribiendo. Lo he hecho. Deseo mucho que estuviera aquí para compartirlo. Ray y Joyce Henderson siempre creyeron. Mi suegra, Gwen, sigue siendo mi defensora más aguerrida.

A quienes contaron sus historias, gracias. Que puedan disfrutar de cada bendición porque fueron indispensables. A Mark Oberbeck, que nunca se sorprende, y a Ron Strack, que siempre se sorprende... gracias por su amistad incondicional. Reservo mi gratitud más profunda para mis hijos: Jasen, Laura, Rebeca y Michael. ¡Los amo! Dios les ha pedido que hagan mucho sacrificio y lo han hecho gustosos. Gracias por escuchar a Dios y gracias por orar por mí.

Y a Brenda. Nunca te has desviado del camino del Señor y tu preciosa voz es como una suave canción para Él. Eres mi heroína más grande y siempre serás el deseo de este hombre.

Taller de La batalla de cada hombre

de New Life Ministries [Ministerios de Nueva Vida]

New Life Ministries [Ministerios Nueva Vida] recibe cientos de llamadas al mes de hombres cristianos que luchan por permanecer puros en medio de los desafíos diarios que enfrenta su integridad sexual. Tenemos el compromiso de ayudar a los hombres a fin de que ganen esta batalla de pureza sexual.

En nuestro *Taller de La batalla de cada hombre* ofrecemos un programa con base bíblica para hombres que buscan la sabiduría de Dios con el propósito de mantenerse puros. En cuatro días de enseñanza y de consejería en grupo, los participantes se preparan para la batalla al recibir un enfoque positivo y práctico para vencer los efectos destructivos de la tentación sexual. Nuestro objetivo es equipar a cada hombre que asiste con las herramientas necesarias para mantener la integridad sexual y disfrutar de las relaciones saludables y productivas.

Los temas que se abordan en este entorno centrado en Cristo incluyen:
- la naturaleza de la tentación sexual
- la falsa intimidad
- los límites
- la confianza y la comunicación en el matrimonio
- los ciclos de tentación y cómo enfrentarlos
- los conflictos emocionales
- las disciplinas diarias

Por favor, llama al 1-800-NEW-LIFE
para hablar con uno de nuestros especialistas sobre el próximo *Taller de La batalla de cada hombre*.